책임, 열정, 진정성을
담은 말씀 선포

Faithful
설교다운 설교
Preaching

토니 메리다 지음

김대혁 옮김

기독교문서선교회

기독교문서선교회(Christian Literature Center: 약칭 CLC)는 1941년 영국 콜체스터에서 켄 아담스에 의해 시작되었으며 국제 본부는 영국의 쉐필드에 있습니다.

국제 CLC는 59개 나라에서 180개의 본부를 두고, 약 650여 명의 선교사들이 이동도서차량 40대를 이용하여 문서 보급에 힘쓰고 있으며 이메일 주문을 통해 130여 국으로 책을 공급하고 있습니다.

한국 CLC는 청교도적 복음주의 신학과 신앙서적을 출판하는 문서선교 기관으로서, 한 영혼이라도 구원되길 소망하면서 주님이 오시는 그날까지 최선을 다할 것입니다.

Faithful Preaching

Written by
Tony Merida

Translated by
Kim, Dae Hyeok

Copyright ⓒ 2009 by Tony Merida
Originally published in English under the title as
Faithful Preaching
by B&H Publishing Group,
Translated and used by the permission of
B&H Publishing Group
Nashville, Tennessee

All rights reserved.

Korean Edition
Copyright ⓒ 2016 by Christian Literature Center,
Seoul, Korea

책임, 열정, 진정성을
담은 말씀 선포

설교다운 설교

추천사 1

권 호 박사
국제신학대학원대학교 설교학 교수

설교다운 설교의 길을 찾는 분들께 이 책을 주저 없이 추천한다. 본문에 충실한 메시지를 시대에 적합한 메시지로 풀어내길 원한다면 이 책에서 답을 찾으라. 저자의 설교학적 깊이가 번역자의 노련함으로 막힘없이 흘러나오는 이 책을 놓치지 말라.

박현신 박사
총신대학교 신학대학원 설교학 교수

포스트모던 설교자의 최고 가치 중에 하나는 진정성일 것이다. 화려하고 성공적인 설교를 추구하기보다 설교다운 진정한 설교를 회복하는 것이 무엇보다 소중하다. 오늘날 말씀이 기갈된 시대에 살고 있는 청중들이 고대하는 충실한 설교자로 쓰임받기를 소망하는 목회자들과 미래설교자들에게 이 책의 일독을 권한다.

임도균 박사
침례신학대학교 신학대학원 설교학 교수

　한국교회와 같이 한 주에 많은 설교를 하는 곳도 흔치 않다. 하지만 한국교회의 설교자든 청중이든 설교다운 설교를 하고 듣고자 하는 갈망은 더욱 커지고 있다. 토니 메리다(Tony Merida) 박사는 이마고데이교회(Imago Dei Church)를 개척하여 목회하고, 사우스이스턴침례신학교 설교학 교수로 후학들을 섬기면서, 현장에서 검증된 성경적 설교의 원리를 이 한 권의 책에 담아 제시한다.

　설교다운 설교는 본질에 충실한 설교(Faithful Preaching)이다. 즉 성경의 중심인 그리스도에 기초하고, 성령의 권능을 의지하며, 설교를 통하여 궁극적으로 하나님의 영광이 나타나는 설교이다. 이 책을 설교다운 설교를 꿈꾸며 노력하는 말씀의 종들에게 마음을 다해 추천한다!

추천사 2

에드 스테처(Ed Stetzer) 박사
라이프웨이리서치 대표

당신의 서재에 특히 설교에 대한 좋은 책을 추가하고 싶어 한다면, 당신은 아마 설교자일 것이다. 우리의 위대하신 하나님과 그분의 말씀이 지닌 충분성에 대해 명쾌한 이해를 돕는 글을 읽는 것에 고무된다면, 당신은 아마도 설교자일 것이다. 우리의 놀라운 구세주와 그분을 알리는 것에 대한 명확한 이해를 돕는 글을 읽는 것에 흥분된다면, 당신은 아마도 설교자일 것이다. 의사소통 기술을 향상시키고, 성령의 능력 안에서 성경적으로 적실한 메시지를 전달하는 것에 큰 관심을 지니고 있다면, 당신은 아마도 설교자일 것이다.

하나님의 영광에 대한 측량 못할 풍성함, 그분의 다함없는 말씀, 예수 그리스도의 아들 되심과 십자가에서 완성된 사역, 그리고 하나님의 영이신 성령의 임재를 선포한다는 것은 우리에게 얼마나 큰 특권이자 책임인가!

토니 메리다 박사는 이 책 『설교다운 설교』(*Faithful Preaching*)에서 설교라는 영원한 사역을 간결하고도 명료하게, 실제적이고 적실하게 설명하고 있다. 이 책은 그저 그런 설교에 대한 책이 아니다. 확실하고, 책임 있고, 적실하며, 신뢰할 만한 설교, 말 그대로 충실한 설교에 대하여 말하고 있다. 즉 훈련, 집중, 몰두, 헌신을 요구하는 바로 그런 설교에 대해서 기술하고 있다.

삼위일체 하나님에 대한 헌신

> 사람이 마땅히 우리를 그리스도의 일꾼이요 하나님의 비밀을 맡은 자로 여길지어다. 그리고 맡은 자들에게 구할 것은 충성이니라(고전 4:1-2).

이것은 고린도전서 4:1-2에 있는 사도 바울의 말씀이며 이 말씀은 오늘날 설교자들에게도 그대로 적용된다. 실제로 하나님은 소중한 보배를 우리 손에 두셨다. 그러기에 우리는 그 보배의 내용에 매우 주의를 기울여 붙들고 전달해야 한다. 즉 충실하게(faithfully) 붙들고 전해야 한다.

오래된 연가에 나오는 말처럼, "저는 영원히 당신의 충성된 사람입니다"라는 고백과 함께 기꺼이 하나님의 말씀대로 살며 전하는 많은 충성된 설교자들을 하나님은 지금도 찾고 계신다. 이것은 매우 간단한 일처럼 들린다. 어떤 이들은 이글을 읽고 이렇게 말할 것이다.

"예, 그럼요, 그렇고 말구요. 잘 알지요. 하나님을 사랑하라. 그런데 그 외에 내가 모르는 다른 것에 대해서 말해 주세요."

문제는 매우 많은 설교자들, 대부분 젊은 설교자들이 사역의 길에 접어들면서 이 문제를 확실하게 정립하지 못하고 있는데 있다. 그들의 사역이 시작된다. 삶과 사역은 점점 힘들어진다. 그리고 그들은 하나님으로부터, 사역으로부터, 말씀으로부터, 또는 이런 모든 것들로부터 떨어져 나간다.

나의 친구 릭 워렌(Rich Warren) 목사는 앞으로 하나님이 강력한 방법으로 사용하실 거라 생각되는 젊은 목사들의 이름이 담긴 긴 목록에 대해서 자주 이야기했다. 몇 년 후 그는 그 목록을 확인한 결과 그 길이가 정말 짧아졌다는 것을 보게 되었다. 이것은 비단 그만이 아니라 나의 경험이기도 하다.

하지만 일이 반드시 그런 식으로 될 필요는 없는 것 아닌가!

따라서 충실하게 설교하는 가장 기본적인 열쇠가 삼위일체 하나님에 대한 깊은 헌신을 가꾸는 것이라는 점을 과소평가하지 말라.

성부 하나님, 성자 예수님, 성령 하나님과의 풍성한 관계를 가지는 것이 설교자가 충성되이 움직이며, 동기를 부여하며, 유지하도록 하는 것이다. 결국 충실한 설교 즉 설교다운 설교란 하나님을 높이는 것이다. 따라서 우리는 바로 이 하나의 헌신을 먼저 가꾸어야 한다.

본문에 대한 헌신

다시 말하지만, 토니는 어떤 설교자이든지 하나님의 말씀을 전달하는 기술을 향상시키고 발전시키도록 돕는 간단하지만 효과적인 전략을 펼쳐 보이고 있다. 성경 본문에 대한 헌신은 반드시 하나님에 대한 충성에서 뒤따라 나온다. 설교를 적실하게 하는 것에 관심이 있는 분들은 잠시만 기다려 주기를 바란다. 토니처럼 나도 좋은 설교는 반드시 적실해야 한다고 믿는다. 하지만 그 적실성도 반드시 성경 본문의 충실한 반영으로부터 흘러나와야 한다.

영화 "사랑의 도전"(Fireproof)의 첫 장면은 소방관들이 화재출동에서 막 돌아오는 모습으로 시작된다. 소방관들 중의 한 명은 자신의 파트너가 자기를 내버려 둔 채 떠나버렸기 때문에 매우 화가 난 상태에 있다. 이 모습은 영화의 주요 흐름으로 이어진다. 커크 카메론(Kirk Cameron)이 연기한 소방 대장은 자신의 파트너를 떠난 그 소방관에게 이렇게 말한다.

"너는 절대로 너의 파트너를 떠나서는 안 돼, 특별히 화재의 현장에서는 말이지!"

많은 문화적인 화염이 우리를 둘러싸고 있는 가운데, 충실하게 설교하기 위한 두 번째 열쇠는 절대 성경 본문을 떠나지 않는 것이다. 효과적인 성경적 설교는 성경 본문에 뿌리를 내리고, 든든히 서며, 성경 본문으로부터 흘러나오는 설교이다.

- 하나님의 말씀이 지닌 속성들과 특징들에 대해서 생각해 보라.
- 성경 자체는 우리에게 이렇게 말씀하신다.
- 말씀은 성령의 검이다.
- 말씀은 믿는 자 안에서 역사한다.
- 말씀은 살아있고 활력이 있으며 좌우에 날선 어떤 검보다 예리하다.
- 말씀은 사람의 마음을 꿰뚫고 그의 생각과 태도를 심판한다.

- 말씀은 흠이 없고 올바르며 진리이다.
- 말씀은 영감 되었다.

이 말씀은 우리 중 어느 누구도 감히 떠날 수 없는 그런 파트너처럼 들린다. 그러므로 당신이 어떤 스타일을 선택하든지, 당신은 성경을 강해해야 한다는 사실을 명심해야 한다.

시대에 대한 헌신

나는 최근 『잃어버림과 되찾음』(*Lost and Found*)이라는 책을 공동집필했다. 그 책을 쓰기 위해 자료를 모으는 중에 우리는 젊은이들에게 효과적으로 다가가고 있는 교회 리더들 사이에는 공통된 신념이 있다는 점을 발견하였다.

- 성경은 진리라는 신념
- 성경의 교훈은 실생활에 적용할 수 있고, 또한 적용해야만 한다는 신념
- 성경 메시지를 믿지 않는 사람들에게 전해야 한다는 신념
- 예수님을 따르는 자로 자라나야 할 필요가 있다는 신념
- 커뮤니케이터로 자라나야 할 필요가 있다는 신념
- 효과적인 커뮤니케이터는 진정성 있는 사람이라는 신념
- 다른 사람처럼 말하려고 노력하지 않고 자기 자신에 진실 되어야 한다는 신념

분명 이 리더들 중 많은 사람들은 하나님께 헌신하는 것, 성경에 헌신하는 것, 상황에 맞는 적실성에 헌신하는 것, 그리고 이 모든 것에 항상 헌신해야 한다는 사실이 단순히 가능한 일일 뿐 아니라 꼭 필요한 일이라고 여기고 있다.

나도 마찬가지다.

당신이 생각해 본다면 이런 말들이 예수님에게도 해당된다는 것을 알게 될 것이다. 예수님도은 자신이 살았던 시대와 문화에서 학생이었다. 그리고 하나님 말씀을 삶으로 가져올 수 있는 말과 구문과 예화를 사용했다. 그는 사람들이 이해할 수 있는 그런 방법으로 영적 진리를 이야기했다.

시대적 상황에 헌신한다는 말은 하나님 말씀에 손상을 가하는 것이 아니다. 그것은 예수님이 하신 것처럼 하나님의 영원한 진리를 오늘 평범한 일상 안에 있는 모든 사람들과 이어주는 것이다. 그렇게 하는 것은 결코 쉬운 일은 아니다. 사실 그것은 하나님의 도움이 없이는 불가능하다. 그 일은 삼위일체 하나님께, 성경 본문에, 그리고 지금 살고 있는 시대에 헌신하는 시간을 가질 것을 요구한다. 그 일은 능숙함과 진정성을 필요로 하는 헌신이며 사명이다. 게다가 그 일은 끝없이 추구해야 한다. 왜냐하면 우리에게는 개선될 여지가 언제나 남아 있기 때문이다.…

결론

 충실에 대하여 자주 얼굴을 찌푸리는 문화 속에서, 토니 메리다 박사는 충실하게 설교하는 것에 대한 시의적절하고 매우 중요한 글을 썼다. 하나님과 그분의 말씀으로 자신의 사역의 현장에서 헌신하기를 원하는 모든 설교자의 서재에 매우 중요하고 유용한 자료로 이 책을 진심으로 추천한다.

 "반지의 제왕: 반지 원정대"(The Lord of the Rings: The Fellowship of the Ring)의 마지막 부분에 가면 같은 동료라는 의식이 갈라진다. 프로도(Frodo)는 아무도 믿을 수 없으므로 자신이 스스로 그 악한 반지를 없애야만 한다고 여긴다. 그들이 나뉘기 전까지 아라곤(Aragorn)은 무릎을 꿇고 프로도는 이렇게 말한다.

 "나는 끝까지 너와 함께 갈 수도 있었어!"

 당신은 어떠한가, 당신은 끝까지 충성될 수 있겠는가?

 하나님은 삼위일체 하나님에 대해, 성경 본문에 대해, 그리고 이 시대에 끝까지 헌신하며 충성스럽게 남을 수 있는 신실한 설교자들과의 교제를 찾고 계신다. 우리를 부르신 그분이 신실하신 것처럼, 하나님의 말씀을 신실하게 전하는 자로 자신을 증명해 보라.

저자 서문

토니 메리다 박사
미국 Southeastern Baptist Theological Seminary 설교학 교수

바울은 디모데에게 보내는 그의 첫 편지를 이렇게 마치고 있다.

디모데야, 네게 부탁한 것을 지키라(딤전 6:20; 딤후 1:12-14).

디모데가 복음의 진리를 지켜 나가기를 촉구하면서, 바울은 "안전하게 맡겨둔 돈이나 귀중품을 지키는 것"의 의미를 지닌 전문적인 법률적 용어를 사용하였다. 하지만 디모데는 진리를 단순히 지키기만 하면 되는 것이 아니었다. 그는 그 진리를 계속 건네주어야 하는 충성된 사람들에게 맡겨야 했다(딤후 2:2).

바울에게 있어서 그 일은 하나님의 능력이 요구되는 일이며, 한마음을 품은 군사, 단련된 경기자, 그리고 수고하는 농부의 이미지들을 불러일으키는 일이었다(딤후 2:1-7). 디모데에게 한 바울의 말과 마음은 이 일을 하는 내내 계속 숙고해야 한다. 디모데처럼 우리 역시도 하나님 말씀의

진리를 지켜야 하며 또한 다음 세대에게 건네주어야 한다.

많은 훌륭한 강해설교자들이 연로해지고 있다. 존 파이퍼(John Piper), 존 맥아더(John MacArthur), 알리스테어 베그(Alistair Begg) 그리고 존 스토트(John Stott) 같은 이들은 설교에 있어서 성경에 충실한 모범을 보여주었다. 그러나 다른 충실한 목사들과 함께 그들은 곧 젊은 세대에게 바통을 영원히 넘겨줄 것이다.

과연 다음 세대의 설교자들에게 무엇을 말해 주어야 할까?

『설교다운 설교』를 쓴 나의 주된 관심은 말씀 사역의 길로 들어서고 있거나 들어가기 위해 준비하는 이들에게 있다. 내 눈은 공연이 주도하는, 인간 중심의, 그리고 얄팍한 기독교의 압력에 직면하고 있는 젊은 세대 설교자들을 향해 있다. 나는 이 책이 설교자인 당신을 자유롭게 해 주어서 자신감을 가지도록 하며, 목사이자 설교자로서 당신의 역할을 분명하게 하는데 도움이 되기를 기대해 본다.

내가 이해하기로, 그 역할은 유명해지는 것도 화려해지는 것도 아니고, 충실해지는 것이다. 그러므로 나는 하나님과, 그분의 말씀과, 그분의 소명과 그분의 사명에 당신이 더욱 충성되어지도록 가르치며 도전하기를 기대해 본다.

내 계획은 설교자와 설교에 대한 신학적, 실천적, 영적, 역사적, 그리고 선교적 토대에 대한 기본적 개관을 펼쳐 보이는 것이다. 나는 이 설교학 수업에서 해석(exegesis)과 설교준비(sermon preparation), 영적 활력(spiritual vitality)과 역사(history), 신학(theology)과 상황화(contextualization) 등 양편 모두를 의논할 수 있도록 많은 책을 고르느라 애를 썼다. 강해설교에 대한 폭넓은 소개가 필요해 보였기 때문이다.

도서관에서 커피숍까지, 농구장에서 교실까지 왔다 갔다 하는 것이 내 스타일이다. 나는 기존의 트레이닝을 받지 않은 젊은 설교자들이 이해하고 즐길 수 있도록 이 책을 쓰려고 노력하였다. 이 책은 신학교에서 기초 과정에서도 사용할 수 있을 것이다. 그러나 경험을 쌓은 목사들도 이 책을 통해 역시 혜택을 누리길 바란다.

물론 내 스스로를 이 분야에서 전문가나 권위자로 여기지 않는다. 나는 젊은 목사이며 교수로서 나에게는 배워야 할 것들이 많이 있다. 그러나 나의 연구와 다양한 상황에서 설교할 수 있었던 경험을 통해서 설교에 대한 매우 중요한 개념을 얻게 되었다. 이 책을 통해 가르치는 개념들은 나의 매주 설교 사역에 지금도 반영하려고 노력하고 있는 원리들이다.

이 책이 어떤 방법으로든지 당신에게 축복이 되길 바란다. 나는 설교를 사랑하고 설교자를 사랑한다. 나의 기도는 새로운 세대를 위한 설교자들이 교회의 유익을 위해서, 열방의 구원을 위해서, 그리고 예수님의 영광을 위해서 충실하게 "말씀을 설교하는 것"이다. 우리 모두가 예수님의 이 말씀을 들을 때까지 말이다.

"잘하였다, 착하고 충성된 종아."

역자 서문

김대혁 박사
총신대학교 신학대학원 실천신학 교수

목회자의 최고 관심은 설교이다. 단정적 표현이 마음에 들지 않을지 모르지만, 목회에 대해 이야기할 때마다 설교는 빠지지 않는 토론의 단골메뉴임에 틀림없다. 목회의 이야기가 설교로 이어질 때마다, 역자가 흔히 듣는 말이 있다. 이론은 충분히 알고 있으나 실제는 다르다는 것이 골자이다. 이론은 이해가 되는데 실제로 그 이론대로 응용하는 것이 어렵다는 말로 들린다. 하지만 한편으로는 자신의 설교신학에서 나온 설교방법론을 제대로 습득하여 실행해 보았는지 물어보고 싶을 때가 많이 있다. 이는 목회 현장에서의 실천적 측면이 이론만으로 충분히 설명가능하다는 것은 아니다.

하지만 매주 돌아오는 설교의 부담을 지닌 설교자라면 적어도 자신이 추구하는 설교에 대한 이론이 자신의 실천을 이끌고 있는지 확인해 볼 수 있는 선명한 잣대가 있는지 묻고 싶다. 이 글을 읽는 당신은 실천하는 대로 생각하는 것이 아니라, 생각한 대로 실천하고 있는지를 가늠할 수 있는 분명한 설교신학과 설교방법론을 지니고 있는가?

　이 책은 위의 질문에 설교다운 설교가 무엇인지를 답해 주는 책이다. 그 답을 제공하는 이 책의 구성과 배열은 매우 의도적이다. 신학적 정직성보다는 실천적 효율성을 강조하는 시대에, 우선 이 책은 삼위일체 하나님에 대한 "충성"이라는 건실한 설교신학을 그 출발점으로 삼고 있다. 저자인 토니 메리다 박사는 성령의 능력 안에서 성자 하나님을 통해 이행되는 성부 하나님의 구속의 역사를 가장 분명하고 충성스럽게 전하는 설교자가 되어야 함을 설교의 근간으로 둔다. 즉 어떻게 설교할 것인가?라는 실용주의적 방식이(실제 이런 책들이 많은 것이 사실이다) 아니라, 무엇이 바른 설교인가?라는 성경적이고 신학적인 접근으로 시작한다. 이를 통해 이 책은 설교가 신학적 행위임을 초반부터 강조하고 있다. 신학교에서의 배움과 교회에서의 실천이 다를 수 있다는 생각으로 갈등하는 말씀 사역자들에게는 이 책의 1부인 "삼위일체 하나님에 대한 충실한 설교"부분만 읽는 것으로도 이 책에서 주는 경종과 격려의 무게감을 느낄 수 있을 것이다.

　그렇다고 이 책이 실천적이고 실용적인 설교방법론을 무시하고 있는 것은 아니다. 오히려 하나님을 높이는 바르고 확실한 설교신학이 설교다운 설교를 만드는 설교방법론을 이끌어 가도록 함으로 신학과 실천의 든든한 다리를 놓도록 만든다. 이 책에서 설명하는 설교방법론은 하나님의 말씀에 충실함, 하나님의 말씀 사역자로서의 충실함, 그리고 말씀을 듣는 하나님의 백성에 대한 충실함으로 요약될 수 있다. 한 마디로 저자인 토니 메리다 박사가 말하는 '설교다운 설교'는 충실한 설교이다. 삼위일체 하나님, 성경, 설교자, 그리고 청중이라는 설교의 필수구성요소들 모두에 충실하고 그 각각에 헌신할 것을 요구하고 있다. 이런 점에서 이 책은 설교학 개론서로서 매우 충실한 책이다.

  이 책을 한국에 소개하는 역자로서 대부분의 독자들이 될 신학생들과 목회자들에게 당부의 말씀을 드리고 싶다. 이 책의 내용을 머리로만이 아니라 가슴으로 읽어가기를 바란다. 그러면서 세 번 읽기가 되기를 바란다. 즉 하나님께서 맡기신 설교 사역이 무엇인지를 읽고, 그 사역을 감당하는 설교자인 자신이 누구인지를 읽어내며, 설교를 들어야 할 청중들을 읽어낼 수 있기를 바란다. 그래서 설교다운 설교에 갈급해하는 이 시대 속에서 하나님의 목소리를 하나님의 백성들에게 충성스럽게 전하는 말씀의 청지기다운 사역자가 되기를 바란다. 더불어 지금도 "말씀을 전하라"는 명령 앞에서 충실히 따르는 말씀의 종들을 사용하셔서, 자신의 백성들에게 영원한 진리의 음성을 들려주시기를 원하시는 그분만이 홀로 영광 받으시기를 소원한다.

2016년 8월 15일

감사의 글

토니 메리다 박사
미국 Southeastern Baptist Theological Seminary 설교학 교수

나는 성경적 설교(biblical preaching)의 유산을 물려주신 많은 신실하신 분들에게 감사의 말씀을 전하고 싶다. 나의 멘토이며 친구인 짐 세딕스(Dr. Jim Shaddix) 박사에게 감사를 표한다. 그가 가르쳐준 "좋은 일"(good stuff)과 "하나님 일"(God stuff)의 차이에 대해 감사한다. 그의 충실한 설교, 교실에서의 가르침, 그리고 기도 후원은 내 삶에 굉장한 영향을 주었다. 그는 나에게 성경의 충분함을 가르쳤을 뿐만 아니라 당신의 삶과 사역을 통해 그것을 예화로 보여 주었다. 만약 하나님께서 나를 그의 반 정도의 강해설교자가 되도록 하신다면, 나는 행복한 사람이 될 것이며 교회도 축복 받은 교회가 될 것이다.

챨리 레이(Dr. Charlie Ray) 박사에게 감사를 표한다. 원어의 가치와 사용에 대한 그의 가르침에 감사한다. 스탠 노르만(Dr. Stan Norman) 박사에게도 감사하다. 신학의 중요함에 대한 그의 가르침에 감사한다. 존 파이퍼(Dr. John Piper) 박사에게 감사한다. 하나님 중심의 설교자가 되도록 그

의 글과 사역을 통하여 준 가르침과 격려에 감사한다. 브라이언 채플(Dr. Bryan Chapell) 박사에게 감사한다. 그리스도 중심의 강해설교에 대한 그의 강조에 감사를 드린다.

앤드류 아더(Andrew Arthur), 존 블랙몬(John Blackmon), 그리고 스테판 맥도널드(Stephen McDonald)에게도 감사한다. 이 책의 일부를 도와준 것과 그들의 우정에 감사한다.

척 켈리(Dr. Churk Kelley) 박사에게도 감사를 드린다. 뉴올리언즈침례신학교(New Orleans Baptist Theological Seminary)에서 가르치고 설교할 수 있는 기회를 주신 것에 감사한다. 젊은 사역자들에 이처럼 큰 책임을 맡겨주신 것은 항상 은혜로 남게 될 것이다. 템플침례교회(Temple Baptist Church), 케너제일침례교회(First Baptist Kenner), 뉴올리언즈침례신학교(New Orleans Baptist Theological Seminary), 사우스이스턴침례신학교(Southeastern Baptist Seminary), 이마고데이교회(Imago Dei Church)의 친구들에게도 감사한다. 가르치고 설교할 수 있었던 모든 일에 감사한다.

무엇보다 하나님과 구주 예수 그리스도께 감사할 수밖에 없다. 그분의 십자가와 빈 무덤에 감사한다. 그를 떠나서 나는 아무런 소망도 없으며 아무것도 설교할 수 없다.

목차

추천사1 권　호 박사(국제신학대학원대학교 설교학 교수) _5
　　　　박현신 박사(총신대학교 신학대학원 설교학 교수) _5
　　　　임도균 박사(침례신학대학교 신학대학원 설교학 교수) _6
추천사2 에드 스테처 박사(라이프웨이리서치 대표) _7
저자 서문 _14
역자 서문 _17
감사의 글 _20

1장. 설교와 설교자에 관하여 _24

제1부: 삼위일체 하나님에 충실한 설교
　　　－ 강해설교에 대한 삼위일체적 확신

　2장. 하나님의 영광을 위해 설교하기 _52
　3장. 영감된 성경에서 그리스도를 설교하기 _79
　4장. 성령의 능력으로 설교하기 _108

제2부: 하나님의 말씀에 충실한 설교
　　　－ 분주한 목회자를 위한 그리스도를 높이는 강해설교 작성법

　5장. 1단계 － 본문 연구하기 _137
　6장. 2단계 － 구속사적 주제 통합하기 _162
　7장. 3단계 － 아웃 라인 작성하기 _183

Contents

8장. 4단계 – 기능적 요소들 발전시키기 _204

9장. 5단계 – 서론과 결론 더하기 _230

제3부: 하나님의 부르심에 충실한 설교
 – 우리의 삶과 교리에 대한 교훈

10장. 경건을 위한 자기훈련 _248

11장. 하나님의 사람이 지닌 표지 _274

12장. 충실한 기도 _302

제4부: 하나님의 사명에 충실한 설교
 – 우리 세대를 향한 복음 설교

13장. 말씀 선포하기 _337

14장. 설교와 상황화 _368

15장. 바통 넘겨주기 _396

후기 _423

부록1. 설교 아웃라인 _426

부록2. 설교 평가표 _428

참고 문헌 _432

주제 색인 _443

1장
설교와 설교자에 관하여

> 내가 이를 때까지 읽는 것과 권하는 것과 가르치는 것에 전념하라.
> — 딤전 4:13

> 진정한 성공은 인기가 아니라 충성이다. 그리고 설교 강단에서 충성이란 부지런히 연구할 것을 요구한다.... 연구에 게으르고, 준비에 소홀하며, 말씀 선포에 부주의하는 이들은 언젠가는 부끄러워질 것이다. 하지만 충성된 일꾼은 그렇지 않다. 바울처럼 그들은 언젠가 자신의 자비한 주인 앞에 기쁨이 넘치는 확신으로 서게 될 것이다.[1]
> — 존 맥아더

---

1 J. MacArthur Jr., "Rightly Dividing the Word of Truth: A Study Method for Faithful Preaching," in *Preach the Word*, ed. L. Ryken and T. A. Wilson (Wheaton, Crossway Books, 2007), 78.

거리에서 만나는 대부분의 사람들은 나를 목사나 신학 교수로 여기지 않는다. 아마 이것은 내 나이, 면도한 머리, 염소수염, 그리고 건장한 체형(이것은 약간의 과정일 수도) 때문일 것이다. 나는 최근 비행기에서 캘리포니아 출신의 밝은 성격의 신사를 만났다. 그도 내가 문신 가게나 할리 데이비슨 오토바이 가게를 운영하고 있으리라 짐작할 정도였다!

내가 그에게 말을 많이 하는 성경 설교자라고 소개했을 때, 그의 표정은 극적으로 변했다. 그는 부자연스럽게 웃으면서 나처럼 보이는 목사는 만나 본 적이 없었다고 말했다. 그는 분명히 목사는 어떻게 보여야 하는지에 대한 나름대로의 선입관을 가지고 있었다. 이 친구처럼 사람들은 설교자와 설교에 대하여 잘못된 이해를 지니고 있다. 왜냐하면 많은 사람들이 성경보다는 다른 곳들로부터 자신들의 개념들을 형성하기 때문이다.

이 책의 기초가 되는 질문은 설교자의 외모와 아무런 상관이 없다. 가장 중요한 질문은 설교자의 책임과 관련이 있다.

설교자가 어떠한 사람이어야 하며 무엇을 해야 하는가?

그는 대화를 이끌어 내는 사람인가?

그는 치료 기술자인가?

그는 코미디언인가?

그는 무대 위의 현자인가?

그는 최고 경영자인가?

도대체 설교란 무엇인가?

이러한 일반적인 질문들은 강해설교에 대한 구체적인 질문들과 함께 이 시작하는 장에서 다루어지게 될 것이다.

1. 설교에 대한 기본적인 질문

1) 설교자란 무엇인가?

성경적 설교자에 대해 논의하기 전에, 하나님 자신이 "첫 설교자"였음에 주목하는 것이 중요하다. 그는 자신의 능력의 말씀으로 창조가 이루어지도록 하셨다. 하나님의 말씀은, 모든 것이 보기에 좋았던 것처럼, 그 목적을 이루었다. 우리는 성경의 맨 처음부터 설교는 초시간적인 것이며 하나님께 근거를 둔 것임을 알 수 있다. 성경의 처음부터 끝까지 설교는 각각의 설교자들을 통하여 다양한 방법들로 이루어진다.

성경 시대에서의 설교자들은 두 가지 중요한 요인들에 의해서 특징지어진다.

첫째, 그의 소명(his calling)이다.

둘째, 그의 메시지(his message)이다.

소명에 대해서, 하나님은 자신의 말씀을 공적으로 선포하는 특별한 직무를 위해서 선지자, 사도, 그리고 설교자를 따로 두셨다. 하나님은 거짓 선지자를 보내지 않으셨기에. 결과적으로 거짓 선지자들은 하나님의 말씀을 선포하지 않았다.

예레미야 23장에서 하나님은 "이 선지자들은 내가 보내지 아니하였어도 달음질하며 내가 그들에게 이르지 아니하였어도 예언하였은즉"(렘 23:21)이라고 말씀하시며 거짓 선지자들을 책망하셨다.

분명히 이것은 참 선지자들의 특별한 소명들이 구약성경에 포함되고 있는 이유들 중의 하나이다. 하나님의 소명은 중요하다. 이것은 사람들에게 두 선지자들의 차이점을 보여준다. 거짓 선지자들은 이사야가 받은 비전을 받지 않았고 젊은 예레미야와 사무엘이 가진 부르심에 대한 경험이 없다. 마찬가지로 바울은 그의 사도로서의 부르심을 그 시대 거짓 선지자들로부터 자신을 구별하고자 자주 언급했다(갈 1:6-17). 구약학자 하젤 블록(C. Hassell Bullock)은 "선지자들이 자신들의 합법성과 유효한 정당성을 무엇보다도 하나님의 부르심에 두었다는 기초적인 사실을 우리는 무시할 수 없다"고 말한다.[2]

또한 선지자들의 신적 메시지가 그들을 거짓 선지자들과 구별 짓는다. 하나님은 모세에게 하나님의 법을 공포하도록 말씀하셨다(출 20:22). 선지자 사무엘이 자라가며 "여호와께서 그와 함께 계셔서 그의 말이 하나도 땅에 떨어지지 않게" 하셨다(삼상 3:19). 에스라는 하나님의 백성이 포로에서 돌아온 후 함께 모였을 때, 일어서서 "율법책"을 읽었다(느 8:1). 거룩한 하나님은 마음이 굳은 백성들에게 자신의 메시지를 선포하기 위해 이사야를 보내셨다(사 6:9-13). 하나님께서는 말씀의 선포를 목적으로 그의 말씀을 예레미야의 입에 두셨다(렘 1:7-9). 하나님께서 에스겔에게, "주 여호와의 말씀이 이러하시다"라고 알리셨다(겔 2:4). 참 선지자들은 하나님의 말씀만을 전하였고, 그들의 메시지는 적시에 진리로 증명되었다(신 18:21-22).[3]

---

[2] C. H. Bullock, *An Introduction to the Old Testament Prophetic Books*, updated (Chicago: Moody, 2007), 20.

[3] 물론 선지자들은 앞으로 이루어질 것에 대한 예고했다는 점에서 오늘날의 설교자들과는 다르다. 그럼에도 불구하고, 그들은 설교자였다. 블록은 "선지자들이 이스라엘을 위한 하나님의 뜻-예고적인 요소는 그들의 메시지에 분명한 차이점을 가지고 오는 부분으로-에 비추어 당시 역시의 사건들을 해석하면서, 자신들의 시대와 정황에 관해 말했다는 측면에서 그들은 기본적으로 설교자들이라 정확하게 말할 수 있다"고

마찬가지로, 신약에서 참 선지자들은 주님의 명령에 따라 신적 진리를 선포했던 구약 선지자들의 패턴을 이어갔다. 하나님은 "광야에서 전파"(마 3:1)하여 하나님의 길을 예비하도록 세(침)례 요한을 지명하셨다. 더불어 예수님은 설교로 그의 사역을 시작하셨다(마 4:17). 우리 주님이 설교자였음을 고려하는 것은 결코 사소한 일이 아니다.

사도행전에서 베드로 사도는 구약을 상세하게 설명하고 적용함으로 첫 번째 기독교 설교를 했다. 바울은 구약의 이야기를 상세하게 설명함으로 그의 첫 번째 기록된 설교를 하였다(행 13:17-41). 디모데는 "읽는 것과 권하는 것과 가르치는 것에"(딤전 4:13) 전념하도록 권고받았다. 바울은 디도를 크레타로 보내며 "바른 교훈에 합당한 것을 말하여"(딛 2:1) 가르치도록 부탁했다. 베드로는 말하는 은사를 받은 자들은 "하나님의 말씀"(벧전 4:11)을 선포해야만 한다고 했다.

더 나아가서, 신약에서 쓰인 하나님의 메신저라는 비유는 말씀에 대한 설교자의 책임을 보여준다. 하나님은 메신저를 말씀의 씨를 뿌리는 "씨 뿌리는 자"(*ho speirōn*)로, 하나님의 신비를 위임받은 "청지기"(*oikonomos*)로, 하나님의 소식을 외치는 "전령자"(*kēryx*)로, 하나님을 대변하는 "대사"(*presbus*)로, 하나님의 양들을 보호하며 먹이는 "목자"(*poimēn*)로, 하나님의 진리를 바르게 나누는 "장인"(workman: *ergatēs*)으로 부른다.

이러한 이미지들에 대해서 존 스토트(John Stott)는 "이 모든 신약의 비유에서 설교자는 누군가의 권위아래 있는 종이며, 누군가의 말을 전하

말한다. Ibid., 16.

는 자라는 점이 인상적이다"고 말한다.[4] 젊은 설교자들이여, 당신의 책무를 잊지 말며 버리지 말라. 씨를 뿌리고, 청지기의 일을 하고, 선포하고, 대표하고, 양을 먹이고 바르게 하나님의 말씀을 나누는 일을 계속하라. 만약 하나님께서 당신을 설교자로 부르셨다면, 당신은 "말씀을 전파하라"(딤후 4:2)는 당신을 향한 하나님의 명령을 받은 것이다.

알리스테어 베그(Alistair Begg)는 설교자의 역할에 대해 생생하게 묘사하였다.

어릴 때 그가 다닌 교회는 목사가 사람들 보다 높은 곳에 위치한 삼각뿔 모양의 설교단에 오르기 전에 몇 개의 계단을 올라야 하는 형태의 예배당을 가지고 있었다. 예배 시작 삼 분 전쯤, 설교자가 강단에 오르기 전에 한 교구 사역자가 커다란 성경을 들고 먼저 그 곳에 올라갔다. 교구 사역자는 그날 본문의 성경을 펼쳐 놓고 내려왔다. 그 다음에 목사는 설교단으로 걸어 올라갔다. 이 후에 교구 관리자는 마지막 시간에 성경을 닫으러 올라갔다.

이런 진행 과정은 매우 중요한 무언가를 보여주고 있는 것이다.

성경을 제외하고 설교자는 기본적으로 말할 아무 것도 가지고 있지 않다는 것이다. 그러나 만약 그 앞에 성경이 있다면 그는 그 본문을 설교하기 전에 내려와서는 안 된다.[5] 다른 말로 설교자의 역할은 말씀을 선포하는 것이고 사람들은 성경의 권위에 복종하는 것이다.

---

[4] John Stott, *Between Two Worlds* (Grand Rapids: Eerdmans, 1982), 137. 또한 마 13:1–23; 고전 4:1; 딤후 4:2; 고후 5:20; 벧전 5:2; 딤후 2:15을 참조하라.

[5] A. Begg, *Preaching for God's Glory* (Wheaton: Crossway, 1999), 9.

2) 설교란 무엇인가?

일반적으로 설교는 공적으로 하나님의 말씀을 선포하는 것을 뜻한다. 물론 설교는 설교자의 개성, 그의 열정, 그의 설교 자료들의 배열, 그리고 성령의 사역과 같은 다른 특별한 요소들을 포함한다. "설교의 과학성과 예술성"을 의미하는 설교학이라는 세계에는 수많은 교사들이 독특한 뉘앙스로 우리의 주의를 끌면서 설교에 대한 묘사적인 정의들을 제공한다.

필립스 브룩스(Philips Brooks)는 "설교는 개성을 통해 진리를 가져오는 것이다"[6]라는 유명한 정의를 내렸다.

브룩스는 설교에서 설교자의 개성을 떼어낼 수 없다는 사실을 우리에게 보여주었는데, 이는 우리가 다른 사람의 설교 스타일을 따라 하지 말아야 하는 이유이기도 하다. 우리는 진정성 있게 말씀을 선포해야 한다. 물론 우리 개성의 어떤 부분은 성령님의 깨끗하게 하심이 필요하다. 우리는 "나답게"가 의미하는 것이, 우리가 도덕적 한계와는 무관하게 어떠한 태도로도 설교할 수 있는 완전한 자유를 가지고 있다는 뜻으로 생각해서는 안 된다. 그러나 하나님은 우리에게 독특한 기질(unique traits)을 가지게 하셨고, 독특한 영적 선물을 은혜로 주셨다. 그러므로 우리는 설교를 하나의 전형적인 스타일로 해야 한다고 생각하지 말아야 한다.

다른 교사들은 그들의 정의에서 내용면에 더 초점을 맞춘다.

---

[6] P. Brooks, *Lectures on Preaching* (New York: E. P. Dalton; reprint, Grand Rapids: Baker, 1969), 5.

스탠필드(V. L. Stanfield)는 "설교는 성경에 목소리를 입히는 것이다"[7]라고 말했다. 칼 바르트(Karl Barth)는 "설교는 거룩한 성경을 강해하는 것이어야 한다. 나는 성경에 대해서가 아니라 성경으로 말한다. 나는 어떤 것을 말해야 하는 것이 아니라 그저 어떤 것을 되풀이해야 한다"[8]고 했다.

스탠필드와 바르트는 우리로 하여금 설교는 "교훈"(sermon), "훈계"(talk), "연설"(speech)과는 다르다는 것을 깨닫게 한다. 사실, 누구든지 어떤 것에 대한 교훈(sermon)이나 훈계(talk)를 할 수 있다. 하지만 설교를 유일한 것으로 만드는 것은 그 안에 있는 신적 내용(divine content)이다.

열정은 거룩한 본문을 설교할 때 또한 필요하다.

특출한 강해설교자인 마틴 로이드 존스(D. Martin Lloyd-Jones)는 "설교는 불붙은 사람으로부터 나오는 신학이다"라고 단언하였다.[9] 현대설교자인 존 파이퍼(John Piper)는 참된 설교를 "강해적 환희"[10]라 했다. 목사이자 신학자인 이들은 신학의 깊이와 설교단에서의 뜨거움에 대한 필요를 우리에게 일깨워준다. 열정이 설교자들에 의해 성량, 몸짓, 눈물, 진정성, 또는 진행속도와 같은 방법을 통해 다르게 표현되어지고 있지만, 그것은 설교함에 있어서 결정적인 요소이다. 진정한 열정은 전염성이 있고 설득력이 있다. 당신은 성경적 설교자의 열정이 담기지 않은 설교를 성경에서 찾기 힘들 것이다.

---

7 J. A. Broadus, *On the Preparation and Delivery of Sermons*, 4th ed., rev. Vermon L. Stanfield (San Francisco: Harper and Row, 1979), 19.
8 K. Barth, *Homiletics*, trans. by Geoffrey W. Bromiley and Donald E. Daniels (Louisville: Westminster/John Knox Press, 1991), 49.
9 D.Martin Lloyd-Jones, *Preaching and Preachers* (Grand Rapids: Zondervan, 1971), 97
10 J. Piper, *The Supremacy of God in Preaching*, rev. ed.(Grand Rapids: Baker, 2004), 11

제리 바인스(Jerry Vines)와 짐 셰딕스(Jim Shaddix)는, "설교는 정해진 청중에게 긍정적인 반응을 가져오게 하려는 의도로 개성을 통해, 성령에 의한, 성경 진리에 대한 구두적 커뮤니케이션이다"[11]라고 설교에 대해 정의한다. 바인스와 셰딕스는 개성에 이어 성령님의 사역과 긍정적인 반응을 그 정의에 더한다. 우리는 반드시 기독교 설교에서 성령님의 일하심을 강조해야만 한다. 그리고 긍정적인 반응이 일어날 수 있는 것은 오직 성령님에 의해서이다. 설교자들은 하나님의 말씀이 정확하게 선포되어지고 있을 때, 하나님께서 일하실 것을 기대해야만 한다.

나는 이런 간단한 설교의 정의에 대한 개관에 참된 설교는 삼위일체적(Trinitarian)이어야 한다는 사실을 더하고 싶다.

하나님 각위는 설교 중에 임재하시며 그리고 함께 역사하신다. 기독교 설교는 하나님의 영광을 위하여, 성자를 통해서, 성령의 권능으로 되어야 한다. 그러므로 우리 설교는 하나님 중심(God-centered)이어야 하고, 예수님을 높여야 하고(Christ-exalting), 그리고 성령님의 권능이 있어야(Spirit-empowered) 한다. 설교는 예배의 행위이며, 그리고 그것이 참된 것이라면, 예배는 항상 삼위로 계신 한 분 하나님에 대한 고백(엡 1:3-14)이다. 따라서 충실한 설교는, 충실한 예배와 마찬가지로, 삼위일체 하나님을 높여드리려는 열정으로부터 나온다.

더 나아가, 나는 충실한 설교는 삼위일체적 설교(trinitarian preaching)라고 주장한다.

왜냐하면 설교는 죄인을 구원하여야 하며, 신자들을 거룩하게 하는

---

11   J. Vines and J. Shaddix, *Power in the Pulpit* (Chicago: Moody, 1999), 27

것이며, 하나님의 각위는 우리의 구원과 성화에 함께 역사하시기 때문이다. 성부 하나님은 거룩함을 이루기 위하여 우리의 구원을 섭리하셨고(엡 1:4), 성자 예수님은 거룩을 가능하도록 하기 위해서 우리의 구원을 성취하셨으며(엡 1:7–11), 그리고 성령 하나님은 우리의 마음 속에서 역사하셔서 우리로 그리스도를 바라보며 그분을 닮아가도록 하심으로(고후 4:6; 3:18), 우리의 구원을 적용하셨다(엡 1:13–14).

설교에서 삼위일체에 주의를 기울이도록 하는 마지막 이유는 하나님 각위가 우리에게 말씀을 주시는 역할을 하시기 때문이다. 성부는 자신의 말씀, 곧 그의 아들 안에서(요 1:14) 은혜로 자기 자신을 나타내시기를 선택하셨다. 성령님은 인간 저자들을 통해 하나님의 말씀이 영감토록 역사하셨다(벧후 1:20–21). 그리고 성령의 영감된 말씀들은 주로 예수님에 관한 말씀들이다(눅 24:27). 그러므로 책임 있는 강해자는 말씀에 감사해야 하고, 말씀의 힘을 믿어야 하고 말씀을 선포하므로 그리스도를 높여드리도록 노력해야 한다.

그러므로 나는 다음과 같이 간단히 주장하고 싶다.

충실한 설교 즉 설교다운 설교란 그리스도를 높이는 성경 말씀을 책임 있고, 열정적으로, 진정성을 가지고 선포하는 것으로, 이는 성령님의 권능에 의해, 삼위일체 하나님의 영광을 위해서 하는 것이다. 내 생각에는, 하나님 중심의 태도로, 책임감 있게 말씀을 다루려는 열망을 이루기 위한 가장 확실한 접근은 강해설교(expository preaching)이다. 그러기에 존 스토트는 "모든 진정한 기독교 설교는 강해설교이다"[12]라고 한 것이다.

---

12 John Stott, *Between Two Worlds*, 125.

3) 강해설교는 무엇인가?

강해설교에 대한 많은 정의가 있다. 가장 일반적인 정의는 '성경의 본문이 이끌어 가는 것'이다. 성경이 무대의 중심에 있다. 강해설교에 대한 다음과 같은 특정한 질문에 대답하고자 할 때, 혼동이 존재한다.

① 강해설교는 설교문(sermon)의 형식과 관계가 있는가?
② 강해설교는 설교문을 작성하는 과정과 관계가 있는가?
③ 강해설교는 설교문의 내용과 관계가 있는가?
④ 강해설교는 설교문의 스타일과 관계가 있는가?
⑤ 강해설교는 이러한 요소들 중 몇몇의 조합을 포함하는가?

설교문의 형식으로서 강해설교는 절을 덧붙여("verse with verse") 설교하는 것이라기보다는, 절을 따라서("verse by verse") 설교하는 것을 뜻한다. 이 분류에 따르면 오직 특별한 본문을 통해 진행하는 설교만이 강해로 간주되어진다. 절을 덧붙여 하는 설교는 설교자가 그의 아이디어를 뒷받침하기 위해 몇몇 절들을 선택하는 "주제설교"(topical preaching)로 알려져 있다.

설교문 작성과정(a sermon process)으로서 강해설교는 강해가 성경 저자가 의도된 메시지를 전달하기 위한 본문에 대한 깊은 연구와 관여한다는 사실을 의미한다. 그 과정이란(2부에서 논하겠지만) 저자(authorship), 시대(date), 문맥(context), 단어(words), 문장 구조(sentence structure), 그리고 또 다른 관찰과 같은 본문에 있는 어떤 특징들을 잘 살펴보는 것을 포함한다. 그렇다면 강해자는 시간, 문화, 언어, 그리고 우리의 섣부른 선이해(presupposition)에 의해 가려져 왔던 본문의 의미를 밝히려고 노력해야 할 것이다.

메시지의 내용으로 이해되는 강해설교는 메시지의 형식과 스타일과는 무관하게 설교문의 핵심내용이 성경적(biblical)이라는 것을 뜻한다.

이 생각에 따르면, 강해설교는 간단히 말해 말씀 중심의 설교(Word-centered preaching)이다. 설교자가 한 설교를 위해서 다양한 본문들을 선택할 수 있으나, 그 선택된 본문들은 반드시 그것들의 올바른 정황 속에서 이해되어야 한다. 본문의 구절들은 하나님이 선택하여 그 본문을 쓰도록 한 저자를 거스르지 않도록 다루어져야 한다.

설교문의 스타일로서 강해설교는 강해설교문(an expository sermon)을 전달하는 확실한 방법이 있다는 것을 뜻한다. 일반적으로 이렇게 강해를 정의할 때에는, 자신의 마음속에 떠오르는 한 전형적인 설교자가 있다. 유감스럽게도, 강해에 대해 부정적으로 반응하는 사람들은 대체로 이러한 전형적인 설교자들이 보여준 어설픈 스타일에 대한 반응이다. 이러한 비판들은 자주 강해설교자들이 헬라어 문법을 가미한 배경 지식과 주석에서 가져온 정황에 맞지 않는 인용구를 전하여 청중들을 지루하게 만드는 설교라 주장한다.

여기에서 분명히 버려야 하는 옵션은 스타일로서의 강해설교이다. 우리는 자신의 개성(personality)을 유지하면서 본문에 충실히 임하고 있는 많은 현대 설교자의 모범들을 볼 수 있다. 이런 설교자들 누구도 실제 삶을 위한 적용이 들어있지 않은 지루한 강해를 좋아하지 않으며, 아무도 어떤 특별한 설교자를 똑같이 따라하는 강해설교를 좋아하지 않는다.

강해설교를 지지하는 대부분의 사람들은 설교자가 본문을 그 본문의 정황 속에서 이해한 후에 그 특정 본문에 대한 설명과 적용을 해야 할 필요성을 강조한다. 그들은 주해적 연구(exegetical study)와 성경적 내용에 대한 필요성을 강조한다. 아래의 예들을 살펴보라.

> * 존 브로더스(John Broadus)
> 강해설교는 주로, 또는 대부분 분량과 비율로 봐서, 성경에 대한 강해로 채워져 있는 것으로 정의할 수 있다.[13]

> * 존 스토트(John Stott)
> 그것(강해)은 스타일(연속적인 해설)이라기보다는 설교문의 내용(성경의 진리)을 언급한다. 성경을 상세히 설명하는 것은 본문으로부터 거기에 무엇이 있는지 가져와서 그것을 볼 수 있도록 펼쳐 놓는 것이다.[14]

> * 해돈 로빈슨(Haddon Robinson)
> 강해설교는 성경적 개념의 전달로서, 그 개념은 특정 본문을 그 본문의 정황 속에서 역사적, 문법적, 문학적 연구를 통해서 도출된 것으로, 그것을 성령님이 먼저 설교자의 개성과 경험에 적용하고

---

[13] J. Broadus, On the Preparation and Delivery of Sermons, new and rev. ed. Jesse Witherspoon (New York: Harper and Row, 1944), 144.
[14] John Stott, Between Two Worlds, 125-26.

난 다음 설교자를 통해 청중들에게 적용하는 것이다.[15]

* **시드니 그레이다너스**(Sidney Greidanus)
강해설교는 '성경 중심 설교'이다. 다시 말해, 이는 특정한 성경 저자의 마음속에 있었고 성경 전체 문맥에서 밝히 존재하는 실제적이고 핵심적인 의미를 알기 쉽게 만들어 이 시대 청중들의 필요에 적용하는 방식으로 본문을 다루는 것이다.[16]

* **존 맥아더**(John MacArthur)
강해설교는 하나님이 의도하신 대로 온전하고 정확하게 본문을 전달하는 것을 포함한다.[17]

* **브라이언 채플**(Bryan Chapell)
[강해설교는] 구체적인 특정 성경 본문의 진리를 전달하고 적용하는 것이다.[18]

* **바인스와 셰딕스**(Jerry Vines, Jim Shaddix)
[강해설교는] 성경 본문을 상세히 해설하고, 주어진 본문에서 나

---

15 H. Robinson, *Biblical Preaching*, 2nd ed. (Grand Rapids: Baker, 2001), 21.
16 S. Greidanus, *The Modern Preacher and the Ancient Text* (Grand Rapids: Eermans, 1988), 11.
17 J. MacArthur Jr. and The Master's Seminary Faculty, *Rediscovering Expository Preaching* (Dallas: Word, 1982), 23-24.
18 B. Chapell, *Christ-Centered Preaching*, 2d ed. (Grand Rapids: Baker, 2005), 30.

오는 중심 주제를 위주로 주요 부분들로 체계화하고, 그 메시지를 확고하게 청중에게 적용하는 것이다.[19]

* D. A. 카슨(D. A. Carson)
최소한 강해설교는 앞에 주어진 본문에 있는 그 내용에 의지하면서, 변함없이 그리스도께로 나아가는 정경 내의 관계들(성경 안에서 관계들)에 주의를 기울이는 설교이다.[20]

설교문의 형식은 강해설교의 가장 자주 논의되는 부분이다. 구문을 통하여 한 절 한 절 진행하는 설교만이 강해로 여겨질 것인가? 책 전체를 연속적으로 설교하는 것만을 강해라고 할 것인가?

당신은 그 본문들의 원래의 정황에서 벗어나지 않으면서도 하나의 본문보다 더 많은 본문들을 설교하면서도 강해설교라고 할 수 있는가?

어떤 이들은 몇몇 구절들보다는 특정한 구문의 본문에 대한 설교일 때만이 강해설교라고 주장하기도 한다. 다음의 정의를 살펴보자.

* F. B. 마이어(F. B. Meyer)
우리는 성경의 부분이나 책을 연속적으로 다루는 설교를 강해설교라 정의내릴 수 있다.[21]

---

19 Vines and Shaddix, 29.
20 D. A. Carson, "The Primacy of Expository Preaching," Bethlehem Conference for Pastors, 1995, cassette.
21 F. M. Meyer, *Expository Preaching* (London: Hodder & Stoughten, 1910; reprint, Eugene: Wipf and Stock, 2001), 25.

※ **앤드류 블랙우드**(Andrew Blackwood)
강해설교는 연속된 두세 절들보다 긴 성경의 본문에서 주로 나와 설교에 빛을 주는 것이다.[22]

※ **해롤드 브라이슨**(Harold Bryson)
[강해설교]는 성경의 한 책에서 연속적 혹은 선택적으로 시리즈로 설교하는 기술이다.[23]

나는 개인적으로 메시지의 형식은 설교문의 내용과 연구 과정에 비해서는 부차적이라 생각한다. 강해 또는 말씀 중심 설교(Word-centered preaching)는 본문을 존중하면서 다양한 방식으로 할 수 있다.

나는 누구나 성경 구절들을 덧붙여 접근하여 필요한 특정 교리에 대한 설교를 포함하는 "주제-강해적"(topositional) 설교를 할 수 있다고 본다.

또 설교자가 구절에 구절을 더해야 할 것을 요구하는 특정한 교리를 포함하여 주제-강해적 설교를 할 수 있다고 믿는다.

그러나 이것 역시 그 다양한 저자들의 의도를 찾아야 하는 강해를 위한 헌신이 필요하다.

또한 나는 설교자가 요한복음에 나오는 "나는~이다" 진술들과 같은 각 책에서 나오는 다양한 주제들을 선택할 수 있다고 생각한다.

강해를 한다는 또 다른 의미는 각 권의 개관에 대한 설교(a book overview

---

22 A. W. Blackwood, *Expository Preaching Today* (Grand Rapids: Baker, 1975), 13.
23 H. T. Bryson, *Expository Preaching* (Nashville: Broadman & Holman, 1995), 39.

sermon)를 하는 것이라 할 수 있다.

그 한 설교에서 설교자는 그 책의 주요 주제들을 다 담도록 시도한다.

또 다른 선택은 설교자가 특별한 주제에 대한 시리즈 설교를 하는 것이고, 그 시리즈는 그 주제와 관련된 개개의 본문–적어도 이 본분들이 충실히 다루어질 때–들로 구성된다.

요약하자면, 강해설교는 말씀 중심의(Word-centered), 말씀이 이끄는(Word-driven), 또는 말씀에 젖어드는(Word-saturated) 설교라 할 수 있을 것이다. 보다 자세히 기술하자면, 강해설교는 그리스도의 형상으로 사람들을 변화시키기 위하여, 특정한 본문 혹은 본문들의 의미를 설명하고 적용하는 주해적, 성령님이 주도하는 과정이다.

설교 형식에는 얼마간의 자유가 있다고 생각하지만, 건강한 제자를 기르는 가장 좋은 방법은 성경의 책들을 통해 한 절 한 절(verse by verse) 나아가는 것이라 믿는다. 목사가 그의 성도들을 위해서 다른 접근이 도움이 되리라 생각할 때가 있기는 하지만, 나는 이런 상황은 정기적인 방식이 아니라 가끔 하는 방식이어야 한다고 생각한다. 시간이 지나면, 나는 목사가 체계적인 강해–물론 그것이 잘 되었을 때–의 놀라운 장점들을 알게 될 것이라 믿는다.

나의 스승인 짐 셔딕스는 강해설교가 말씀에 흠뻑 젖어들었음을 설명하기 위해서 수영장에 빗대어 그 유사점을 자주 설명하곤 했다.

그는 말하기를 설교자는 일반적으로 성경을 세 가지 방법 중 하나로 사용한다.

첫 번째는 그들은 말씀을 다이빙 보드로 사용한다는 것이다. 이 방법에서, 설교자는 본문을 읽고, 다시는 본문으로 돌아오지 않는다.

두 번째는 설교자가 말씀을 간의 의자로 사용한다는 것이다. 이 방법에서 설교자는 때때로 본문으로 돌아오기도 한다.

세 번째는 설교자는 말씀을 수영장으로 사용한다는 것이다. 이 방법에서 설교자는 성경 본문에서 수영하도록 청중들을 데리고 간다.[24]

가장 기초적인 단계로, 강해설교는 청중들이 설교를 들은 후에 하나님의 말씀에 젖어 있게 하는 것이다. 설교자가 그 본문 또는 본문들에 대한 의미를 설명하고 적용하는 동안 그들의 성경책은 펼쳐져 있다. 물론, 심지어 수영장 근처에도 가지 않는 설교들도 있다! 거기에는 본문이 없다. 이럴 경우, 청중들은 물을 찾아서 다른 곳으로 가야 한다.

2. 강해설교에 대한 구체적인 질문들

내가 강해설교에 대해 이야기할 때면 세 가지 특정한 질문들이 자주 제기된다.

강해설교의 유익, 강해설교의 위험성, 그리고 강해설교 이외의 대안들에 대한 것이 늘 관심과 논의의 대상들이다. 강해설교 접근 방식의 챔피언들과 비평가들은 모두 이 문제들을 진지하게 다루어야 한다.

---

[24] 짐 셰딕스는 나의 멘토이자 친구, 전임 목회자이자 교수이다. 이 책을 지지하는 그가 쓴 두 책을 강력히 추천한다. *The Passion-Driven Sermon* (Nashville: Broadman & Holman, 2003), Vines and Shaddix, *Power in the Pulpit*.

1) 강해설교의 유익들은 무엇인가?

강해설교는 성경, 성경의 본질, 성령님의 사역에 따른 설교자의 역할이라는 신학적 신념에 근거를 둔 접근이다. 그러므로 강해에 따르는 많은 이점들을 측정하기란 힘들다. 그러나 아홉 가지 실천적이고 신학적인 유익들은 주목할 가치가 있다.

첫째, 강해는 성경 교리에 주의를 기울여야 할 것을 요구한다.

만약 하나님의 전체 경륜에 대해 설교한다면, 설교자는 모든 교리적 이슈들에 대해 설교해야만 한다. 이것은 설교자가 그가 선호하는 주제만을 다루지 못하게 할 뿐 아니라, 청중들에게도 신학적 안정감을 줄 것이다.

둘째, 잘 행해진 강해는 신자와 불신자 양쪽 청중들에게 유익하다.

누군가 예수님 안에서 정점에 이르는 구속사의 관점에서 성경을 설교한다면, 복음은 자연스럽게 모든 설교문에 통합되어질 것이다. 믿지 않는 사람들은 자신들이 회개해야 함과 그리스도 안에 있는 소망을 만나게 될 것이다. 반면에 강해는 교회 안에서 신자들을 자라게 할 것이며, 그들이 은혜를 받으려 일함이 아니라 은혜를 받았기 때문에 그리고 은혜에 의해서 일하게 됨을 깨닫게 할 것이다. 그래서 나는 복음으로 채워진 강해의 열정적인 팬이며, 바라기는 그런 강해의 실천자가 되기 원한다.

셋째, 강해는 메시지에 권위를 준다.

단지 최첨단의 설교를 시도하거나 끝없는 이야기들로 설교를 채우는 설교자들은 권위를 잃는다. 설교의 권위는 제안, 이야기, 설교자의 견해에 달려 있지 않다. 권위는 하나님의 말씀으로부터 나온다.

넷째, 강해는 성경을 드높인다.

설교자들은 하나님 말씀의 충분함을 믿으라고 요구한다. 그러나 만약 그 설교자들이 사람들을 본문에서 수영하도록 데리고 가지 않는다면, 그들은 자신의 믿음을 실제로는 부정하는 꼴이다. 성경에 대한 당신의 믿음은 당신이 그것을 어떻게 사용하느냐의 모습을 통하여 당신의 성도들에게 보여야 한다. 이는 반복되는 상투적인 말보다 더 성경의 본질을 드높이는 방법이다.

다섯째, 강해는 사람 중심이 아니라 하나님 중심이다.

파악된 필요나 유행하는 생각 대신 하나님의 말씀으로 시작하므로 설교자는 삼위일체 하나님의 본성과 진리를 사람들에게 보여줄 것이다– 실제 이것은 사람들에게 가장 절실한 필요이다.

여섯째, 강해는 설교를 하기 위한 풍부한 재료를 제공한다.

성경을 따라서 설교해 나감으로, 중요하게 보이는 주제들(돈, 이성, 그리고 권력)만 골라잡는 과도한 환원주의를 피할 수 있을 것이다. 성경은 당신이 꿈꿔왔던 것보다 더 많은 주제들을 제공할 것이다. 총제적인 접근이 통합적인 그리스도인들을 낳을 것이다.

일곱째, 강해는 말씀을 전달하는 사람을 자라게 한다.

이는 강해에 헌신함에 있어서 가장 즐거운 부분이다. 매주 본문을 연구하면서, 당신은 제자로 성장해 갈 것이고 영적 영양분으로 당신의 영혼을 계속 채워나갈 것이다.

여덟째, 강해는 회중을 성경지식의 가장 높은 단계로 자라도록 책임진다.

규칙적으로 하나님 말씀을 상세히 설명하므로 당신은 회중을 '말씀을 아는 사람'으로 훈련시킬 것이다. 더 나아가, 당신은 그리스도 안에서 자신이 누구인지와 어떻게 하나님께 영광을 돌릴지 그들에게 깨닫게 할 뿐 아니라, 그리스도인답게 생각하도록 그들을 훈련할 수 있을 것이다. 설교의 다른 유형들은 사람들이 느끼는 필요에 반창고를 붙이는 건지도 모른다. 그러나 말씀 안에서 성령님의 마음을 이해하지 않는 한, 그것으로는 그들의 세상을 보는 시각을 바꾸지는 못할 것이다. 강해는 사람들의 마음을 새롭게 함으로 그들을 변화시키는 주요한 수단이다(롬 12:2).

마지막으로, 강해는 사람들에게 그들 스스로 성경을 공부하는 방법을 가르친다.

"사람에게 물고기를 주면 하루를 먹인 것이다. 하지만 물고기 잡는 법을 가르치면 평생을 먹인 것이다"라는 옛 격언은 맞는 말이다.

본문들과 책들을 따라 체계적으로 설명해나감으로 당신은 사람들에게 본문에 어떻게 관여할 지를 가르칠 수 있을 것이다. 그들은 문맥, 단어, 그리고 성경 장르의 중요성을 이해하게 될 것이다. 다양한 장소에서 강해설교를 한 후에, 나는 청중들이 내가 할 다음 요지를 예측할 수 있고, 또 내가 어떻게 그 요지를 취하게 된 것인지를 이해할 수 있다는 것을 깨닫게 되었다. 강해설교는 강해설교자와 강해학생들도 만들어낸다.

그러므로 강해의 유익들은 셀 수가 없다. 설교의 다른 어떤 접근방식도 이러한 유익들을 줄 수는 없을 것 같다.

그런데 왜 우리는 다른 방식을 하려는 것일까?

2) 강해설교의 위험성은 무엇인가?

강해설교를 옹호하기 위해서, 나는 피해야 할 몇 가지 위험들이 있음을 지적해야만 한다. 문제 중의 하나는 지루함이다.

말씀은 우리로부터 나오기 전에 우리를 먼저 통과하여야만 한다. 만약 우리가 지루하다면, 그것은 분명 우리가 먼저 우리 마음에서 말씀이 제대로 역사하도록 하지 못했음을 의미한다. 이것과 관련이 있는 또 다른 위험은 상황에 적합하지 않을 수 있다는 것이다. 강해의 목적은 정보가 아니고, 사람의 변화이다. 설교자는 본문이 어떻게 청중들의 삶에 관련이 있는지를 보여주어야만 한다.

강해설교자들은 또한 단조로움을 주의해야 한다.

설교자는 신선한 방법으로 말씀을 나타내기 위해 열심히 연구해야 한다. 같은 방법 또는 비슷한 유형의 예화로 시작하는 설교는 예측 가능하기에 청중들을 실망시킨다. 독창성과 신선함은 퇴짜당하지 않을 것이다. 특별히 그것이 설교자가 가지는 개성의 일부분일 때 더욱 그러하다.

또한 설교자들은 너무 지나치게 상세히 설명하는 것을 조심해야 한다.

때때로 강해설교문을 준비하는 가장 어려운 부분은 무엇을 뺄 것인가의 문제이다. 좋은 강해설교는 하나의 주요한 주제를 가진다. 설교자는 이 주제를 붙잡고, 이 진리가 청중의 마음을 뚫고 들어가도록 그것을 뒷받침해야 한다. 특히 강해를 들어본 적이 없는 교회에서 강해설교를 시작할 때, 간단함과 명확함은 매우 중요하다.

지적 자랑 역시 피해야 할 위험이다.

그것은 두 가지 방법으로 나온다.

첫 번째는 설교자가 자신의 성경 배경 지식과 성경 언어 지식으로 청중에게 감명을 주고자 할 때이다. 우리의 역할은 사람들을 감동시키는 것이 아니라 그들에게 말씀을 쉽고 분명하게 보여주는 것이다.

두 번째는 설교자가 자신의 해석은 유일한 견해라 주장하며 어려운 본문을 고압적으로 설교할 때, 자랑이 슬금슬금 나온다. 나의 철학은 그러한 본문에 대한 모든 견해를 보여주고, 나의 견해를 말하며 이를 지지하는 이유들을 제시하는 것이다.

첫 번째, 두 번째, 세 번째 순위의 교리의 층을 구별할 수 없는 설교자들에게 권위와 겸손 사이에서 균형 잡는 것은 종종 힘들다. 여러 가지 옵션들을 제공함으로써 당신은 사람들이 기독교적 마인드를 발전시키는 것과 그들 스스로 공부하는 것을 배워가도록 도울 수 있을 것이다. 또한 당신 역시 겸손한 해석을 실천함으로 청중들과 신뢰를 쌓아 갈 수 있을 것이다.

마지막 위험은 매우 치명적이다. 우리는 그리스도 없는 설교를 피해야만 한다.

종종 강해설교자들은 나무(어느 특별한 구절)때문에 성경의 숲(예수님 안에서 하나님의 구속)을 빠뜨린다. 어떤 해석의 계획들에 따르면, 예수님을 언급함 없이 느헤미야서를 한 절 한 절씩 설교할 수 있을 것이다. 그리고 그런 설교도 강해설교로 분류되어질 수 있다!

이 방법은 무엇이 틀렸는가?

이것은 전체성경의 큰 문맥을 놓치고 있다. 모든 강해설교자들은 선택한 본문이 구속의 역사에서 어디쯤 위치하고 있는지를 알려고 애써야 한다.

그것은 십자가 이전인가, 십자가 이후인가?

나는 "모든 돌을 들추어서 예수님을 찾기"위해 노력할 것을 제안하는 것이 아니라, 다소간 불연결성에도 불구하고 성경은 하나의 그리스도인의 책이라는 것을 강력히 주장하고 싶은 것이다. 사실 예수님은 제자들에게 구약은 자신을 가리키고 있다고 하셨다(눅 24:25-27, 44-47). 구약의 본문을 우리가 설교할 때, 어떤 유대 랍비도 편안하게 앉아 있을 수 없어야 한다. 강해설교자들은 본문에서 구속과의 관련성을 찾기 위해 열심히 연구하고 그것에서 나오는 은혜로 채워진 적용을 해야 한다.

3) 강해설교의 대안들은 무엇인가?

요즈음 설교자들은 강해설교에 많은 대안들을 지니고 있다. 내러티브 설교는 자주 채택되는 방법이다. 분명히 내러티브 설교는 강해식으로 설교되어질 수 있다. 이는 불필요한 수사학적 아웃라인을 주입하지 않고 내러티브 본문을 따라서 설교하는 것이다. 설교자들은 이야기의 자연스런 부분(즉 등장인물, 구성, 갈등, 해결)을 단순히 따라감으로 내러티브 본문을 강해할 수 있을 것이다.

그러나 때때로 내러티브 설교를 요구하는 이들에게 내러티브 설교는 스토리에 기초한 방법만으로 내러티브 본문을 설교하는 것만을 의미하지는 않는다. 그들은 설교자들이 흥미있는 이야기들과 사람들이 따를 만한 도덕적 예들을 말하도록 부추긴다. 이러한 내러티브 설교의 문제점은 때로는 그것이 변화보다는 흥미를 끄는 것에 더 큰 역할을 한다는 것이다. 사람들의 관심을 받는다는 것이 반드시 누군가의 변화를 의미하지는 않는다. 또한 설교가 대부분 이야기라면, 하나님 말씀에 대한 갈망을 그리 불러일으키지 못할 것이다.

또한 최근에 많은 목회자들은 주제적-느끼는 필요에 따른-접근을 받아들이고 있다. 이 방법을 사용하는 목회자들은 자주 사람들의 필요를 알아내기 위한 설문조사를 하는 것으로 시작하고, 그러한 이슈들을 다루며 메시지를 설교한다. 이런 설교문들은 매우 실용적이다. 그러나 설교문의 요점은 제안과 같아 보인다. 간혹 나는 몰몬교도나 대중 심리학자 또는 다른 도덕적인 사람이 이러한 설교들을 들으면 힘들어 할까 궁금해진다. 일상생활을 위한 실용적인 조언들은 분명히 기독교답지 않은 것 같다. 나에게 중요한 것은 사람들이 무엇을 갖게 되는가가 아니다. 도리어 그들이 지금 얻지 못한 것, 즉 복음과 하나님의 계시가 중요하다.

최근, 설교에 대한 대화적인 접근이 이머징 교회 리더들 사이에서 유행하고 있다. 여기에서 내가 말하는 대화는 설교 중에 사람들이 당신에게 대답하는 것을 의미하지 않는다. 이런 설교의 옹호자들은 우리가 모든 회중들에게 일어서서 말할 기회를 줌으로-사실상 제한 없이-모든 사람이 예배에 참여하도록 해야 한다고 생각한다.

보통 이 접근은 진리와 권위의 거부로부터 나온다. 대화는 어떤 상황(소그룹처럼)에서는 필요하지만, 참된 설교가 되는 데는 실패한다. 더욱이 그것은 오도된 사람들을 대화에 참가시키도록 하는 것이다.

만일 어떤 이가 설교 도중 일어서서 파수꾼(The Watchtower)을 읽는다면 당신은 어떻게 할 것인가?

실제적으로 이 방법은 큰 교회에서는 수용할 수 없다.

어떻게 2000명 회중과 대화를 할 수 있는가?

신학적으로, 그리스도의 몸이 어떻게 작동하는지를 이해하는 것에도 실패한 것처럼 보인다. 가르침과 설교의 은사를 받은 사람이 그 일을 해야 한다. 이런 대화적 사고에서는 교회가 오로지 주일만을 위해서 존재하고 있는 것으로 여기는 것 같다. 영적 재능이 있는 사람들은 고아원, 선교 현장, 그리고 행정처와 같은 다른 곳에서 섬김의 환경을 찾아야 한다.

3. 요약

충실한 설교는 그리스도를 높이는 성경 말씀을 책임감 있고, 열정적이고, 진정성을 가지고 선포하는 것으로, 성령님의 능력에 의한, 삼위일체 하나님의 영광을 위한 설교이다. 강해설교는 하나님의 말씀을 정확하게 설명하고 적용하기 위한 가장 좋은 방법이며, 설교에서 하나님 중심의 초점을 유지하는 데 가장 좋은 방식이다. 더불어 강해설교는 설교자와 청중 모두에게 놀랄만한 영적 이익을 준다.

오늘날 충실한 강해설교자가 되기 위해서는 강해설교와 관련한 일반적인 문제들, 즉 지루함, 비적실성, 그리스도가 빠진 메시지와 같은 문제들을 피해야 한다. 충실한 설교자들은 자신의 청중들을 열정과 진정으로 본문으로 인도할 것이며, 본문을 통해 그들을 그리스도께로 인도할 것이다.

◆ 디모데전후서 연구

1) 성경 본문에 근거하여 디모데에 대해서 우리는 무엇을 알고 있는가?
   당신은 어떻게 디모데와 동일시되는가?

2) "목회 서신"이라는 단어가 디모데전후서와 디도서에 적합한 타이틀이 되는 이유가 무엇인가?

3) 바울이 "네게 부탁한 아름다운 것을 지키라"(딤후 1:14)고 말한 의미가 무엇인가?
   이 구절을 강해설교에 어떻게 적용할 것인가?

제1부

삼위일체 하나님에 충실한 설교
: 강해설교에 대한 삼위일체적 확신

2장. 하나님의 영광을 위해 설교하기

3장. 영감된 성경에서 그리스도를 설교하기

4장. 성령의 능력으로 설교하기

2장
하나님의 영광을 위해 설교하기

> 영원하신 왕 곧 썩지 아니하고 보이지 아니하고 홀로 하나이신 하나님께 존귀와 영광이 영원무궁하도록 있을지어다. 아멘.
>
> — 딤전 1:17

> 설교를 위한 설교자의 부르심은 그리스도를 위한 그의 부르심에 뿌리 내리고, 그리스도를 위한 그의 부르심은 하나님의 영광을 위한 요청에 뿌리내린다.[1]
>
> — 짐 셰딕스(Jim Shaddix)

내가 소년이었을 때, 나의 부모님은 내가 삼촌에게서 오래된 텔레비전을 20달러에 사도록 허락하셨다. 모든 채널의 화면이 그을린 주황색 빛

---

[1] J. Shaddix, *The Passion-Driven Sermon* (Nashville: B&H, 2003), 3–4.

깔을 내고 있었기 때문에 매우 쌌다. 나는 이 주황색 텔레비전으로 콘트라(Contra) 게임(고전 전자게임의 한 종류)과 다른 비디오 게임을 했다.

내가 가장 즐겁게 본 것은 내가 좋아하는 팀인 켄터키대학(UK)의 와일드 캣의 농구경기였다. 어느 날 아버지가 럽 경기장(Rupp Arena)−켄터키 와일드 캣의 홈경기장에서 UK를 볼 수 있는 몇 장의 티켓을 가졌다는 소식을 가지고 집으로 와서 내가 같이 가기를 원하는지 물었다. 물론 나는 원했다. 그러나 나는 그것이 나에게 큰 일이 아닌 체 했다. 어쨌든 나는 늘 나의 텔레비전으로 경기들을 봐왔다. 분명 실제 경기를 보는 것과 집에서 그것을 보는 것과는 별반 다를 것이 없을 것이라 여겼다.

나는 5학년이 입는 나일론 야구재킷과 운동바지, 그리고 영국기사 신발과 옆에 이름이 새겨진 모자를 차려입었다. 나는 럽경기장에서 뽐내며 걸어 다닐 만반의 준비가 되어 있었다. 도착 후 우리는 선물가게에서 처음 얼마의 시간을 보내고, 드디어 아래쪽의 우리 자리로 찾아가기로 했다. 그 이후의 경험을 나는 결코 잊지 못할 것이다.

무심히 티켓을 받는 사람을 지나쳐서 실제 경기장의 문을 열었고… 그리고 나는 숨을 멈추었다. 나는 입구에서 말없이 서 있었다. 나의 3온스의 뇌는 그 엄청난 광경과 소리를 파악하려다가 과부하가 걸렸다. TV에서 나오던 것과는 매우 다른 색이었다! 선수들은 굉장히 컸고 빨랐다. 관중은 정말 시끄러웠다. 그리고 "키다리" 캐니 워크(Kenny "Sky" Walker)는 진짜 높이 뛰었다! 이 큰 경기장에서 나는 작게만 느껴졌다. 켄터키 농구와 그 경기장에 대한 나의 시각은 높아졌다. 나는 그 위엄에 눌렸다. 그리고 나는 나의 경험에 대해 모든 사람에게 말하고 싶었다.

때로 예배를 드리거나 사역을 할 때, 나는 그 경험에 대해 생각한다.

나의 머릿속에 떠오른 질문을 당신에게 해 보고자 한다.

- 나는 하나님의 영광에 영향을 받고 있는가?
- 하나님은 나를 감동시키는가?
- 나는 그의 임재 안에서 활보하고 있는가?
- 나는 그의 크심과 나의 작음을 알고 있는가?
- 나는 거룩한 일을 다루는 데 너무 익숙해져 있어서 그의 위대하심의 놀라운 실제를 인격적으로 숙고하는 데 실패하고 있지는 않는가?
- 나는 다른 사람들이 그의 위대하심을 보는 것을 원하는가?

강해설교자의 첫 번째 역할은 청중들을 하나님의 말씀 경기장으로 인도하는 것이다. 그래서 그들이 하나님의 영광을 경험하도록 하는 것이다. 로버트 스미스(Robert Smith) 교수는 교리 설교자를 "주해적 안내자"(an exegetical escort)[2]라고 부른다. 그러나 우리는 청중들을 하나님의 임재로 인도하기 전에, 먼저 개인적으로 삼위일체 하나님을 경험해야 한다. 앞으로 몇 페이지의 지면을 통해서 나는 당신이 하나님의 영광이 당신의 열정적인 추구가 되도록 도전하고자 한다. 그리고 개인적인 테스트를 통해 당신의 마음을 점검하기를 원한다.

---

2 R. Smith Jr., *Doctrine That Dances* (Nashville: Broadman & Holman, 2008), 35.

1. 열정적인 추구: 하나님의 영광

기독교인으로서 우리는 하나님은 본질상 한 분이시고 삼위로 계심을 믿는다.[3] 하나님의 각위는 동등하게, 영원히, 동시에, 그리고 완전한 신성을 소유한다.[4] 성부, 성자, 그리고 성령은 본질상 동일하나 각위는 독특성을 지닌다. 영광스런 삼위일체 하나님 안에는 동일성과 다양성이 모두 있다. 세 분의 위격은 서로 조화를 이루어 일하며, 또한 독특한 역할들을 성취한다.

그렇게 하므로 성부, 성자, 성령의 관계는 사랑, 공동체, 아름다움, 겸손, 기쁨, 그리고 하나됨의 가장 위대한 예를 보여준다. 하나님의 이미지를 지닌 자로서, 인간은 오직 하나님과의 관계에서만 평화, 기쁨, 의미, 그리고 사랑을 찾을 수 있다.

성부 하나님은 창조, 구속, 그리고 완성의 디자이너이다.[5] 그는 그의 비길 데 없는 은혜로 인해 찬양과 영광을 받기에 충분하시다. 바울은 말한다.

> 모든 입으로 예수 그리스도를 주라 시인하여 하나님 아버지께 영광을 돌리게 하셨느니라(빌 2:11).[6]

---

3 B. Ware, *Father, Son, and Spirit: Relationships, Roles, and Relevance* (Wheaton: Crossway, 2005), 41.
4 Ibid.
5 Ibid., 51
6 다른 표현이 없다면, 모든 이택체로 된 구절들은 강조를 위해 첨가된 것이다.

그러나 놀랍게도 성부께서는, 신적 겸손함으로, 모든 관심을 구하지 않으신다. 하나님은 각 위격들 가운데서 자신의 주권적인 역할에도 불구하고, 성부는 성자를 통해 일하기를 그리고 아들 안에서 그의 영광을 나타내시기로 선택하신다(요 1:14). 성부는 그리스도의 영광 안에서 즐거이 기뻐한다. 성령은 "무대 뒤에서" 자신을 내세우지 않고 일하신다. 대신 성령은 그리스도를 높이기 위해 일하신다(요 16:14). 그리고 성자는 성부를 드높이려 하신다(요 17:2,4). 성부 하나님은 성령님에 의해, 그의 아들을 통해 영광을 받으신다.

기독교인으로 우리는 삼위 하나님이 모든 것의 창조자이고 보존자이심을 믿는다. 따라서 하나님은 홀로 명예와 영광을 마땅히 받아야 할 분이시다. 바울은 그것을 이렇게 말했다.

> 이는 만물이 주에게서 나오고 주로 말미암고 주에게로 돌아감이라 그에게 영광이 세세에 있을지어다. 아멘(롬 11:36).

하나님은 단지 창조자와 보존자일 뿐만 아니라 그는 또한 구속자이시다. 다른 곳에서 바울은 "너희는 너희 자신의 것이 아니라 값으로 산 것이 되었으니 그런즉 너희 몸으로 하나님께 영광을 돌리라"(고전 6:19b-20)라고 말한다.

그러므로 우리는 이중으로 소유되었다. 창조자로서 그리고 구속주로서, 하나님은 그의 영광을 나타내시려고 우리를 소유하고 계신다.

웨스트민스터 신앙고백은 하나님 최고 주권에 대한 진리를 다음과 같이 적용한다.

"사람의 최고 목적은 하나님을 영화롭게 하는 것이고 영원히 그를 즐거워하는 것이다."

하나님 중심의 기독교인은 성령에 의해, 예수 그리스도를 통해서, 성부 하나님을 영화롭게 하는 것을 다른 무엇보다도 더욱 갈망한다. 기독교인의 주제문은 다음과 같아야 한다.

> 그런즉 너희가 먹든지 마시든지 무엇을 하든지 다 하나님의 영광을 위하여 하라(고전 10:31).

정확히 말하면 우리는 이것을 추구하면서 그 속에서 의미있고 지속되는 기쁨을 찾는 것이다. 나는 설교의 최고 목적과 사람의 최고 목적 사이에 차이가 있어야 하는 어떠한 이유도 찾을 수 없다.

사실 베드로는 말하는 은사를 지닌 사람들에게 다음과 같이 말했다.

> 만일 누가 말하려면 하나님의 말씀을 하는 것 같이 하고 누가 봉사하려면 하나님이 공급하시는 힘으로 하는 것 같이 하라 이는 범사에 예수 그리스도로 말미암아 하나님이 영광을 받으시게 하려 함이니 그에게 영광과 권능이 세세에 무궁하도록 있느니라. 아멘(벧전 4:11).

베드로에 의하면, 만약 누가 말을 하려면, 그는 하나님의 영광을 위하여, 하나님의 아들을 통해서, 하나님의 능력에 의해서, 하나님의 말씀으로부터 그렇게 해야만 한다. 그러므로 설교는 하나님 중심이고 삼위일체적이어야 한다.

저명한 목회자들과 교사들은 설교에 있어서 이 하나님 중심적 궤도(trajectory)에 대해서 최근 몇 년 동안 우리를 일깨우고 있다. 짐 셰딕스는 "설교를 위한 설교자의 부르심은 그리스도를 위한 그의 부르심에 뿌리 내리고, 그리스도를 위한 그의 부르심은 하나님의 영광을 위한 요청에 뿌리 내린다"고 말한다.[7] 마찬가지로 목사이며 신학자인 존 파이퍼는 이 높은 설교의 목적을 다음과 같이 포착했다.

"그러므로 설교의 목표는 그 백성의 즐거운 복종 안에서 나타나는 하나님의 영광이다."[8]

나 역시 하나님의 영광은 충실한 설교사역을 위한 출발점이라고 믿는다. 하나님의 영광과 그분의 크심이 당신의 지성과 감정을 온전히 사로잡아, 그를 아는 지식의 넘쳐남으로 인해 당신은 설교하는가?

당신은 다른 사람에게 감동을 주는 것보다 하나님의 말씀을 다루는 것으로 그분을 기쁘시게 하기를 갈망하는가?

당신은 성령에 의해, 예수 그리스를 통해, 하나님의 영광을 위해서 설교하는가?

당신은 그의 위엄을 당신의 세대에 알리기를 갈망하는가?

> 그의 영광을 만민 가운데 선포할지어다(시 96:3).

7　J. Shaddix, *The Passion-Driven Sermon*, 3–4.
8　J. Piper, *The Supremacy of God in Preaching*, 29.

과연 이것이 당신의 열망인가?

충실한 설교자들은 하나님의 위엄, 그분의 실재, 그리고 그분의 신비에 사로잡힌 사람들이다.

1) 하나님의 영광을 보기 위한 설교자의 추구

아마도 최상의 명확함과 아름다움을 가지고 하나님이 선포되어지지 않는 이유들 중의 하나는 많은 설교자들이 인격적으로 하나님의 위엄에 대한 그들의 시각을 잃어버렸기 때문이다. 그들은 그 영광의 경기장에 직접 들어가 보지 않았다. A. W. 토저는 40년 전에 다음과 같이 썼다.

> 우리가 누구에게서든지 "하나님에 대해 생각할 때 무엇이 당신의 머릿속에 떠오르는가?"라는 질문에 대한 완전한 답을 끌어낼 수 있다면, 우리는 그 사람의 영적 미래를 자신 있게 예견할 수 있을 것이다. 우리가 가장 영향력 있는 종교지도자들이 오늘 하나님에 대해 어떻게 생각하는지를 정확히 알 수 있다면, 우리는 내일 우리의 교회가 어디에 서 있을 것인지 상당한 정확성을 가지고 말할 수 있을 것이다.[9]

지금부터 40년 뒤 우리 문화의 사람들은 하나님에 대해 어떻게 생각할까?

---

9 A. W. Tozer, *The Knowledge of the Holy* (San Francisco: Harper, 1961), 1-2.

그 질문에 대한 답은 수천의 하나님 중심적 설교자들이 일어나 하나님의 탁월하심을 선포하느냐(벧전 2:9), 혹은 그렇게 하지 않느냐에 달려 있다. 초대 제자들은 하나님 성품과 부활하신 그리스도의 본성에 사로잡혀 있었다. 사실 그들은 예수님에 대해 제대로 알지 못했다. 제자들은 어린 아이들같이 한 번은 이렇게 말했다.

> 이이가 어떤 사람이기에?(마 8:27)

사도행전에서 제자들은 세상에서 그리스도의 절대적인 권위와 그 유일한 구원(행 4:12)을 가리키며 그리스도의 "이름"을 담대하게 선포했다.
과연 무엇이 이 제자들을 움직였을까?
그들은 예수님의 영광을 보았다. 그래서 그들은 자신들이 보았던 것들과 그리고 들었던 것들에 대해 말하는 것을 멈출 수가 없었다(행 4:20).
컴퓨터 기기들, 멋진 미식축구, 골프 토너먼트, 그리고 아메리칸 아이돌이 삼위일체 하나님의 본성보다 우리를 더 흥분시키고 있을 때, 하나님의 영광이 설교단에서 선포되지 않는 것은 놀라운 것이 아니다.
하나님의 영광을 보기 위해 우리는 어디로 가야 하는가?
시편 19편은 우리가 천지창조에서 처음 하나님의 영광을 본다고 가르치고 있다. 그러나 가장 선명하게는 그리스도를 높이는 성경 말씀에서라고 가르친다. 성경 말씀이 경기장에 들어가는 것과 같다면, 천지창조는 마치 20달러짜리 텔레비전과 같다. 우리는 그분을 더욱 알기 위해서 말씀 안에 있는 하나님 자신의 계시로 나아가야만 한다.

2) 하나님의 영광을 보기 위한 사람들의 추구

하나님의 위대하심을 보기 위한 탐색은 모든 사람들의 무의식적인 염원이다. 불행히도 설교하는 사람들은 이 기본적인 진리를 진지하게 받아들이지 않는다. 현재 상황에 적합한 것을 찾다가, 실제로는 많은 설교자들이 실제적 상황과 부적절하게 되어 가는 것 같다. 하나님을 아는 우리의 지식이 실제적이지 않다는 것은 끔찍한 오해이다.

인류의 가장 기초적인 필요는 하나님을 아는 것이고, 더욱 명확하고 열렬히 그를 아는 것이다(빌 3:10).

구도자를 위한 자기 계발 설교, 이머전트들(emergents)의 대화체 메시지, 그리고 번영을 추구하는 설교자들의 "구하고 찾고 두드리라"는 설교와는 뚜렷이 대비되는, 영적으로 고민하는 사람들에게 성경에서 드러나는 하나님에 대한 경의를 보여줄 목사들이 필요하다.

참으로 많은 당신의 청중들은 하나님의 본성을 아는 것이 그들의 가장 큰 필요임을 깨닫지 못하고 있는 지도 모른다. 당신은 그들을 깨닫게 해야 한다. 나는 파이퍼의 말에 동의한다.

> 사람들은 하나님의 위대하심에 굶주려 있다. 그러나 그들 대부분은 그들 문제투성이 삶에 이 진단을 내리려 하지 않는다. 하나님의 주권은 알려지지 않은 치료법이다. 시장에는 훨씬 인기 있는 처방약들이 있으나 다른 치료는 짧고 빈약하다. 하나님 광대하심의 향기를 가지지 않은 설교는 짧은 시기의 위로는 될지 모르나, "나에게 그 영광을 보여 달라!"는 영혼의 숨겨진 염원을

터치할 수 없다.[10]

나는 최근 설교에서 파이퍼 이론을 실제로 옮기는 실험을 감행했다.[11] 나는 이사야 6장의 처음 네 절로 약 500명이 드리는 조용한 주일 저녁예배에서 설교했다.

나는 다음과 같이 말하며 설교를 시작했다,

"나는 오늘밤 적용의 말씀은 하지 않을 것입니다. 그러나 나는 이 설교가 굉장히 적실하다고 믿습니다. 왜냐하면 하나님이 누구신지 아는 것보다 더 적실한 것은 없기 때문입니다."

나는 특정 본문(하나님의 자존, 주권, 아름다움, 거룩, 영광 등)에서 열거된 하나님의 속성에 대해 말해 나갔다. 그리고 신약에서는(예를 들면, 마 8:27; 눅 5; 요 12:41; 계 4:8) 예수님이 어떻게 동일한 거룩함을 가지고 기술되어 있는지를 설명했다. 그 후에, 보통 때와는 상당한 수의 그리스도인들이 나에게 말을 걸어왔고 그 주에 격려의 이메일을 보내왔다. 흥미롭게도 그들은 그 메시지가 자신들에게 개인적으로 얼마나 중요했는지에 대해 이야기했다. 내가 "개인적인 적용"에 대해서는 한마디도 하지 않았는데 말이다.

한 신사가 영적 낙심으로 나에게 왔다. 그는 긴 곱슬머리와 독특한 억양을 가진, 몸집이 큰 사람이었다. 그는 나를 끌어안고(실제적으로 그의 겨

---

10 J. Piper, *The Supremacy of God in Preaching*, 13.
11 파이퍼는 내가 기술하는 비슷한 경험을 자신의 책 *The Supremacy of God in Preaching*, 14쪽에서 언급한다. 명백한 사실은 내가 이런 식으로 설교를 시작한 것은 그의 이야기 덕분이다.

드랑이 안으로 나를 삼킨 채!) 다음과 같이 말했다. 그는 사실 북부에 있는 매우 큰 교회에서 음악목사라는 매우 좋은 자리로 청빙을 받았다. 그러나 이 직책이 수면위에 드러난 다음부터, 그는 엄청난 영적 싸움을 마주하게 되었다. 그는 그 싸움을 나에게 설명하며 이렇게 말했다.

"나는 하나님에 대한 시각을 잃었습니다. 당신께 감사합니다. 나는 오늘 밤 하나님의 그 크심에 대해 들어야만 했습니다."

또한 암으로 고생하는 젊은 사위를 둔 한 목사는 "토니, 오늘은 나를 위한 날이었네. 고맙네"라고 했다. 또 다른 성경교사/순회설교자는 그 주 내내 이사야 6장의 내포된 뜻에 대해 이야기하며 나에게 이메일을 보내왔다.

요점은 내가 한 설교가 굉장한 설교였다는 것을 말하려는 것이 아니다. 설교에 대한 중요한 교훈을 보여준다. 그것은 바로 하나님으로 충분하다는 것이다. 하나님이 누구인지 선포하는 것으로도 당신이 사람들의 상처와 필요를 채울 수 있다는 것은 놀라운 것이다.

기억하라. 하나님은 항상 적실하다!

모든 사람들은 그들이 딛고 설 수 있는 든든한 바위가 있다는 사실을 알아야만 한다. 물론 나는 실제적인 적용을 하찮게 생각하지는 않는다. 나는 단지 사람들에게 하나님에 대한 큰 비전이 필요하다는 것을 당신에게 일깨워주고 싶다. 다른 것으로는 그들을 지탱할 수 없다. 당신의 설교에 삼위 하나님을 더 많이 담아보라.

2. 개인적인 테스트: 3가지 질문

하나님의 영광을 보는 것은 하나님 중심의 설교자, 그리스도를 높이는 설교자가 되는 첫 번째 단계이다.

그 다음 단계는 흔히 자주 접하는 방해물들을 뛰어넘는 것이다.

무엇이 우리로 하나님 중심 설교를 못하게 하는가?

그런 방해물을 통해 구체적으로 생각해 보기 위해서, 우리는 설교자의 동기, 그의 메시지, 그리고 그의 태도들을 고려해야 한다. 이 세 가지 영역들은 내가 설교를 준비할 때마다 개인적 테스트에 많은 도움이 된다.

1) 당신의 동기를 점검하라

바울은 고린도후서 4:4-6에서 설교에 있어서 하나님 중심의 동기를 다음과 같이 묘사했다.

> 그 중에 이 세상의 신이 믿지 아니하는 자들의 마음을 혼미하게 하여 그리스도의 영광의 복음의 광채가 비치지 못하게 함이니 그리스도는 하나님의 형상이니라 우리는 우리를 전파하는 것이 아니라 오직 그리스도 예수의 주 되신 것과 또 예수를 위하여 우리가 너희의 종된 것을 전파함이라 어두운 데에 빛이 비치라 말씀하셨던 그 하나님께서 예수 그리스도의 얼굴에 있는 하나님의 영광을 아는 빛을 우리 마음에 비추셨느니라(고후 4:5-6).

바울은 설교를 하는 자신의 동기는 개인적 영광을 위한 것이 아니었다는 것을 고린도 사람들에게 상기시켰다. 대신 그는 하나님을 영화롭게 하려 애썼고, 그 영화로움은 예수 그리스도의 얼굴에서 가장 환하게 드러나는 것이다. 그리하여 바울의 설교는 철저하게 하나님 중심이었고 그리스도를 높이는 설교였다. 그것은 바울 자신에 관한 것도 아니었고 바울을 위한 것도 아니었다. 그것은 그리스도에 관한 것이었고 그리스도를 위한 것이었다.

그러면 설교자들을 그와 같은 동기에서 멀어지게 하는 것은 무엇인가? 나에게는 네 가지 방해물들이 분명하게 보인다.

(1) 내재하는 죄

죄는 하나님을 향한 우리의 시야를 가리고 하나님과의 친밀함을 방해한다. 우리 마음이 깨끗하지 않을 때는 당연히 우리 동기는 왜곡된다. 우리의 동기는 인기, 칭찬, 성공, 또는 권력을 얻는 것으로 끝날지도 모른다. 그러므로 설교의 동기에서 다루어야만 하는 첫 번째 적은 내재하는 죄의 찌꺼기이며, 그리고 그 죄와 매우 잘 엮이는 교만이다.

다른 문제들은 이 근본문제의 결과로 드러나는 것이다. 우리는 매일매일 죄를 죽이려 노력해야만 한다(롬 8:13). 우리 매일의 행동에서 육체의 욕망을 따를 것이 아니라 성령을 따라 살아가야만 한다(갈 5:16). 만약 우리 마음이 부끄러운 타락으로 채워져 있다면, 우리는 하나님 영광에 사로잡힐 수가 없고 우리 동기는 하나님 중심이 아닌 사람 중심이 될 것이다.

(2) 사람의 칭찬과 사람에 대한 두려움

하나님 영광을 위한 설교의 두 번째 방해물은 사람들의 반응에 너무 많이 마음을 쓰는 것이다. 우리 설교의 중요한 청중이 사람이 아니라 하나님이라는 사실을 우리는 많은 경우 잊는다. 만약 우리가 이 진실을 무시한다면, 우리는 사람을 기쁘게 하려고 메시지를 바꾸거나 사람이 두려워 진리를 설교하지 않는 함정에 빠지게 될 것이다. 만약 당신이 하나님을 기쁘시게 하지 않는다면, 당신이 누구를 기쁘게 하는 지는 그리 중요하지 않다. 사람을 기쁘게 하려고 설교하는 설교자는 선지자가 아니다. 우리는 보다 고상한 길을 걸어가야 한다.

바울은 "이제 내가 사람들에게 좋게 하랴 하나님께 좋게 하랴 사람들에게 기쁨을 구하랴 내가 지금까지 사람들의 기쁨을 구하였다면 그리스도의 종이 아니니라"(갈 1:10)라고 말한다. 예수님 또한 다른 사람들에게 보여주기 위해 그들 앞에서 자신의 의를 실천하는 종교 지도자들을 꾸짖으셨다(마 6:1). 사람의 칭찬에 대한 불륜을 끝내야 한다. 이제 하나님의 기쁨을 위해 설교하자.

다른 사람들을 두려워하는 설교자들은 중요한 개혁주의자로서, 스코틀랜드에서 힘 있게 설교했던 존 낙스(John Knox)의 하나님 중심의 동기를 기억하는 것이 좋을 것 같다. 그는 불타는 성정을 지닌 연약한 남자였다. 1559년 추방당했던 제노바에서 스코틀랜드로 돌아온 후, 그의 성경적 설교는 많은 삶들을 바꾸어 나갔다.

한 사람이 엘리자베스 여왕에게 다음과 같이 썼다.

"한 시간 동안 들려진 단 한 사람의 목소리가 500개의 트럼펫이 폭발하듯 우리 귀를 때리는 것보다 더 많은 생명을 우리에게 향하게 할 수 있었다."

여왕은 보복을 다짐했다.

낙스는 그녀에게 답했다.

"여왕님! 설교하는 곳 밖에서는 나에 대해 공격할 것이 거의 없다고 생각합니다. 하지만 여왕님! 설교하는 거기서는 나는 나 자신의 주인이 아닙니다. 저는 꾸밈없이 말하고 땅 위의 육체를 위해 아첨하지 말라고 나에게 명령하시는 분에게 순종해야만 합니다."

1572년 낙스가 죽었을 때 당시 섭정 왕이었던 얼 몰튼(Earl of Morton)은 그의 무덤에서 이렇게 말했다.

"사람의 얼굴을 결코 두려워하지 않은 이가 여기 누워 있다."[12]

다른 많은 개혁주의자처럼 존 낙스는 그의 용감한 설교로 세상을 뒤집었다. 예수님은 말씀하셨다.

> 몸은 죽여도 영혼은 능히 죽이지 못하는 자들을 두려워하지 말고 오직 몸과 영혼을 능히 지옥에 멸하실 수 있는 이를 두려워하라(마 10:28).

(3) 경쟁과 질투(Competition and Jealousy)

하나님 중심의 동기를 가짐에도 우리에게 있는 또 다른 유감스러운 문제는 다른 설교자들과 경쟁하려는 유혹이다. 불행히도 이 경쟁은 이 시대 현대의 환경에 의해 계속 이어지고 있다. 지금 사람들은 이전 어느 때

---

12   Quoted in Stott, *Between Two World*, 304-5.

보다 많은 설교들을 들을 수 있다. 많은 설교자들은 다른 누군가가 주요 설교자로 호평을 받거나 큰 교회로부터 청함을 받으면 질투하게 되는 것 같다.

4세기 때부터 유래하는 오래된 이야기는 질투라는 죄에 굴복하고마는 우리의 약함을 보여준다. 몇몇 경험 없는 악마들은 한 경건한 수행자를 유혹하는 것이 어렵다는 것을 알게 되었다. 그들은 모든 종류의 유혹으로 그를 꾀었으나 그는 끄덕도 없었다. 그 악마들은 사탄에게 돌아가 그들의 문제를 이야기했다. 사탄은 그들이 그 남자 문제를 너무 어렵게 다루어 왔다고 반응했다.

"그에게 그의 동생이 지금 막 안디옥의 주교가 되었다는 소식을 보내라. 그에게 좋은 소식을 가져다 주어라."

사탄의 조언에 당황한 채로 악마들은 되돌아가서 그 경건한 수행자에게 놀라운 소식을 전했다. 바로 그 순간 그는 깊고 지독한 질투 속으로 빠져 들었다.[13] 질투는 가장 경건한 목회자들도 손상시킬 수 있다.

나는 나의 삶에서 질투라는 죄를 혐오한다. 나는 다음과 같이 말한 바울의 마음을 갈망한다.

> 그러면 무엇이냐 겉치레로 하나 참으로 하나 무슨 방도로 하든지 전파되는 것은 그리스도니 이로써 나는 기뻐하고 또한 기뻐하리라(빌 1:18).

---

13 이 이야기는 Kent and Barbara Hughes, *Liberating Ministry from the Success Syndrome* (Wheaton: Tyndale House, 1988), 100에서 가져왔다.

잘못된 동기의 설교자들이 바울의 명성을 손상시키려고 그의 갇힘을 이용하고 있음에도 불구하고, 바울은 겸손히 말했다.

전파되는 것은 그리스도니 이로써 나는 기뻐하리라(빌 1:18).

당신이 당신의 악한 질투를 극복하는 방법은 당신 자신보다 예수님의 영광을 더 중요시 하는 것이다. 그리스도의 영광이 당신의 최고 관심사가 되게 하라.

(4) 교회성장에 대한 강박관념(Obsession with Church Growth)
여기서 언급될 마지막 방해물은 수적인 교회성장에 대한 강박관념이다.

분명히 숫자는 중요하다. 그것은 사람이 중요하기 때문이다. 우리는 민수기(Numbers)라고 이름 붙은 성경의 책도 가지고 있다! 그러나 1980년대와 1990년대 교회를 특징짓는 이 교회성장 강박관념은 당신이 하나님의 영광을 위한 설교를 못하게 할 만큼 큰 힘을 지니고 있다. 이 유혹은 군중을 끌어들이기 위해서, 당신의 직업을 유지하기 위해서, 또는 승진하기 위해서 "잘 되는 것은 무엇이든지"(실용주의) 하도록 한다. 그러나 수단이 목적을 늘 정당화 할 수 없다.

진정으로 충실한 설교자는 단순히 많은 사람들을 자리에 앉혀두고 교회의 비용을 지불하도록 하는 것보다 더 높고 고상한 목표를 가진다. 우리가 설교함에 있어서(회중의 수를 늘리기 위한) 수많은 목적보다는, 우리는 설교함에 있어서(하나님을 영화롭게 하기 위한) 하나님을 찬양하는 목적을 가져야 한다. 동시에 그리스도를 높이는 강해를 하기에 교회를 성장시킬 수 없다고 생각할 이유가 전혀 없다. 우리는 이 사실에 대한 많은 현대적인 예를 가지고 있다.[14]

많은 하나님의 위대한 설교자들은 세상의 눈에는 성공하지 못했다.

이사야는 아무도 그의 메시지에 긍정적으로 반응하지 않을 것이라는 말씀을 들었다(사 6:8-13). 예수님은 5000명이 넘는 사람을 먹이신 후 그들에게 설교했다. 그리고 설교의 끝에는 많은 수가 떠났고 다시 돌아오지 않았다(요 6:66). 존 번연(John Bunyan)과 리차드 벡스터(Richard Baxter) 같은 탁월한 청교도 목사들은 비교적 작은 회중을 이끌었지만 영원한 영향력을 남겼다.

당신의 부르심에 충실한 것으로 성공을 측정하라.

가장 중요한 하나님의 영광을 위해 하나님의 말씀을 충실하게 전하라.

우리는 우리의 영혼들을 돌보면서, 우리는 가장 중요한 청중을 위해 설교하면서, 우리는 경쟁과 질투를 피하면서, 그리고 우리는 사람 중심의 실용주의를 피하면서, 우리는 하나님의 말씀을 충실하게 전해야 한다.

(5) 당신의 메시지를 점검하라

당신 마음속의 동기를 점검하였다면 이제 당신의 메시지의 내용을 점검하라.

---

14 나는 다음과 같은 예들을 지적하고 싶다. Mark Driscoll; Mark Dever; John Piper; Tim Keller .

하나님 말씀에서 하나님을 드러내지 않는 메시지는 하나님께 주된 영광을 돌려드리는 데 실패할 것이다. 하나님의 본성과 그의 음성을 드러내기 위한 가장 좋은 접근은 분명 강해설교이다.

하나님의 음성이 강해자를 통해 드러날 때, 그 설교는 하나님께 드려지는 예배의 산 제물이 된다. 예배는 우리와 하나님과의 만남에서 생겨난다. 찬양 가운데, 우리는 겸손한 마음과 감사함으로 하나님을 경배한다. 기도 가운데, 우리는 회개와 기쁨의 마음을 하나님께로 향한다. 설교 가운데, 청중들은 하나님께 귀 기울이고 말씀 속에서 그분의 영광을 본다. 불행히도 많은 사람들이 "설교"와 "예배"를 구분한다.

우리는 종종 말한다.

"예배의 시간이 조금 지난 후, 우리는 설교를 들을 것이다."

하지만, 하나님의 음성을 듣는 것보다 더 하나님 중심인 것이 무엇인가?

만약 내가 나의 아내에게 30분 동안 실컷 얘기하고 이제 그녀의 차례가 되었을 때 손가락으로 두 귀를 막는다면 어떻겠는가?

나는 라면만 먹게 될 것이며 소파에서 자게 될 것이다!

성경으로부터 하나님 음성을 더 잘 들리도록 하고, 그분의 아들을 높이는 강해설교는 하나님을 영광스럽게 한다. 그러므로 당신이 하나님의 영광을 위해 설교하기를 원한다면, 철저히 성경적인 설교를 하라. 스스로에게 이렇게 질문하라,

"이 메시지는 하나님의 말씀을 강조하며 하나님의 아들에게로 주의를 기울이고 있는가?"

하나님의 음성을 드러내는 것의 중요성은 초대교회 공적 집회에서 첫 번째 순위였다. 그 예들 중 하나는 디모데에게 보낸 바울의 편지에서 분

명히 찾을 수 있다.

> 내가 이를 때까지 읽는 것과 권하는 것과 가르치는 것에 전념하라(딤전 4:13).

성경 강해에 대한 바울의 강조는 회당의 방식을 따랐다. 회당에서는 누군가 성경을 읽고 그들이 읽은 것에 대해 설명을 한다(예를 들면, 눅 4:16-22; 행 17:1-4). 이 패턴은 초대교회에서 유지되었는데, 이는 예배에서의 설교의 기원을 우리에게 보여준다. 이 패턴이 오늘날을 위한 것은 아니라고 생각할 이유는 없다. 설교는 우리가 "말씀을 전파"해야 하는(딤후 4:2) 중요한 방법들—가장 중요한 방법이 아니더라도—중의 하나로 여겨진다. 우리는 말씀을 읽고, 그것을 설명하고, 사람들로 그것에 순종하도록 촉구해야 한다.[15]

이런 공적인 예배에서의 말씀의 중심성에 대해 존 스토트(John Stott)는 다음과 같이 말했다.

> 구약성경의 이런 성경 봉독은 회당에서부터 교회에 이르도록 기독교인들에 의해 이어져왔다… 처음부터 기독교 설교는 강해설교로 여겨져왔다. 즉 모든 기독교의 가르침과 훈계는 읽혀진 본

---

15 It is interesting that some preachers who react negatively to exposition argue that there is no proposed method for preaching in the Bible. While there is some truth to this statement, in regard to sermon form, Paul's words cannot be clearer. The general practice was to exposit a passage of Scripture in public worship. Not all methods of preaching today can do this.

문으로부터 나온 것이었다.[16]

다른 말로 공적인 낭독과 말씀의 강해는 예배에서 단순히 선호도와 스타일의 문제가 아니었다. 그것은 역사적인 선례이자 실천이었다.

슬프게도, 성경의 공적 낭독은 많은 곳에서 없어졌다. 하나님 말씀은 읽혀지지도 않고 주의 깊게 설명되지도 적용되지도 않는다. 하나님의 말씀이 공적인 모임에서 당연히 받아야 할 집중을 받을 때 하나님은 우리 설교에서 높임을 받으시리라 믿는다. 젊은 디모데는 당신이 오늘 설교하면서 겪을 많은 어려움을 만났다. 그러나 바울은 이 필수적인 것을 그만두지 않도록 그를 격려했다.

목사인 여러분들에게 "당신의 메시지는 철저하게 성경적인가?" 질문해 보고 싶다.

당신은 "읽는 것과 권하는 것과 가르치는 것에 전념하라"고 디모데에게 지시한 바울의 말처럼 하고 있는가?

당신은 하나님 음성을 상세히 설명하고 있으며, 계시된 하나님의 말씀 안에서 그의 영광을 볼 수 있도록 사람들을 돕고 있는가?

그렇다면 적어도 당신 메시지의 내용으로 하나님은 영광을 받고 계심을 나는 믿는다.

(6) 당신 태도를 점검하라

설교자의 인격은 하나님의 영광을 위한 설교에 있어 또 다른 중요한

16　J. Stott, *Guard the Truth* (Downers Grove: Inter Varsity, 1996), 121-122.

문제이다. 하나님의 말씀을 정확하게 전하는 것은 가능하다. 하지만 그리스도의 인격을 반영하지 않고 하나님의 권위에 주의를 집중하도록 하지 않는 태도를 가지고서는 하나님 말씀을 정확하게 전할 수 없다. 바울은 피해야 할 악들과 추구해야할 덕목들에 대하여 다양한 종류들을 규정하고 있다(예를 들면, 갈 5:19-23). 그는 디모데에게 "말과 행실과 사랑과 믿음과 정절에 있어서"(딤전 4:12) 본이 되라고 다짐하여 말하고 있다. 나중에 그는 디모데에게 악한 행실들을 피하고 "의와 경건과 믿음과 사랑과 인내와 온유"(딤전 6:11)를 따르라고 촉구한다. 나는 이러한 목록들이 포괄적인 것이라 생각지 않는다. 하지만 적어도 그것들은 우리 인격이 얼마나 중요한가를 우리에게 보여 주고 있다. 인격은 설교단 위에서뿐만 아니라 바깥에서도 중요하다.

존 스토트는 자신의 책 『두 세계 사이에서』(*Between Two Worlds*)에서 설교자에 의해 구현되어야 할 네 가지 인격의 기질은 진심(sincerity), 열심(earnestness), 용기(courage) 그리고 겸손(humility)이라 했다. 나는 이 네 가지 기질에 사랑을 덧붙여 이런 덕목들이 도움을 준다는 것을 내 사역을 돌아보며 알아가고 있다. 참으로 그러한 덕목들은 그리스도의 인격을 낳게 하는 성령의 일하심에 대한 증거들이다.

진심에 대해서 스토트는 다음과 같이 말했다.

"현대 젊은이들에게는 위선보다 더 혐오하는 것이 없고, 진심보다 더 매력적인 것이 없다."[17]

실로 젊은 사람들은 진정성 있는 설교자를 보기 원한다.

---

17   J. Stott, *Between Two Worlds*, 262.

설교단에 서기 전에 자신에게 질문하라.

"나는 진실하고 있는가?"

"나는 내가 말하려는 것에 진짜 돌아보고 있는가?"

"나는 이 설교를 개인적으로 실천하려 하는가?"

다음으로 우리는 스스로 열정이 있는지를 점검해야 한다.

스토트는 말한다.

> 진심이란 우리가 무엇을 말하는지 그리고 말한 것을 행하는가를 뜻한다. 그리고 열정이란 우리가 말하는 것을 느끼는 것이다.[18]

열정 또한 하나님을 영화롭게 하는 수단이다.

사람들 앞에 놓인 설교단 위에서 하나님의 크심을 나타내지 않는 설교자에게서 하나님은 영광 받지 않으신다. 내가 의무감으로 마지못해서 나의 아내를 도울 때 나의 아내는 기뻐하지 않는다. 내가 그녀에게 꽃을 주고 함께 시간을 보내며 열정적인 기쁨을 보일 때 그녀는 존경받고 있다는 것을 안다. 열정 없는 설교는 사람들의 관심을 하나님께로 이끌지 못하고 대부분의 귀를 닫게 만든다.

설교 전에 스스로 질문하라.

"내 마음은 이 본문으로 인하여 불타고 있는가?"

용기는 이미 언급해 왔다.

설교자는 담대하게 복음을 선언하는 선지자여야 한다. 그러나 이 용

---

18 Ibid., 273.

기는 사랑으로 부드러워져야 한다. 충실한 설교자들은 전달함에 있어서 선지자이며 동시에 목자여야 한다. 우리는 용기를 통해 우주의 심판자이고 진리의 주체이신 하나님을 높여드린다. 또한 사랑을 통해 우리를 용서하시고 오래 참으시는 자비로운 구세주 되신 하나님을 높여드린다.

설교하기 전에 스스로에게 질문하라.

"나의 마음은 사람들의 영적 필요에 대한 안타까움을 느끼는가?"

"나는 사랑 안에서 진리를 전할 각오가 되어 있는가?"

마지막으로, 겸손함은 아마도 오늘날 설교에서 잃어버린 가장 훌륭한 덕목이다.

스토트는 말한다.

"교만은 의심할 여지없이 설교자의 주된 직업적 위험요소이다."[19]

하나님은 오만함으로는 영광을 받지 않으시고, 오직 그리스도의 겸손함으로 영광을 받으신다. 하나님은 이사야에게 말씀하셨다.

> 무릇 마음이 가난하고 심령에 통회하며 내 말을 듣고 떠는 자 그 사람은 내가 돌보려니와(사 66:2).

따라서 설교하기 전에 당신의 태도를 점검하라.

"당신은 하나님의 말씀을 두려워하는가?"

"당신은 스스로의 영광이 아닌 하나님의 영광을 추구하는가?"

---

19   Ibid., 320.

로이드 존스는 말한다.

"목회자를 습격하는 모든 유혹들 중에 가장 위험한 것은 교만이다."[20]

3. 요약

하나님의 영광은 기독교인의 삶을 살기 위한 우리의 열정적인 추구이어야 할 뿐만 아니라 그것은 또한 설교자로서 우리의 목표이어야 한다. 하나님의 영광을 위해 설교하기 위해서는, 먼저 우리가 하나님의 영광을 인격적으로 찾아야만 한다. 그리고 우리는 하나님의 말씀을 통해 그분의 성품과 속성들을 청중들에게 보여주며 그들을 인도하여야 한다. 설교함에 있어서 우리가 하나님 중심적 목표를 유지하기 위한 몇 가지 방법은 우리의 동기를 점검하는 것(그것이 하나님 중심인지 살피는 것)이다. 또 우리 메시지를 점검하는 것(그것이 하나님 음성을 드높이는지 살피는 것)이다. 그리고 우리 태도를 점검하는 것(그것이 그리스도의 인격을 반영하는지 살피는 것)이다.

---

[20] D. Martin Lloyd-Jones, *Preaching and Preachers* (Grand Rapids: Zondervan, 1972), 256.

◆ 디모데전후서 연구

1) 디모데전서 1:12-17과 6:11-16에서 하나님의 속성을 확인하라. 그것들은 무엇을 의미하는가?

2) 디모데전서 4:11-16에서 디모데에게 주어진 명령들을 나열해 보라.

3) 디모데전서에서 거짓 교사들이 품었던 잘못된 동기는 무엇인가?

3장
영감 된 성경에서 그리스도를 설교하기

> 그러나 너는 배우고 확신한 일에 거하라 너는 네가 누구에게서 배운 것을 알며 또 어려서부터 성경을 알았나니 성경은 능히 너로 하여금 그리스도 예수 안에 있는 믿음으로 말미암아 구원에 이르는 지혜가 있게 하느니라.
>
> — 딤후 3:14-15

> 비록 성령님은 근본적으로 영감 된 하나님 말씀으로서 성경을 만들어내신 분이시지만, 성경은 근본적으로 성령님에 대해서라기보다는 그 아들에 대한 것이다.[1]
>
> — 브루스 웨어(Bruce Ware)

---

1 B. Ware, *Father, Son, and Holy Spirit* (Wheaton: Crossway, 2005), 110.

고등 성경관(a high view of Scripture)은 성경적 설교에 대한 고매한 견해 (a high view)를 이끌어야 한다. 디모데후서 3:16-17에 있는 성경의 신적 본질에 대한 바울의 말에 이어서 "말씀을 전파하라"(딤후 4:2)는 책임이 곧바로 뒤따른다. 유감스럽게도, 3장과 4장의 구분이 이 두 구문의 연결을 방해하고 있지만 그 관계성은 명백하다.

만약 하나님께서 성경을 영감하셨다면, 왜 우리가 다른 어떤 것을 설교하려고 하겠는가?

물론 많은 사람들이 이론상으로는 성경적 영감에 대한 바른 가치를 지녀야 한다고 하지만 실제에서는 이 믿음을 보여주지는 못한다. 많은 사람들이 "영감 되었고, 무오하고, 불오한 하나님의 말씀"으로서 성경을 높이 들어 흔들고는 있지만, 실제로는 말씀이 이끄는 설교를 하지 않는다. 많은 기독교인들 역시도 성경의 영감성을 믿는다고 외치면서도, 실제로 읽고, 묵상하고 암기하는 데에는 거의 시간을 쓰지 않는다. 우리는 그러한 위선을 회개해야 한다, 그리고 우리의 교리적인 화신을 반영하는 실천이 되도록 헌신해야 한다.

이 장은 성경의 신적 본질과 성경에서의 그리스도 중심성 두 부분으로 나누어져 있다.

먼저 나는 성경의 본질에 관련된 네 가지 특정한 교리들을 강조할 것이다. 그리고 성경 주인공으로서 그리스도를 설교해야 할 필요성을 강조할 것이다.

1. 성경의 신적 본질

성경의 본질은 무엇인가?

종교다원론자들은 성경이 많은 다른 종교 서적들 중 하나인 좋은 책이라고 생각한다. 다른 회의적 신학자들은 단지 20퍼센트 정도만 역사적으로 정확하다고 믿는다. 인기 있는 본문 비평가이며 스스로 불가지론자라 칭하는 바트 어만(Bart Ehrman)은 성경이 하나님의 말씀인지 아닌지 우리는 "인지"(know)할 수 없다고 주장한다.[2] 모든 시대에서 성경의 본질은 문제시된다.

1) 성경의 영감

성경이 영감되었다는 말을 통해서, 나는 하나님께서 성경 뒤에 계시는 원천이며, 또한 하나님은 성령을 통해 성경 저자들이 자신의 의도대로 철저히 그리고 정확히 그 말씀을 기록하도록 하셨다는 뜻이 있음을 안다. 바울은 성경이 하나님의 "감동으로"(theopneustos) 된 것(딤후 3:16)이라고 말하고 있다. 다른 말로, 성경은 하나님의 계시에 그 기원이 있다. 바울은 또한 성경의 완전한 영감("모든" 성경이 영감되었음)을 주장한다. 성경의 말씀들과 생각들은 영감된 대로 받아들여져야 한다.

베드로는 하나님께서 어떻게 그의 말씀을 사람들에게 나타내시는지 다음과 같이 묘사한다.

---

2 B. Ehrman, *Misquoting Jesus* (San Francisco: Harper Collins, 2005).

> 먼저 알 것은 성경의 모든 예언은 사사로이 풀 것이 아니니 예언은 언제든지 사람의 뜻으로 낸 것이 아니요 오직 성령의 감동하심을 받은 사람들이 하나님께 받아 말한 것임이라(벧후 1:20-21).

성령님은 성경 안에 기록된 하나님 말씀을 쓰도록 바람 앞의 돛단배처럼 구약 저자들을 밀어가셨다. 베드로는 맛디아를 선택하면서 이것을 주장한다.

> 형제들아 성령이 다윗의 입을 통하여 예수 잡는 자들의 길잡이가 된 유다를 가리켜 미리 말씀하신 성경이 응하였으니 마땅하도다(행 1:16).[3]

베드로에 따르면 주(Lord)는 다윗을 통해 말씀하셨다. 다윗은 대변자였다.

구약 저자들과 선지자들의 증언은 이 신성/인성(divine/human)과정을 확증한다. "여호와께서 이와 같이 말씀하시니라"라는 구문은 수백 번 나타난다.

예레미야는 "여호와께서 … 하신 말씀이 이러하니라"(렘30:4)고 진술했다.

이사야는 "여호와께서 강한 손으로 내게 알려주시며 … 이르시되"(사 8:11)라고 말한다.

---

3 저자 강조

아모스는 "주 여호와의 말씀이니라"(암 8:11)라고 선포했다.

다윗은 "여호와의 영이 나를 통하여 말씀하심이여 그의 말씀이 내 혀에 있도다"(삼하 23:2)라고 증언했다.

이러한 예들은 어떻게 사람들이 성령에 의해 이끌리는지를 알게 해 주며, 또한 그들이 그것을 기록하는 과정 속에 하나님의 임재를 알고 있었음을 보여준다.[4]

무심한 독자조차 성경의 신성한 본질에 대한 예수님의 강조를 놓칠 수 없다. 예수님은 자주 성경 해석에 대해 바리새인들과 논쟁했으나, 그는 성경의 영감과 권위에 의문을 갖고 계시지 않으셨다.[5]

그는 산상설교에서 그리고 광야의 시험에서 자주 성경을 인용했다(마 4:1-11). 그는 또한 성경 본질에 대하여 "사람이 떡으로만 살 것이 아니요 하나님의 입으로부터 나오는 모든 말씀으로 살 것이라"(마 4:4), "천지는 없어질지언정 내 말은 없어지지 아니하리라"(마 24:35)라는 강력한 진리의 말씀들로 확증하셨다.

또한 예수님은 구약을 인용함으로서 구약의 권위를 확증하셨다. 그리고 자기 자신이 구약의 완성이라고 가르치셨다.

> 내가 너희와 함께 있을 때에 너희에게 말한바 곧 모세의 율법과 선지자의 글과 시편에 나를 가리켜 기록된 모든 것이 이루어져야 하리라 한 말이 이것이라(눅 24:44).

4　M. Erickson, *Christian Theology*, 2d. ed. (Grand Rapids: Baker, 2000), 228.
5　Ibid, 228.

신약의 영감성에 관해서, 베드로는 바울의 말들을 성경의 한 부분으로 받아들여야 한다고 덧붙여 말했다(벧후 3:16). 이것은 베드로와 초대교회가 바울의 말들을 구약 문서와 같은 범주로 생각했다는 것을 의미한다.[6] 덧붙여서 바울은 이렇게 말한다.

> 성경에 일렀으되 '곡식을 밟아 떠는 소의 입에 망을 씌우지 말라' 하였고 또 '일꾼이 그 삯을 받는 것은 마땅하다' 하였느니라
> (딤후 5:18).

그의 첫 번째 인용은 신명기 25:4, 그리고 두 번째 인용은 누가복음 10:7에서 찾을 수 있다. 바울은 이렇게 구약과 신약 모두를 "성경"으로 말했다. 바울이 영감되는 과정 속에서 자기 인식은 또한 그로 이렇게 쓰도록 했다.

> 내가 너희에게 편지하는 이 글이 주의 명령인 줄 알라
> (고후 14:37).

그렇다면 우리가 왜 성경이 믿을 만하고 영감되었다고 신뢰해야만 하는가?

그 이유 중 하나는, 성경 스스로가 이것을 주장하기 때문이다.[7] 또한

---

6 W. Grudem, *Christian Beliefs*, ed. Elliot Grudem (Grand Rapids: Zondervan, 2005), 13.
7 비평가들은 이러한 사고를 순환적이라 주장한다. 순환적 주장은 다음과 같다. "우리가 성경을 하나님의 말씀으로 믿는 것은 성경이 그렇게 주장하고 있기 때문이다. 또한 우리

예수님도 그의 말씀과 성경의 인용을 통해 성경의 영감을 확증하셨다. 또한 누구나 제시할 수 있는 몇 가지 다른 복잡한 답들도 있다. 그러나 내가 하나님 말씀으로서 성경을 받아들이는 핵심적인 이유는 예수님께서 그 말씀을 통해 내 삶을 바꾸어 오셨다는데 있다. 이것은 경험으로부터 오는 부끄럽지 않은 주장이다.

나는 우리가 지적인 세상을 위해 좀 더 철학적이고 합리적인 답들을 준비할 필요가 있음을 이해한다. 그러나 영적인 의미에서 하나님의 말씀에 대해 말하는 것을 피해야 한다고는 생각지 않는다. 하나님은 성경이 그의 말씀임을 성령님에 의해 확증하신다. 성경에 관련한 다른 확신들도 모두 성경의 영감성으로부터 나온다.

어떤 기독교인도 하나님과의 바른 관계를 유지한다면, 그는 하나님의 말씀을 배울 수 있다는 것을 뜻하는(잠 19:7), 성경의 명료성(the clarity of Scripture)에 대한 확신도 그러하다. 물론 건전한 해석 원칙이 성경을 읽을 때 적용되어야 하지만, 그러한 원칙들은 이미 예수님을 따르는 성령 충만한 자로서 성경을 이해할 수 있는 그리스도인들에게 단지 조력할 뿐이다.[8]

가 성경의 주장을 믿는 것은 성경이 하나님의 말씀이기 때문이다." 분명 이것은 순환적 논쟁의 패턴을 지니고 있다. 그렇다고 이 주장의 실효성이 없는 것은 아니다. "모든 절대적인 권위에 대한 논쟁은 궁극적으로 그 증거로 그 권위에 호소할 수 밖에 없다. 그렇지 않으면, 그 권위는 절대적이지 않거나 더 높은 권위가 아니기 때문이다"라고 말한 Wayne Grudem의 주장은 합당하다. W. Grudem, *Systematic Theology* (Grand Rapids: Zondervan, 2000), 78을 참고하라. 더불어 우리가 성경의 속성에 대한 성경 자체의 주장들에 대해서 신뢰하지 못한다면, 왜 우리가 그리스도의 신성과 구원에 대한 교리들에 대해서 성경을 신뢰해야 하겠는가?

8 성경의 무오성에 대한 나의 신념은 바로 성경의 영감성에서 나온다. 성경의 신뢰도에 대한 훌륭한 연구로는 B. M. Metzger, *The Text of the New Testament: Its Transmission,*

디모데처럼, 충실한 설교자는 흠 잡을 때 없는 인내와 가르침을 가지고 영감된 하나님 말씀을 담대하게 선포해야 한다. 스펄전(Spurgeon)은 한번은 성경은 사자와 같다고 말했다.

우리가 그것을 자유롭게 할 필요가 있을망정 우리는 그것을 방어할 필요는 없다!

2) 성경의 권위

고등학교 학생들 그룹에게 조직신학(systematic theology)을 가르칠 때, 나는 다음과 같은 질문으로 권위에 대해 이야기하기 시작했다.

"하나님은 너희가 무엇을 할지 말할 권리가 있는가?"

물론 그들은 "예"(이는 적어도 그들이 교회에서 하는 답이다)라고 말했다.

그리고는 나는 다음과 같이 질문했다.

"하나님은 우리가 무엇을 할지 어떻게 말하시는가?"

정답은 "성경"이다.

성경이 바르게 해석될 때, 그들은 순종해야 한다. 그루뎀(Grudem)에 따르면, "성경의 어떤 말씀을 믿지 않는 것은 하나님을 믿지 않거나 불순종하는 것과 마찬가지로, 성경의 권위는 그 모든 성경의 말씀이 하나님의 말씀이라는 것을 뜻한다."[9] 밀라드 에릭슨(Millard Erickson)은 말하기를, "성경의 권위라는 것은, 우리를 향한 하나님의 뜻의 표현인 성경이

Corruption, and Restoration, 3d. ed. (New York: Oxford, 1992)를 참고하라.

9   Grudem, *Systematic Theology*, 73.

우리가 믿어야 할 것과 우리가 어떻게 스스로 행해야 할 것을 정의하는 데 있어서 최고의 권리를 지니고 있다는 의미이다."[10] 두 명의 신학자는 모두 하나님은 우리가 어떻게 살아야 하는지 말할 권리를 지니고 계시며, 또한 그는 성경으로 우리에게 구체적으로 말하고 있다는 의견을 표현했다.

성경의 권위가 지니는 함의들이 많다.

첫째, 우리는 성경으로부터 성경적 교리를 발전시켜야 한다. 하나님에 대한 연구는 하나님 자신의 계시에 뿌리를 두어야 한다.

둘째, 우리는 성경으로 우리가 하는 사역을 평가해야 한다. 평가의 다른 수단을 찾으려는 유혹은 종종 비실현적인 기대와 끊임없는 낙담을 가져올 뿐이다.

셋째, 하나님께서 우리에게 명령하셨기에, 우리는 성경으로부터 설교해야만 한다. 그리고 우리는 성경 말고는 참으로 아무 것도 말할 것이 없다!

더욱이 성경의 권위는 교회가 충분히 생각해야하는 매우 실제적인 교리이다.

예를 들면, 연로한 그리스도인들도 하나의 단순한 이유, 즉 그는 성경과 함께 있는 사람이라는 점에서 젊은 설교자에게 귀를 기울여야 한다. 물론 많은 사람들은 당신의 젊음을 하찮게 볼 것이다. 그러나 나이는 하나님 말씀을 드러내는 데 중요하지 않다. 기억하라.

당신의 권위는 당신의 지위나 당신의 긴 경험에서 나오는 것이 아

---

10 Erickson, 267.

니다. 그것은 말씀으로부터 나온다.

이것이 강해설교가 그토록 중요한 이유이다. 그것은 성경의 권위 안에서 믿음을 가장 잘 표현한다.

다음과 같이 말한 파이퍼(Piper)의 말은 정확한 표현이다.

"하나님이 보내신 설교자로서 우리 권위는 성경 본문에 대한 우리의 분명한 충성에 의해서 일어서기도 하고 넘어지기도 한다."[11]

우리는 성경과 동떨어져서는 설교할 어떤 권위도 가지지 못한다. 그러나 성경과 함께라면 우리는 그것을 담대하게 충실하게 선언하지 못할 이유가 없다.

성경의 권위와 영감성에 대하여서 지나간 많은 충성된 증인들이 소중한 교리들을 전해 주고 있다. 예를 들면, 로마의 클레멘트(Clement), 폴리캅(Polycarp), 저스틴 마터(Justin Martyr), 이레니우스(Irenaeus), 알렉산드리아의 클레멘트(Clement), 그리고 오리겐(Origin)과 같은 초기 지도자들은 각자 성경의 영감을 확증했다.[12] 이후에 개혁주의자들의 외침은 "오직 성경으로"(sola Scriptura)였다. 그들은 성경이 믿음과 삶에 있어서 최종 원칙이어야 한다고 생각했다. 개혁주의자들은 성경을 사람들이 사용하는 일상 언어로 표현하고, 인쇄하려는 열망을 나누어 가졌다.

영국의 개혁주의자 윌리엄 틴데일(William Tyndale, 1494-1536)의 전기 작가인 브라이언 에드워즈(Brian Edwards)는 말했다.

"이리하여 틴데일과 루터 같은 사람들이 지녔던 두 근본적인 교리들

---

11 J. Piper, *The Supremacy of God in Preaching*, 44.
12 R. Saucy, *Scripture* (Nashville: Word, 2001), 190-196.

은, 성경의 절대적인 권위와 오직 그리스도의 죽음을 믿는 믿음으로 얻는 구원, 피할 수 없는 결론에 이르렀다. 즉 성경은 번역되어야 한다."[13] 틴데일은 이를 추구하다가 화형을 당했다.

그리고 그는 마지막 말을 남겼다.

"주여, 영국 왕의 눈을 열어 주소서."[14]

우리는 이와 같은 많은 사람들이 우리 세대에게 하나님의 말씀을 전해 주기 위해 얼마나 많은 고통받아왔는가를 결코 잊지 말아야 한다.

3) 성경의 계시

계시는 하나님께서 자신을 드러내시고, 자신을 커뮤니케이션하시는 행동이다. 그리스도인으로서 우리는 하나님을 말씀하시는 하나님이라고 생각한다. 결과적으로 하나님은 알 수 있는 분이시다.

J. I. 패커(J. I. Packer)는 말했다.

> 사람에 대한 하나님의 우정은 대화를 통해 시작되고 자라간다. 우리를 향한 그분의 계시 그리고 그분을 향한 우리의 기도와 찬양이 그것이다. 비록 내가 하나님을 볼 수 없지만, 그와 나는 여전히 인격적인 친구이다. 왜냐하면 계시로 그는 나에게 말씀하시기 때문이다.[15]

---

13 B. Edwards, *God's Outlaw*, 6th ed. (England: Evangelical Press, 1988), 71.
14 Ibid., 168.
15 J. I. Packer, *God Has Spoken* (London: Hodder and Stoughton, 1965), 34.

하나님은 일반적으로는 천지창조에서(롬 1:19-20), 구체적으로는 성경에서(벧후 1:20-21), 그리고 가장 명확하고 장엄하게는 성육신에서(요 1:14) 자기 자신을 보여주시고 계신다. 흥미롭게도 하나님으로서 예수님은 이 세 가지 모든 측면에서 계시에 참여하셨다. 그는 세상을 창조하셨고(골 1:16), 그는 성경을 영감하시고, 말씀하시고, 이루셨으며(마 5:17), 그리고 그는 이 땅에서 주님이자 하나님으로 선포되셨다(요 20:28).

글로 적혀진 하나님 자신에 대한 그분의 특별한 계시는 강해설교에 대한 논의에 매우 적실하다. 불행히도 설교자들 중에는 "하나님은 나에게 이것을 보여주셨다"는 말을 자주한다. 그런 다음 이런 설교자들은 모든 사람들에게 "주님께서 그들의 마음에 두시려는 것"에 대해서 말해 나간다. 감수성이 예민한 사람들은 대체로 설교단에서 말하는 모든 것이 하나님으로부터 온 것이라 믿는다. 이러한 늑대들은 대개의 경우 청중들이 길을 잃도록 만든다. 하나님께서 성령을 통해 우리 마음에 정말 말씀하신다면, 나는 이러한 감동이 그것이 적혀진 말씀과 결코 반대되리라 생각지 않으며, 그런 감동이 성경과 동등한 권위로 받아들여져야 한다고 생각지 않는다.

아마도 이 주제가 매우 오해되는 이유는 많은 사람들이 오늘날의 설교자는 성경 시대의 설교자와 같다고 여기기 때문이다. 참으로 성경 시대 설교자들로부터 배워야 할 것들이 많다. 다음에 나는 바울에 대해 논의를 할 것이다. 그러나 지금은 몇몇 차이점들을 알아 가는 것이 더 중요하다.

우리가 하나님을 위해 말씀을 전하는 전통을 이어오고 있지만, 그때의 설교와 오늘날 설교 사이에는 하나의 중요한 차이가 있다. 성경 시대 설교자들(biblical preachers)은 대체로 처음으로 계시를 전한 사람들이다. 하나님의 계시는 점진적으로 주어졌기 때문에, 하나님은 새로운 것들을 선지자들, 예수님, 그리고 사도들을 통해 계시하셨다. 사도들의 경우에는 예수님을 육체로 직접 목격하는 축복을 가졌다. 하지만 우리는 이 특권을 누리지 못한다.

그러므로 우리가 새로운 계시(new revelation)를 말하는 것이 아니라는 것을 기억하는 것이 중요하다. 우리는 오래된 계시(old revelation)를 선포한다. D. A. 카슨(Carson)의 말을 빌리면, 우리는 "재계시"(re-revelation)를 한다. 즉 우리는 하나님 말씀을 "재선포"(re-announce)한다는 것이다.[16] 현대 설교자들은 오늘날 자신들의 설교가 정확히 성경 시대의 설교처럼 되어야 한다는 생각을 하지 말아야 한다. 분명히 우리는 사도들과 선지자들과 같은 권위의 원천을 지니고 있다.

하지만 이제 그것은 완전하고 최종적으로 적혀진 글로 우리에게 주어졌다. 이제 우리의 현재 임무는 성경에 담겨진 하나님의 계시를 꺼내어 그것을 사람들에게 충실하게 드러내는 것이다. 이것은 자유케하는 진리이다. 오늘날 설교자가 매주 "새로운 것"을 가지고 나오려 해서는 안 된다. 젊은 설교자여, 오래된 것이 좋고, 그것으로도 충분하다. 청중들에게 오래된 포도주를 새 가죽부대에 담아 주라.

하지만 그 때의 설교와 현대 설교의 유사점들은 우리의 설교사건(the preaching event)을 이해하는 데 확실히 도움이 된다.

---

16 D. A. Carson, "Contemporary Challenges and Aims" in *Preach the Word,* ed. Leland Ryken and Todd A. Wilson (Wheaton: Crossway, 2007), 176.

첫째, 성경적 설교자들은 하나님의 계시를 설명하고 적용했다. 느헤미야 8장에서 에스라는 율법책을 읽고, 그것을 설명하고 사람들에게 깨닫게 했다(느 8:8-9). 유대인 회당에서도 역시 가르치는 일이 있었으며, 이는 초대교회로 이어졌다. 예수님 역시 그의 사역을 통해 성경을 설명하셨다. 산상설교에서 그는 몇몇 구문들은 이렇게 시작한다.

"너희는 … 하였다는 것을 들었으나."

그리고 그 선택된 본문의 완전한 이해와 그 내포된 뜻을 알려 주셨다. 그는 또한 회당과 엠마오 가는 길에서도 성경을 풀어주셨다(눅 4:16-21; 24:27, 32).

더불어 성경 시대에는 설교가 공적으로 이루어졌다. 누가는 초대교회의 패턴을 묘사한다.

> 그들이 날마다 성전에 있든지 집에 있든지 예수는 그리스도라고
> 가르치기와 전도하기를 그치지 아니하니라(행 5:42).

바울은 디모데와 디도에게 건전한 교리를 가르칠 것과 공적으로 성경을 설명할 것을 촉구했다(딤후 1:13-14; 2:2; 딤전 4:13; 딛 2:1,15). 따라서 현대 설교자들은 사람들에게 예수님을 가리키며, 공적인 설명과 훈계를 하는 이 전통을 따른다.

둘째, 성경적 설교자들은 그들의 설교에서 논증과 설득과 같은 수사학의 요소들을 사용했다. 사도행전 17:1-3에서 네 단어가 바울의 설교에 사용되고 있다. 누가는 "성경을 가지고 … 강론하며 … 뜻을 풀어 그리스도가 해를 받고 죽은 자 가운데서 다시 살아나야 할 것을 증언하고 이르

되 내가 너희에게 전하는 이 예수가 곧 그리스도라"(행 17:2-3)고 기록하고 있다.

여기에서 "강론하며"라는 단어는 사도행전에서 10번 사용되었다(참고, 행 17:17; 18:4; 19:8). 이것은 우리 말 "문답"(dialogue)이라는 뜻이 나오게 된 단어다. 또한 "뜻을 풀어"라는 단어는 글자 그대로 "열다"를 의미한다.

예수님처럼 바울은 성경을 열었고 메시아를 높였다. "증언하고" 또는 "보여주고"의 표현은 "옆에 두고"(to place beside) 또는 "앞에 놓고"(to set before)를 의미한다. 바울은 청중들이 메시지를 믿을 수 있도록 이치에 맞는 증거들을 제공했다. 결과적으로 누가는 많은 사람들이 "권함을 받고"라고 덧붙인다. 이 표현은 사도행전에 있는 바울의 설교에서 적어도 7번 사용된다(참고, 13:42; 18:4; 19:8, 26; 26:28; 28:23-24). 이 말은 권유받은 것을 기반으로 행동하다는 뜻이다. 이처럼 바울은 설교를 할 때 수사학을 사용한 예들을 우리에게 주고 있다.[17]

그러므로 성경에 담겨져 있는 하나님의 계시는 충실한 설교를 위해 필요한 내용을 설교자에게 제공한다. 어떻게 하나님의 계시를 받았는가라는 측면에서는 현대설교자들이 성경 시대 설교자들과 동일한 경험을 공유할 수 없다. 하지만 그들은 설명과 적용, 공적 선포, 그리고 수사적 설득력을 사용한 것과 같은 또 다른 많은 특징들을 공유한다. 이러한 요소들은 하나님의 계시와 구속의 이야기를-궁극적으로 예수님의 인격과

---

17 바울의 수사학에 대한 자세한 내용으로는 J. Thompson, *Preaching like Paul* (Louisville: Westminster John Knox, 2001)를 보라.

사역에서 정점에 이르는—선포하기 위해 사용되어야 한다.

4) 성경의 충분성

강해사역을 지지하는 다른 중요한 교리는 성경의 충분성이다. 성경의 충분성이란 하나님 말씀은 구원, 하나님의 뜻을 아는 것, 그리스도의 모습을 닮아 가는 것, 그리고 온전히 하나님을 신뢰하는 것을 위해 우리가 필요한 모든 것을 포함한다는 것을 뜻한다. 짧게 말하면, 이는 성경이 우리로 "온전하게 하며 모든 선한 일을 행할 능력을 갖추게"(딤후 3:17) 한다는 것을 믿는 것이다. 그러나 성경의 충분성은 우리가 다른 책들은 전혀 읽지 않아야 한다는 것을 의미하는 것은 아니다. 그것은 하나님은 그의 말씀이—성령님과 함께하여—사람들로 그리스도의 형상으로 만들어 가기 위한 가장 중요한 수단으로 생각하셨음을 뜻한다.

성경의 충분성은 성경이 우리를 속에서부터 밖에 이르기까지 완전히 변화시키려는 영적인 목적을 가진 영적인 책이라는 것을 우리에게 일깨우고 있다. 하나님 말씀이 우리의 가장 절실히 필요한 것을 만족시킨다는 점으로 우리는 기뻐해야 한다. 또한 우리는 사람이 관찰한 것들이나 실제적인 제안보다는 하나님 말씀이 사람들에게 더욱 필요한 것이기에, 말씀을 전파하는 일에 전념해야 한다.

성경이 가져다주는 유익들은 놀라운 것이다. 시편 19편에서, 성경은 회심, 지혜, 기쁨, 지식, 경고 보상을 가져온다고 말한다. 시편 119:9-11에서, 성경은 순결하고 범죄하지 않도록 한다고 말한다. 시편 119:105은 성경이 우리의 길을 인도해 준다고 가르친다. 예레미야는 하나님의 말씀이 기쁨과 확신(개역 개정—내 마음의 즐거움)을 가져다준다고 우리에게 가르친다(렘 15:16). 그는 성경이 깨뜨림과 겸손을 낳는다고 덧붙인다(렘 23:29). 엠마오 제자들은 성경이 마음을 뜨겁게 한다는 것을 체험했다(눅 24:32).

예수님은 성부께서 그의 제자들을 말씀으로 거룩하게 해 주시기를 기도했다(요 17:17). 바울은 믿음은 하나님 말씀을 들음으로 난다고 말했다(롬 10:17). 바울은 디모데에게 성경이 구원에 이르는 지혜, 교훈과 책망을 위한 내용, 그리고 선할 일을 행할 능력을 갖추도록 하기에 충분하다고 말했다(딤후 3:14-17). 히브리서의 저자는 성경이 생각을 살피고 마음을 판단한다고 말했다(히 4:12). 야고보와 베드로는 구원이 말씀을 통하여 온다고 말하였다(약 1:21; 벧전 2:1-2). 베드로는 성경이 영적 성장을 일으킨다고 덧붙였다(벧전 2:1-2).

이러한 진리는 설교자에게 하나의 중요한 질문을 하게 한다.

성경의 주장이 참이라면, 왜 우리가 하나님의 계시보다 다른 어떤 것을 사람들에게 주려 하는 것일까?

물론 어떤 실제적인 제안과 고견을 주거나 혹은 현대 작자의 글을 읽을 때도 있을 수 있다. 그러나 우리는 "좋은 것"(Good stuff)과 "하나님의 것"(God's stuff)을 구별할 수 있어야 한다.[18] 분별력이 있는 강해설교자는 좋은 것과 신성한 것의 차이를 안다. 그들은 또한 "영적 감정론"(spiritual sensationalism)과 "실용적 도덕주의"(pragmatic moralism)라고 내가 명명한 두 가지 위험을 피할 것이다.

---

18 Shaddix, *The Passion-Driven Sermon*, 65-66.

영적 감정론(spiritual sensationalism)이란 설교자는 연구할 필요가 없는 대신에, 매주 "주께로부터 말씀"을 받아야만 한다는 생각이다. 분명히 이 "말씀"은 하나님으로부터 직접 와야 하는 것이고, 이는 성경과 관련이 있을 수도 있고 그렇지 않을 수도 있다. 하지만 성경의 충분성에 대한 확신이 있는 설교자는 항상 "주님이 주신 말씀"을 가지고 있음을 깨닫는다. 우리는 하나님 말씀으로 채워진 66권을 가지고 있다. 물론 하나님께서 설교할 특정 구문으로 우리를 이끄실 때도 있지만, 그러나 우리가 설교하기 전 늘 "따뜻한 기운"을 가져야 한다는 생각은 불필요하고 위험하다. 만약 당신이 정확하게 말씀을 밝히 드러냈다면, 당신이 아무리 서툴렀어도 그 말씀들은 하나님의 구속사역을 실행하는 데 충분한 것이다.

다른 극단은 실용적 도덕주의(pragmatic moralism)이다. 이 견해는 많은 사람들이 성경을 모든 인류의 질문과 문제들에 대한 답을 주는 책으로 이해하는 것으로 표현된다. 확실히 성경은 많은 문제들에 답을 준다. 그러나 성경이 사람들의 모든 질문에 답하지는 않는다. 목사는 성도의 모든 상세한 필요를 다 알 수 없으며, 매 번 설교에서 그 필요들을 이야기할 수도 없다.

그러나 목사가 하나님의 계시를 설교하므로 모든 사람들의 보편적인 필요들을 채울 수 있다. 다시 말해, 사람들이 그리스도의 모습을 본받도록 하는 것이다(롬 8:29). 매 주 하나님 말씀이 상세히 설명될 때, 영적 성장이 일어난다. 바울은 갈라디아 사람들에게 "너희 속에 그리스도의 형상을 이루기까지 다시 너희를 위하여 해산하는 수고를 하노니"(갈 4:19)라고 말했다. 설교자의 역할은 성도들의 모든 드러난 필요를 채우는 말을 하는 것이 아니라, 그의 성도들 속에 그리스도의 형상이 이루어지도록 성경을 상세히 설명하는 것이다. 성도들에게 변화가 이루어져 가면서, 그들의 가장 절실한 필요는 분명히 채워지게 된다.

2. 성경의 그리스도 중심성

성경의 신적 본성에 대한 신념을 가진 다음에는 성경의 전체적인 메시지를 이해하는 것 또한 중요하다.

성경은 무엇에 대한 것인가?

성경 안에 하나의 통합된 메시지가 있는가?

구약과 신약에 나타나는 하나님은 같은 분이신가?

이러한 질문들은 "하나님의 온전한 뜻"(행 20:27)을 선포하고자 하는 이들에게 중요하다. 나는 성경의 구속의 목적(그리스도의 형상으로 사람들을 변화시키는 것)은 성경의 구속의 메시지와 일치한다고 생각한다. 성경은 궁극적으로 예수님의 인격과 사역으로 이어지는 구속사의 계속되는 진행흐름을 이야기한다.

그러므로 강해설교는 적어도 성경의 주인공인 예수님께로 흔들림 없이 나아간다. 분명히 복음주의자들은 역사를 통해서 그리스도를 설교할 필요성을 강조해 오고 있다. 16세기 청교도 윌리암 퍼킨스(William Perkins)는 그의 설교론을 이렇게 요약하고 있다.

"그리스도에 의해서, 그리스도를 높이기 위하여, 하나님 홀로 영광을 받으시도록 한 분 그리스도를 설교하라."19

마찬가지로 존 브로더스(John Broadus)는 "설교의 주제는 신적 진리, 바로 예수 그리스도 안에서 계시되어 주어진 복음이다"고 말했다.20 그러나 강해설교자에게 문제가 되는 것은 때때로 선택된 본문이 예수님을 언급하지 않는다는 것이다.

어떻게 당신은 선택된 본문을 합당하게 다루면서도 여전히 본문에는 나타나지 않은 것처럼 보이는 그리스도를 설교할 것인가?

답은 성경을 하나의 통합된 책으로 보는 것에서 찾을 수 있다. 모든 본문은 그리스도와 관련되어진 어딘가에 위치한다. 모든 본문은 직접적으로 그리스도를 주목하거나, 암시적으로 그리스도를 돌아보거나, 미래적으로 그리스도에게로 향할 것이다.

최근 몇 년간 몇 명의 저자들은 성경의 주인공으로서 예수님에 주의를 집중시키고 있다.

아투로 아줄디아(Arturo Azurdia)는 다음과 같이 말한다.

> 성경이 자신의 아들, 예수 그리스도를 통한 하나님의 백성들에 대한 구속을 기록하고 있다.21

---

19 W. Perkins, *The Art of Prophesying*, rev. Sinclair Ferguson, (reprint, Carlisle: The Banner of Truth Trust, 1996), 79. 이 책은 1592년 처음 라틴어로 출판되었다가 1606년 영어로 다시 출판되었다.
20 J. Broadus, *On the Preparation and Delivery of Sermon*, new and rev. ed. Jesse Witherspoon, 6.
21 A. Azurdiaa, *Spirit Empowered Preaching* (Ross-Shire, England: Christian Focus Publications, 1998), 52.

노만 게이슬러(Norman Geisler)는 말한다.

> 그리스도는 신구약성경을 연결하는 끈이며, 모든 정경의 내용이자, 그리고 성경 각권을 통합하는 주제로 표현된다.[22]

크리스토퍼 J. H. 라이트(Christopher J. H. Wright)는 말한다.

> 구약은 예수가 완성한 이야기를 말하고 있다.[23]

비슷하게, 도날드 쥬얼(Donald Juel)은 말한다.

> 기독교 사상의 시작은 이스라엘의 경전들의 해석에게까지 거슬러 올라간다. 그리고 그 경전들 해석의 주된 중심은 예수님-십자가에 죽으시고 부활하신 메시아-이다.[24]

1) 성경신학의 통합

몇 년 전에 나는 그랜드 케이만(Grand Cayman)에서 설교할 수 있는 특권을 가졌다. 힘들었지만 누군가는 해야만 했다. 지역교회의 장로이며

---

22 N. Geisler, *Christ: The Theme of the Bible* (Chicago: Moody, 1968), 7.
23 C. J. H. Wright, *Knowing Jesus Through the Old Testament* (Downers Grove: Inter Varsity Press, 1995), 2.
24 D. Juel, *Messianic Exegesis* (Philadelphia: Fortress, 1988), 1.

나를 초청한 분은 배를 가진 원주민이었다. 그는 어느 쉬는 시간에 나에게 물었다.

"토니형제, 투밴(tuben)하지 않겠습니까?"

물론 나는 투밴(스키를 타지 못하는 이들을 위한 물 스키)을 하러 가고 싶었다. 우리는 그 주 동안에 캐러비안의 아름다운 푸른 물을 가로지르는 스키를 타러 몇 번인가 갔었다. 우리는 어떤 지점에서 멈추어서 스노클(잠수 장치)을 하고 물속으로 들어가기도 했다. 물고기들은 놀라웠다. 우리는 푸른 물고기에서부터 노랑 가오리까지 모든 것을 보았다. 나는 결코 그날들을 잊지 못할 것이다.

그리스도를 높이는 강해설교자는 사람들을 스키를 타도록 하며 스노클도 하도록 해야만 한다. 성경에서 우리가 본문을 선택하면, 우리는 성경의 그 광대한 영광을 품고 그 깊이를 헤아려 보아야 한다.

이것이 전통적인 강해설교이다.

강해설교는 성경의 특정 구문에 대한 굉장히 세부적인 내용까지 들어간다. 하지만 나는 우리 설교자들은 하나님 말씀의 바다 전체를 가로질러 스키를 타도록 청중을 데리고 가서, 그들에게 어떻게 그 모든 것들이 잘 연결되어 있는지 보여주어야 한다고 생각한다. 우리가 스키와 잠수를 통합하도록 돕는 분야가 바로 성경신학이다. 성경신학은 우리가 성경의 역사적 개별성과 함께 성경의 일체성을 보도록 도와주며, 그리스도 안에서 성경의 영광스러운 결말을 보도록 해 준다.

J. I. 패커는 성경신학을 다음과 같이 정의한다.

성경 각권의 내용을 깊이 알아가면서, 그들 사이의 연결을 보여

> 주며, 지금도 진행 중인 계시의 흐름과 예수 그리스도 안에서 절
> 정에 이른 구속과정을 가리키면서, 성경의 통일성을 탐구하는
> 훈련에 대한 포괄적인 이름이다.[25]

조직신학이 성경에서 지지하는 주제들을 더 많이 다루는데 반하여, 성경신학은 하나님의 점진적 계시를 다룬다.

D. A. 카슨 역시 어떻게 성경신학이 각각의 문서와 각 역사적 상황의 희생 없이 성경의 통일성과 구속 역사에 집중할 수 있는지 강조한다. 그는 다음과 같이 말한다.

> 한 편으로 성경신학은 모든 성경 각 권들의 영광스런 다양성을
> 지키려고 노력한다. 그런가 하면 성경신학은 역사적인 특수성
> 과 구속사의 통일성을 희생시키지 않으면서도 성경 각권들을 하
> 나로 모아서 모든 것을 밝히려 한다.[26]

그러므로 우리가 한 구문을 상세히 설명할 때, 적법하게 그리스도로 연결을 위해서는 우리가 더 폭넓은 성경적 정황을 고려해야만 한다. 이 책의 뒷부분에서 우리가 복음을 주별 강해와 통합하는 실제적인 방법을 살펴볼 것이다.

---

25 J. I. Packer, "Foreword" in *The Unfolding Mystery* (Colorado Springs: Navpress, 1988), 7-8.
26 D. A. Carson, "Systematic Theology and Biblical Theology," in New Dictionary of Biblical Theology, ed. T. Desmond Alexander, Brian S. Rosner, D. A. Carson, and Graeme Goldsworthy (Downers Grove: Inter-Varsity Press, 2000), 100-101.

2) 모든 성경으로부터 그리스도를 설교하기

성경에 대한 그리스도 중심적 이해는 우리를 강해설교에 대한 그리스도 중심의 철학으로 인도하게 된다.

과연 "그리스도를 설교하다"는 정확히 무엇을 뜻하는가?

시드니 그레이다너스(Sidney Greidanus)는 그리스도를 설교하는 것을 다음과 같이 정의한다.

> 본문의 메시지를 하나님의 계시의 절정, 곧 신약에 계시된 예수 그리스도의 인격, 사역, 그리고/또는 가르침과 적합하게 통합하여 설교하는 것이다.[27]

우리의 성도가 그리스도를 닮아가도록 하기 위해서 우리는 설교에서 항상 유일한 메시야의 인격, 사역, 그리고/또는 가르침을 강조해야 한다.

그레이엄 골즈워디(Graeme Goldsworthy)는 그리스도를 높이는 강해의 핵심을 이렇게 말한다.

> 우리의 성도들 모두가 그리스도 안에서 성숙하도록 하는 것이 모든 사역자의 목표여야 한다. 하지만 그들이 모든 성경, 신구약의 통일되고 영감으로 증언하는 성경 속의 그리스도를 알지 못

---

27   S. Greidanus, *Preaching Christ from the Old Testament* (Grand Rapids: Eerdmans, 1999), 8.

한다면, 그들은 성숙될 수 없다.[28]

나는 왜 설교자가 모든 성경으로부터 그리스도를 설교하기를 열망해야 하는지를 네 가지 성경적 이유를 가지고 명확하게 설명하고 싶다.

첫째, 예수님은 그 자신을 구약 기록의 완성으로 분명히 하셨다. 누구든지 성경의 통일성과 그리스도 중심성을 의심하는 사람들은 이런 생각을 나타내 보이는 몇몇 성경 본문에 대답을 해야만 할 것이다. 예를 들면, 그들은 다음의 본문을 고려해야 한다.

> 너희가 성경에서 영생을 얻는 줄 생각하고 성경을 연구하거니와 이 성경이 곧 내게 대하여 증언하는 것이니라(요 5:39).

> 모세를 믿었더라면 또 나를 믿었으리니 이는 그가 내게 대하여 기록하였음이라(요 5:46).

> 책을 덮어 그 맡은 자에게 주시고 앉으시니 회당에 있는 자들이 다 주목하여 보더라. 이에 예수께서 그들에게 말씀하시되 "이 글이 오늘 너희 귀에 응하였느니라" 하시니(눅 4:20-21).

> 이에 모세와 모든 선지자의 글로 시작하여 모든 성경에 쓴 바 자

---

28 G. Goldsworthy, "Biblical Theology as the Heartbeat of Effective Ministry" *in Biblical Theology*, ed. Scott J. Hafemann (Downers Grove: Inter Varsity Press, 2002), 286.

기에 관한 것을 자세히 설명하시니라(눅 24:27).

내가 너희와 함께 있을 때에 너희에게 말한바 곧 모세의 율법과 선지자의 글과 시편에 나를 가리켜 기록된 모든 것이 이루어져야 하리라 한 말이 이것이라(눅 24:44).

그리스도를 높이는 강해설교에 헌신하는 것은 예수님의 강해적 원칙과 상응한다. 성경은 바로 자신에 관한 것이라고 예수님은 말씀하셨다.

둘째, 사도들은 성경이 예수님에게 초점을 맞추고 있다는 것을 알았다. 설교에 관해 알려진 고린도전서 2:1-5에서, 바울은 "너희 중에서 예수 그리스도와 그가 십자가에 못 박히신 것 외에는 아무 것도 알지 아니하기로 작정"(고전 2:2)하였다고 분명히 말한다. 바울은 고린도 교회 사람들에게 십자가 사건과 함께 분명히 더 많은 주제들에 대해 이야기했다. 그러나 바울은 항상 그리스도의 인격과 사역에 자신의 윤리적 문제들을 연결시켰다. 달리 말해, 기독교인의 삶은 복음이 내포된 삶을 살아가는 것이다.

더 나아가, 사도행전에 나오는 사도적인 설교는 구약성경이 어떻게 불신자들에게 설교에 사용되었는지를 보여준다. 베드로의 첫 번째 설교는 요엘서와 시편 16편, 110편의 강해로 이루어져 있다(행 2:14-34). 며칠 뒤에 그는 선지자들이 메시야에 대해 예언한 것을 예수님이 성취함에 대해서 설교했다(행 3:18). 그리고 예수님의 다시 오심을 말한 후, 그는 신명기 15:15, 18을 인용하였고, 또한 창세기 12:3을 적용하면서 설교를 마쳤다. 사도행전 8장에서는, 빌립이 에티오피아 내시에게 이사야

53장을 통해 예수님에 대한 말씀을 설명했다. 구약으로부터 그리스도를 높이는 설교는 사도행전 13장에 나오는 바울의 처음 기록된 설교에서도 강력하게 드러났다.

여기에서, 바울은 예수님의 죽음에 관해 설교하면서 몇 개의 구약 본문을 인용한다(시 2:7; 사55:3; 시 16:10; 합 1:5; 사 49:6). 회당에서도 바울의 관례는 그리스도를 증언하기 위해 성경으로부터 강론하는 것이었다(행 17:2-3). 분명히, 사도들은 성경적 설교를 하기 위해 그리스도를 높이는 접근법을 따랐다.

그레다너스(S. Greidanus)는 다음과 같이 정확하게 지적하였다.

> 현대설교자들을 위한 요점은 이것이다. 만약 구약이 참으로 그리스도를 증언하고 있다면, 우리의 구약 해석과 설교에 있어서 이 중요성을 정당하게 다룰 때에라야 우리가 충실한 설교자라 할 수 있다.[29]

셋째, 그리스도께 영광을 돌리는 성령님의 사역에 기인한다. 예수님은 성령님에 대해 "그가 나를 증언하실 것이요"(요 15:26) 그리고 "그가 내 영광을 나타내리니"(요 16:14)라고 말씀하셨다. 성령님의 근본적인 역할은 하나님의 아들에게 스포트라이트를 비추는 것이다. 성경이 선포될 때, 성령님은 사람들이 회개와 믿음 안에서 예수님께 반응하도록 마음을 여신다(행 16:14). 삼위일체의 각위는 사람이 그리스도 안에서 믿음을 갖도

---

29 S. Greidanus, *Preaching Christ from the Old Testament*, 62.

록 아름다운 화합을 이루어 일하신다(요 17:2-3). 그러므로 우리는 영감된 성경으로부터 그리스도를 설교해야하며, 그리고 성령님께서 이 구원 과정에서 일하시는 것을 지켜봐야 한다.

넷째, 성경의 주제적이며 정점에 도달하는 본질 때문이다. 어떤 신학자들은 하나님 나라, 하나님 임재, 창조와 재창조, 또는 예수님의 직무들과 같은 것들을 다른 어떤 것보다 성경 안에 있는 하나의 중요한 주제로 제안한다. 나는 이러한 주제들을 성경이란 다이아몬드의 수많은 측면들로 이해하고 싶다. 그 각각은 성경의 아름다운 통일성에 대한 영광스러움과 독특함을 보여준다. 이러한 주제들은 신약 성취까지 점층적으로 나아간다. 다시 말해 성경에는 그리스도 안에서 그 정점을 도달하는 점진적인 본성이 발견된다.

3. 요약

이 장에서 나는 설교자를 강해설교로 이끌어 가는 성경에 대한 네 가지 확신, 영감, 권위, 계시, 그리고 충분성에 대해서 말했다. 나는 또한 예수님 안에서 정점에 도달한 구속사 안에 있는 하나님의 역사에 대한 성경의 메시지를 강조해왔다. 이런 이해가 암시하는 것은 충실한 설교자는 먼저 성경 본래의 배경 안에서, 그리고 그 다음에는 구속사의 배경-예수님의 인격과 사역과 가르침을 높이는-안에서 성경의 본문을 드러내어야 한다는 것이다.

궁극적으로 그리스도를 높이는 강해의 목적은 하나님의 영광을 위해서 백성들이 그리스도의 형상을 이루어가는 것을 보는 것이다.

◆ 디모데전후서 연구

1) 디모데후서 3:16-17 이외에 당신이 성경의 영감에 대해서 회중에게 가르치기 위해 사용할 수 있는 아홉 개의 구문들을 나열하라.

2) 디모데후서 3:16-17에서는 어떻게 성경의 충분성을 가르치는가?

3) 디모데후서 4:1-5에 의하면, 우리가 왜 그리고 어떻게 말씀을 전파하여야만 하는가?

4장
성령의 능력으로 설교하기

> 그러므로 내가 나의 안수함으로 네 속에 있는 하나님의 은사를 다시 불일듯 하게 하기 위하여 너로 생각하게 하노니 하나님이 우리에게 주신 것은 두려워하는 마음이 아니요 오직 능력과 사랑과 절제하는 마음이니.
>
> — 딤후 1:6-7

> 주께서 높은 곳으로부터 능력을 우리에게 주시지 않으면, 우리의 노력은 헛되고 우리의 소망은 절망으로 끝날 수밖에 없다.[1]
>
> — C. H. 스펄전(C. H. Spurgeon)

---

1 C. H. Spurgeon, *An All-Round Ministry* (Carlisle: Banner of Truth Trust, 2000), 322.

최근 나의 친한 친구가 1870년 이래 남침례교단의 설교학 교재들에서 성령에 대한 관심의 정도에 관한 박사논문을 썼다.[2] 그 논문을 쓰는 과제를 마친 후(그 친구는 졸업을 하게 되었다!), 그는 모든 교재들에서 성령에 대한 언급이 있다는 사실을 발견할 수 있었다. 그 언급들은 성령과 말씀, 성령과 전달, 그리고 성령과 설교자라는 범주 안에서 다루어진 것들이다. 하지만 그 교재들에서 성령에 대한 언급들은 다른 수사적 요소들에 대한 책들의 강조에 비교하면 제한적으로 다루어진 것들이었다.

물론 기독교 서적을 쓰는 사람은 누구든지 설교에 있어서의 성령의 사역을 믿고 있기를 바란다! 하지만 지금 실제로 일어나는 일을 볼 때, 설교학 책에서 이 성령에 관한 논의를 그리 강조하지 않는 것처럼 보인다. 대개 성령은 설교학 책과 설교학 수업 가운데 계시는 것처럼 추정되지만, 신학자들의 논의의 대상으로 남겨지는 것처럼 여겨진다.

그러나 설교학 과목은 당연히 실천신학의 영역에 들어 있으며, 성령론(성령의 인격과 사역에 대한 학문)에 대한 강조 없이는 가르칠 수 없다. 설교의 기술에 대한 과도한 강조는 설교를 위한 이러한 필요성은 비교적 덜 강조하는 결과를 낳았다. 만약 우리가 아주 오랜 시간동안 어떤 것을 계속 추정만 하고 있다면, 그 결과 그 주제는 잊혀지고, 무시되고, 때론 불신하게 된다. 효과적인 기독교 설교자는 두 다리로 서야 한다. 바로 말씀과 성령의 다리가 그것이다. 이들 중 어느 한 다리가 다른 것보다 짧을 수 없다.

---

2 L. Dowden, "An Examination of Pneumatological Content in Southern Baptist Homiletic Theology Since 1980" (Ph. D. diss., New Orleans Baptist Theological Seminary, 2007).

그레그 헤이슬러(Greg Heisler)의 유용한 책인 『성령이 이끄는 설교』(Spirit-Led Preaching)에서, 그는 삼위 하나님의 세 번째 위격이신 분이 설교에서 일하시는 10가지 방법을 기술했다.

① 성경 본문의 성령의 영감
② 예수 그리스도를 믿는 설교자의 회심
③ 말씀을 설교하도록 설교자를 부르심
④ 말씀대로 살아가기 위한 설교자의 인격
⑤ 말씀 연구를 위한 설교자의 가슴과 마음에 조명하심
⑥ 말씀을 선포함에 있어 설교자에게 능력주심
⑦ 중보자이시며 주되신 예수 그리스도를 증언하심
⑧ 말씀을 듣고 받아 드리는 사람들의 마음을 여심
⑨ 하나님 말씀을 청중들의 삶에 적용
⑩ 성령 충만한 신자들의 삶에서 나타나는 영구한 열매 맺음[3]

참으로 설교는 시작부터 끝까지 성령님의 사역임을 알 수 있다. 이 장에서 나는 성령님의 두 가지 활동, 즉 성령에 의한 부르심과 성령에 의한 설교에만 집중할 것이다.

---

3 G. Heisler, *Spirit-Led Preaching* (Nashiville: B&H, 2007), 4.

1. 성령에 의한 부르심

모든 그리스도인들은 일반적으로 사역자와 선교사로 부름을 받는다. 하나님의 제사장으로서, 모든 그리스도인들은 하나님을 사람들에게 소개하고(증언으로), 그리고 사람들을 하나님께 안내한다(기도로). 이 직무가 "직업적 사역"에 종사하는 사람들에게만 배타적으로 주어진 것이라 여겨져서는 안 된다. 너무 많은 교인들이 목사가 사역의 대부분을 해야 한다고 생각한다. 그러나 에베소서 4:1에서 바울은 "부르심"(klesis/kaleo)이라는 단어를 그리스도와 그의 사명을 위한 모든 그리스도인의 부르심을 일컬을 때 사용한다.

그리스도인을 특징짓는 인격과 타인을 섬기기 위한 하나님의 은사를 깨달아야 할 필요성에 대해 말한 후, 바울은 독특한 부르심과 은사를 받은 자들을 밝힌다.

> 그가 어떤 사람은 사도로, 어떤 사람은 선지자로, 어떤 사람은 복음 전하는 자로, 어떤 사람은 목사와 교사로 삼으셨으니 (엡 4:11).

하나님은 이들을 "성도를 온전하게 하여 봉사의 일을 하게"(엡 4:12) 하도록 부르신다. 그러므로 사역자의 직무를 감당하도록 부르심을 받은 사람들은 충실한 그리스도인들로서, 각각의 일을 감당하도록 부르심을 받은 사람들을 잘 준비시키도록 부르심을 받은 것이다.

여기에서 먼저 강조해야 할 것은 설교를 하도록 실제적으로 부르심이 틀림없이 있다 것이다. 오랜 시간을 걸쳐 이 중요한 주제에 대해 많은 사람들이 귀한 통찰력을 제공해 주었다. 스펄전(Spurgeon)의 고전이 된 『목회론 강의』(*Lectures to My Students*)에서, 그는 다음과 같이 말한다.

어떻게 젊은 사람이 자신이 부르심을 받았는지 아닌지 알 수 있는가?

> 그것은 중요한 문제이기에 나는 그것을 극도로 신중하게 다루기를 원한다 … 수백 명이 그들의 길을 잃고 설교단에 걸려 넘어지는 것은 우리를 둘러싸고 있는 썩어가는 교회와 열매 없는 사역에 대한 슬픈 증거이다. 자신의 부르심을 잃어버리는 것은 그 사람에게는 끔찍한 재앙이며, 그가 속한 교회에게는 그의 실수는 가장 비통한 괴로움을 가져온다.[4]

나는 많은 썩어가는 교회와 열매 없는 사역의 이유들 중 하나는 많은 사역자들이 설교단으로 부름을 받은 대신에 "설교단에 비틀거리며 잘못 들어왔기" 때문이라 생각하지 않을 수 없다.

설교자는 바울처럼 "내게 직분을 맡기심이니"(딤전 1:12)라고 마땅히 생각해야 한다. 사역의 길은 부르심 없이 들어가기에는 솔직히 너무 힘들다. 또한 그 길은 너무 영광스러운 길이기에, 우리는 결코 그 특권을 다 헤아릴 수가 없다! 로이드 존스(D. M. Lloyd-Jones)는 "나에게 있어 설교하는 사역은 어떤 부르심보다 가장 높고, 가장 위대하고 가장 영광스

---

4 C. Spurgeon, *Lectures to My Students*, repr. (Grand Rapids: Zondervan, 1954), 25.

러운 부르심이다"⁵라고 말했다. 그보다 한참 전 루터(M. Luther)는 비슷한 말로 "만약 내가 오늘 왕이나 황제가 될 수 있다하더라도, 나는 설교자로서 나의 사명을 포기하지 않을 것이다"⁶라고 말했다.

현대 설교자 마크 드리스콜(Mark Driscoll)은 자신의 극적에 부르심에 대해서, 사람들이 물러나자 주님께서 그에게 다가오셔서, 강가에서 자신에게 "사람을 이끌고, 성경을 설교하고, 교회를 세우고, 은혜(Grace)와 결혼하고, 그(Grace)를 신뢰하라"고 말씀하셨다고 묘사한 적이 있다. 그리고 드리스콜은 덧붙여 말하였다.

> 그래서 나는 은혜(Grace)와 결혼하였고, 뷔페에서 대식가가 폭식하는 듯한 열정을 가지고 성경을 연구하기 시작했고, 어리석은 짓을 하여 감옥에 가지 않는 목사가 되기 위해 나 자신을 준비시키기 시작했다.⁷

나는 모든 사람들이 그와 똑같은 경험을 가질 것이라 생각하지 않는다. 하지만 사역자로 부름 받은 사람들에게는 공유되는 유사한 점들이 있다고 생각한다. 이 중요한 문제에 대해 생각하는 것을 돕고자 나는 부르심 CALL이라는 머리글자를 따라서 제안하고 싶다.

---

5   D. M. Lloyd-Jones, *Preaching and Preachers*, 9.
6   F. W. Meuser, *Luther the Preacher* (Minneapolis: Ausberg, 1983), 39에서 인용.
7   M. Driscoll, *The Radical Reformission* (Grand Rapids: Zondervan, 2004), 14.

1) 확신(C-Confirmation)

내적인 확신과 외적인 확신이 있는가?

첫 번째 질문은 두 개로 나뉜다. 내적 부르심은 루터가 말한 "믿음으로 하나님의 음성을 듣는 것"[8]이다. 하나님은 그의 부르심을 성령에 의한 내적 이끄심을 통해 분명히 하신다. 알 몰러(Al Mohler)는 "하나님께로부터 부르심을 받은 사람들은 이끌림을 받는다는 인지, 목적, 그리고 커져가는 헌신으로 이 부름을 안다"고 말한다.[9] 성령에 부르심을 받은 사람은 하나님의 이끄심에 대한 중요한 인식과 그분의 섭리에 대한 이해를 가지게 된다. 칼빈은 내적 부르심은 "모든 사역자가 하나님 앞에서 있다는 사실을 알게 되는 신비스런 부르심"이라고 했다.[10] 토마스 오덴(Thomas Oden)은 내적 부르심을 "정해진 시간에, 그 개인을 교회의 외적 부르심으로서의 사역에 다가가게 만드시는 성령의 계속되는 이끄심의 결과"라고 단언했다.[11] 그러므로 꼭 질문해야 할 첫 번째 질문은 하나님의 이끄심에 대한 감각이 있는지 그렇지 않은지이다.

두 번째 질문은 많은 경우에 간과되는 것 같다. 외적인 부르심은 기독교인의 영적 성숙의 확증과 함께 있어야 한다. 이 확증은 "안수"(딤전 4:14)-영적인 확증과 승인의 의미를 가지는-에 대해 디모데에게 한 바

---

8   Al Mohler, The Albert Mohler 프로그램 "Has God Called You? Discerning the Call to Preach" [article online]; available from , accessed April 18, 2008에서 인용.
9   Ibid.
10 J. Calvin, *Institutes of Christian Religion*, trans. Henry Beveridge (Grand Rapids: Eerdmans, 1957), 2:323.
11 T. C. Oden, *Pastoral Theology: Essentials of Ministry* (San Francisco: HarperCollins, 1983), 25.

울의 말에 나타난다. 영적 지도자는 다른 영적 지도자에 의해 확인된다(예를 들면, 행 16:1-3). 오덴은 말하기를, "외적인 부르심은 내적 부르심을 확인하기 위해 응당 치러져야 할 기독교 공동체의 행동이다."[12] 다른 성숙한 기독교인들이 당신 삶에 대한 하나님의 부르심을 인정하는가?

2) 열망(A-Aspiration)

모든 것이 사역을 위해 흡수되어져 버리는 맹렬한 열망이 있는가? 스펄전은 다음과 같이 말하였다.

> "당신이 할 수만 있으면 사역의 길로 들어가지 마시오"라는 말은 그런 의사결정을 앞에 두고 고민하는 사람을 향한 한 목회자의 굉장히 현명한 조언이다. 만약 이 교실에 있는 누군가가 신문편집자, 또는 식료품상인, 농부, 의사, 변호사, 상원의원, 또는 왕이 될 수 있다면, 하늘과 땅의 이름으로 그런 분은 그 길로 가십시오.[13]

참으로 사역자로의 부르심은 열정이다. 바울은 "사람이 감독의 직분을 얻으려 함은 선한 일을 사모하는 것이라"(딤전 3:1)라고 말한다. 바울은 설교에 대한 그의 열정을 이렇게 말했다.

12　Ibid.
13　Spurgeon, *Lectures to My Students*, 26-27.

> 내가 복음을 전할지라도 자랑할 것이 없음은 내가 부득불 할 일임이라 만일 복음을 전하지 아니하면 내게 화가 있을 것이로다!(고전 9:16)

당신은 설교하고자 뼈 속에서부터 불타고 있는가? 하나님의 양 떼들에게 성경을 설명하도록 부추기는 열망이 있는가? 만일 당신이 다른 일을 할 수 있고 그것으로 행복할 수 있겠는가? 당신이 열정을 가지고 있다면, 그러면 다시 불일 듯 하게하라(딤후 1:6). 로이드 존스는 말한다.

> 하나님으로부터 부르심을 받은 사람은 그가 무엇을 하도록 부름 받았는지 아는 사람이다. 그리고 그는 자신이 그 임무로부터 움츠릴 때 가지는 두려움을 너무 잘 안다. 이 부르심과 이 충동의 압도적인 감각이 아니고서는 그 어떤 것도 그를 설교하도록 이끌 수 없다.[14]

3) 생활방식(L-Lifestyle)

당신은 모범이 되고 나무랄 데 없는 생활방식을 가지고 있는가?
바울이 감독자의 표지를 말했을 때, 놀라운 사실은 하나의 자질(가르치는 능력)을 빼고는 모든 것이 인격에 관한 것이라는 점이다. 그러므로 모

---

[14] D. M. Lloyd-Jones, *Preaching and Preachers*, 107.

든 목사는 먼저 경건한 삶의 모범이 되어야 한다. 그는 "나무랄 데 없이" 살아야 한다. 특히 목사들의 도덕적 부패가 많은 요즈음, 이것은 매우 중요한 문제이기 때문에 나는 뒤의 3부 전체에서 목사의 직무 가운데 개인적 거룩과 영성에 관한 주제에 전념하고자 한다.

4) 리더십 은사(L-Leadership Gifts)

하나님께서 당신에게 사역자로서 필요한 영적 은사들을 주셨는가?

설교와 가르치는 은사를 받지 않은 사람은 다른 일을 해야 한다는 것은 두말할 필요도 없다. 확실히 어떤 이는 다른 이보다 더 은사를 지닌다. 하나님은 자신의 백성들에게 각각 다른 은혜의 분량대로 은사를 주셨다(엡 4:7). 만약 하나님께서 당신에게 얼마간의 가르치고 설교할 능력을 주셨다면, 당신은 하나님이 주신 좋은 은사를 무시해서는 안 된다. 때때로 교회 성도들이 "나는 저 목사님이 좋아요. 그는 잘 가르치는 분이에요"라고 말할 때 나는 놀란다. 그 때 나는 이렇게 말한다.

"그는 반드시 잘 가르치는 선생이어야 해요."

목사가 "가르치기를 잘하는"(딤전 3:2) 것은 필요조건이다.

더불어 목사는 어느 정도 행정과 목양의 은사가 필요하다. 이상적으로 교회는 이러한 영역에서 서로를 보충해 줄 수 있는 다수의 목사들/장로들이 있어야 한다.

당신은 설교하고 가르치고자 하는 마음이 있는가?

당신은 각주가 달린 책에 흥미를 가지는가?

당신은 메시지를 위해 연구하며 여러 시간을 보낼 수 있는가?

당신은 사람을 사랑하고 그들이 그리스도 안에서 자라는 것 보기를 열망하는가?

당신은 교회의 건강에 마음을 쓰는가?

만약 당신이 교회 안에서 리더십을 위한 필요한 은사를 가지고 있다면, 하나님의 영광과 그의 백성들의 유익을 위해 그것을 사용해야 한다.

2. 성령에 의한 설교

선포하는 행동은 단순히 사역의 영적 실행일 뿐만 아니라 대단한 영적 중대함을 지닌 것이다. 성령님이 도우시는 설교(Spirit-empowered preaching)의 실천신학을 발전시키기 위해 아래의 3가지 주제들, 1) 설교에서 성령의 필요, 2) 설교에서 성령의 본질, 그리고 3) 설교에서 성령의 임재를 위한 필수요건들을 생각하는 것은 중요한 일이다.

1) 설교에서 성령의 필요

성령님이 도우시는 설교를 위한 좋은 비유로 오래된 것이 하나 있다. 그것은 바로 열과 빛이다. 자주 많은 설교자들은 너무 두뇌 중심이어서 빛(지식)만 가지고 설교한다. 그들의 설교는 헬라어 단어들, 교차구조들, 그리고 장막 안의 진설병과 같은 소재들에 대한 배경 지식들로 가득 차 있다.

이러한 내용들도 중요하다. 하지만 우리가 해야 할 전부가 삶의 변화를 위해 동사들을 잘 분석하는 것이라는 생각의 덫에 빠져서는 안 된다. 진리의 객관적인 재료(성경)는 전체 중에 반이다. 다시 말해, 진리가 개인을 변화시키기 위해서는 주권자 되신 성령의 주관적인 사역(불)이 필요하다.

왜 우리 중 다수가 설교에 있어서 성령의 필요성에 대해 많이 생각하지 않는가?

나의 경우에, 나는 성령의 운행하심이 필요하다는 믿음을 놓치지 않는다. 하지만 나는 성령께 실존적으로 의지하는 데 종종 실패한다. 너무나 많은 경우에 나는 나의 절망적인 상황에 대해서는 길게 생각하지 않고, 구문을 분석하는 데 몇 시간씩 보내고 있는 자신을 발견하곤 한다. 우리는 가지로부터 떨어져서는 아무것도 할 수 없다(요 15:5)는 사실을 반복적으로 우리 자신들에게 일깨워야 한다. 우리가 성령님께로부터 떨어져서는 하나님의 영광을 볼 수 없다(고전 2:9-12).

육으로 설교하는 가장 근본적인 이유는 바로 우리가 우리 인간의 무능을 알지 못하기 때문이다. 아주르디아(Azurdia)는 이에 대해 정확하게 지적한다.

> 설교함에 있어서 성령님의 사역을 무시하는 것은 죄 많은 인류 본성이 나타내는 가득 찬 암시들을 보지 못하므로 나타난다. 더 직접적으로 말하면, 그 사람이 가지는 인간 타락에 대한 이해가 주권적인 성령님에 의존하는 정도를 결정한다.[15]

---

15 Azurdia, *Spirit-Empowered Preaching*, 13.

우리가 우리 인간의 불충분함과 죄 많음을 알 때까지는, 우리의 절망적인 상태를 보지 못할 것이다.

그렇다면 우리는 세 그룹의 사람들, 즉 불신자, 신자, 그리고 우리 같은 설교자들이 가지는 죄의 독특한 영향과 실재를 염두에 두어야 한다. 기독교인이 아닌 사람을 생각해 볼 때, 회심하지 않은 청중은 성령님 없이는 하나님의 진리에 반응할 수도 없고 하려고도 않는다(롬 3:9-19; 엡 2:1-4; 4:17-18). 바울은 말한다.

> 이 세상의 신이 믿지 아니하는 자들의 마음을 혼미하게 하여 그리스도의 영광의 복음의 광채가 비치지 못하게 함이니(고후 4:4).

이런 점에서 스펄전의 말은 빛이 난다.

> 복음은 모든 사람들의 귀에 설교 된다. 그것은 단지 몇몇 사람에게만 능력으로 다가간다. 복음 안에 있는 능력은 설교자의 웅변에 있지 않다. 만약 그렇지 않다면 사람이 영혼을 변화시키는 자가 되는 것이다. 또한 그 능력은 설교자의 교육에 있지도 않다. 만약 그렇지 않다면 복음은 사람의 지혜로 이루어진 것이다 ⋯ 우리 혀가 닳아 없어지고 우리 폐가 기력이 다해 죽도록 설교를 하더라도, 한 영혼도 변화되지 않을 것이다. 사람의 의지를 바꾸시는 성령님의 신비한 능력이 그 설교와 함께 하지 않는다면 말이다. 오, 나의 친구여! 성령님이 그 말씀과 함께 하여 영혼을 변화시키는 능력을 주지 않는다면, 우리가 사람에게 설교하는 것

은 돌기둥에게 설교하는 것과 마찬가지임이 틀림없다.[16]

그러므로 기독교 설교자는 회심하지 않은 리디아를 위해 하나님께서 하셨던 일("주께서 그 마음을 열어 바울의 말을 따르게 하신지라"[행 16:14])을 바라며 하나님께 탄원해야만 한다. 이 성령님의 사역 없이도 우리는 "우리 혀가 닳아 없어지기까지 설교"할 수 있다. 그러나 우리는 단 한 명의 회심자도 볼 수 없을 것이다. 회심하지 않은 사람의 상태를 깨달아야 한다. 우리에게는 죽은 자에게 생명을 주시는 하나님의 생기, 숨결이 필요하다.

다음으로 우리는 믿는 자들의 죄 많음을 깨달아야만 한다. 죄 안에 살던 찌꺼기와 악의 유혹과 그리고 하나님의 백성들의 반역은 말씀이 자리 잡기 어렵게 한다. 그러므로 설교자는 반역하는 사람들에게 설교하기 위해서는 하나님의 도우심을 구해야만 한다. 현명한 커뮤니케이션만으로 사람들 안에 그리스도의 형상이 이루어지는 것을 보기에는 충분하지 않다. 성령님의 함께하심이 있어야 한다.

죄의 교리에 대한 마지막 적용은 개인적인 것이다. 우리는 설교자로서 우리 자신이 가진 인간의 한계를 마음에 두어야 한다. 능변인 설교자가 육체의 몸으로 설교하는 것은 쉽다. 바울은 고린도 사람들에게 그의 설교가 "성령의 나타나심과 능력으로"(고전 2:4) 하였음을 깨닫게 하였다. 바울이 그의 설교에서 수사학의 요소들을 사용하면서도(행 17장), 그리고

---

16   C. Spurgeon, "Election: Its Defenses and Evidences"[Sermon online]; available from ; Internet; accessed 10 July 2008.

그가 많이 교육을 받았음에도, 여전히 그의 최고의 소망은 성령님의 능력 있는 사역에 있었다.

그 시대 수사학자들과 대조를 이루며 바울은 그의 청중들이 인간 지혜에 현혹되는 것이 아니라 그의 청중들이 변화되기를 열망했다. 우리의 위트와 카리스마에도 불구하고, 바울처럼 우리는 "질그릇"(고전 4:7)이다. 우리는 하나님 말씀을 전하는 두려움을 절대 잃어서는 안 되며(고전 2:3), 그리고 우리는 성령 하나님 없이는 무능하다는 생각을 절대 잊어버리지 말아야 한다. 이 두 진실을 경험하지 못한다는 것은 우리의 구역질나는 자만을 명백하게 보여주는 것이다. 우리는 우리의 이해를 넘어서는 일을 하고 있다. 많은 이들이 위태롭다. 이제 우리 거룩한 두려움과 진실한 절망감으로 설교하자!

2) 설교에서 성령의 본질

설교에서 성령의 사역을 설명하는 것은 어렵다. 나는 유명한 재즈 음악가 루이 암스트롱(Louis Armstrong)이 재즈 음악을 설명해 달라고 요청받은 이야기를 들었다. 그는 이렇게 대답했다고 한다.

"여보게, 만약 내가 그것을 설명해도 당신이 알 수 없을 거네!"

참으로 성령의 사역에는 많은 신비가 있다. 하지만 그 위에 우리 사역을 세워갈 수 있는 어떤 분명하고 명확한 진리도 있다.

우리는 성령의 변화시키는 능력과 함께 이루어지는 설교를 무엇이라고 불러야 할까?

잘 알려진 용어는 "기름부음"이다. 그러나 기름부음이 있는 설교는 없다고 생각하는 사람들도 있다.

이것은 죄책감으로 설교자를 억누르는 불필요하고 성경적이지 않은 개념인가?

알렉스 몬토야(Alex Montoya)는 그렇게 생각한 것 같다.

> 나의 결론은 그러한 것(기름부음)은 존재하지 않는다는 것이다. 우리는 설교에 대한 기름부음을 가르치는 사람들에 의해 부여된 이 말할 수 없는 부담으로부터 해방되어야 한다. 기름부음을 가지고 설교한 사람들의 모든 예는 다양한 연설과 지적인 능력을 타고난 사람들이었다. 재능과 능력이 전혀 없는 사람이 어디에 있겠는가? 만약 기름부음이 모두 하나님께 속한 것이라면, 우리는 분명히 평범하고, 무지하고, 재능 없지만, 타고난 능력을 지닌 경건한 설교자를 볼 수 있을 것이다! 심지어 교육받지 않은 무디(Moody)도 태어나면서부터 능변가였다![17]

나는 "그러한 것"이 존재하지 않는다고 생각지 않는다. 모든 능력 있는 설교자의 성공을 오로지 "다양한 연설과 지적 능력"으로만 그 원인을 돌려야만 하는가?

사도들을 생각해 보자.

그들은 받을 수 있는 최고의 교육을 받았다. 그리고 분명히 몇몇은 타

17　A. Montoya, *Preaching with Passion* (Grand Rapids: Kregel, 2000), 35.

고난 커뮤니케이터였다. 그러나 왜 예수님은 그들이 여전히 무언가(성령의 능력[행 1:8]) 부족하다고 말씀하셨는가?

나는 기름부음을 받은 설교와 같은 것이 존재한다고 믿으며 또한 그것을 추구해야 한다고 생각한다. 그러나 우리의 용어(terminology)를 재고하도록 하는 점에서는 몬토야의 지적은 타당하다. 보통 신약성경에서 기름부음이라는 용어는 그리스도 안에 있는 모든 이의 특권을 언급하거나(고후 1:21-22; 요 12:2; 히 1:9), 그리스도 자신의 인격과 사역에 관한 것이다(막 4:18; 눅 7:26; 요 9:11; 행 4:26; 10:36-38).

내가 기름부음을 받은 설교라는 아이디어와 동일하다고 생각되는 유일한 구절(reference)은 예수님이 이사야 61:1-2을 인용하시며 말씀하신 곳이다.

> 주의 성령이 내게 임하셨으니 이는 가난한 자에게 복음을 전하게 하시려고(눅 4:18).

이 구절은 일차적으로는(배타적이 아니라면) 예수님을 위해 사용되었기 때문에, 아마도 설교에서 성령님의 역할을 분명하게 설명할 더 나은 용어들이 필요할 것이다.

(1) 성경적 기초

성령의 사역과 관련이 있는 구약의 많은 언급들은 특히 선포사역에 집중한다(민 11:16-30; 삼하 23:2; 대하 24:20; 느 9:30; 겔 11:5). 하나님은 백성을 향해 그의 말씀을 선포하도록 선지자들에게 능력을 주셨다. 신약에서 예수님은 자신의 세례에서의 성령의 내려오심과 광야 시험에서 성령의 권능을 받으신 후 곧바로 설교하셨다(마 4:17). 물론 성령 신학자인 바울은 자신을 설교를 위해 성령님의 역사가 필수적임을 잘 알고 있다는 사실에 대해 자주 기록했다(고전 2:1-5; 엡 6:18-20; 고후 4:4-6).

흥미롭게도 누가-행전은 성령님에 의한 예언적 타입의 8개의 구체적인 언급들을 포함하고 있다.[18] 이러한 예에서 누가는 부정과거 수동형 동사(the aorist passive verb)를 사용하는데, 영감의 특별한 순간을 나타내기 위한 것으로 이해된다.[19] 이는 "성령에 충만하여져서" 바울은 "말했다" 또는 "설교했다"로 표현될 수 있다. 누가가 이 부정과거 수동형 동사를 사용하면서, 그가 말하는 실제의 사건은 성령님의 능력에 의한 것으로 기술하고 있다(눅 1:13-15; 39-41, 42-45, 67-69; 행 2:2-4; 4:8,31; 9:17; 13:8-11). 그렇다 하더라도 이러한 경우가 오늘날 우리가 이해하는 설교의 행위에 해당하는 것은 아니다.

그러나 이 동사가 사용될 때마다, 말하는 어떤 형태(찬양, 설교, 증언, 또는 방언으로 말하는 것과 같은)가 따라온다. 이 동사 형태는 누가-행전의 다른 곳(눅 4:1; 행 6:3; 7:55; 11:24; 13:52)에서 성령으로 충만한 지속적인 상태를 나타내는 성령 충만함과는 다르다.[20] 이것은 설교에 있어서 성령님의 자발적이고 주권적인 사역이 있음을 시사한다. 이렇게 서로 다른 시제들에 대해서 다르게 이해한다고 하더라도, 적어도 우리는 성령님께서 그 말씀을 선포하는 곳에서는 능력 있게 일하신다는 결론을 내려야 한다.

---

18 Azurdia, *Spirit-Empowered Preaching*, 105-15를 보라
19 F. F. Bruce, *Commentary on the Book of Acts* (Grand Rapids: Eerdmans, 1970), 99.
20 Azurdia, *Spirit-Empowered Preaching*, 114.

그러므로 기름부음이라는 표현이 성령님의 능력에 의한 설교를 표현하는 가장 좋은 단어가 아닐 수도 있지만, 성령님이 도우시는 설교를 지지하는 성경의 근거는 정당하다. 선지자들, 예수님, 바울, 그리고 누가—행전의 예들은 이 중요한 진실을 이해하는 데 많은 도움을 준다. 우리는 이러한 경험을 성령님이 도우시는 설교와 같은 어떤 이름으로 부를 수 있을 것이다.

(2) 성령의 표시

성령님이 도우시는 설교(Spirit-empowered preaching)의 어떤 표시를 알기 전에, 무엇이 성령님이 도우시는 설교가 아닌지로 시작하는 것이 도움이 될 것이다. 설교단에서 다른 누군가가 되려고 노력하는 행동은 안된다. 어떤 설교자들은 단 위에서 완전히 다른 사람으로 바뀌는 "초능력의 헐크"(incredible Hulk)로 변신한다. 진정성의 결여는 성령님의 표시가 아니다.

또 다른 일반적 오해는 당신이 설교 바로 직전 설교문을 바꾸는 것을 성령님이 도우시는 설교라는 생각이다! 물론 그렇게 될 때도 있기도 하지만, 그 행동자체가 생명력의 표시는 아니다. 또한 어떤 사람은 "소리지르기, 고함치기, 그리고 많은 말을 하며 땀을 흘리는 모습"을 성령님이 도우시는 설교로 생각한다. 만약 설교자가 조절능력을 잃어버린 게 아니라면, 어떤 전통의 입장에서 본다면, 그는 "성령을 잃은" 사람이라 할 수 있다.

나아가, 설교자는 청중들의 반응을 끌어내려고 그들의 "근사한 버튼"(hot button)을 누르려는 유혹을 자주 받는다. 그렇게 하고 나면 그는 간혹

"기름부음 받은 자"로 칭찬을 받는다. 우리는 그러한 교묘함과 거짓을 피해야만 한다. 훌륭한 반응을 받는 것이 성령님의 임재에 대한 바로미터가 아니다.

마지막으로 잘못된 생각은 노트 없이 설교하는 사람들만이 성령님의 능력으로 설교한다는 것이다. 만약 이것이 진실이라면, 그러면 우리 역사의 많은 위대한 설교자들은 명백히 성령님 없이 설교했던 것이다!

죄송해요 조나단 에드워즈(Jonathan Edwards).

반면에, 참된 성령님이 도우시는 설교를 이해하기 위한 몇 가지 중요한 성경적 원리들이 있다고 나는 생각한다. 시작하기 전에 우리는 성령님이 도우시는 설교란 어떤 의미에서는 설교의 설명할 수 없는 그리고 분명히 정의 내릴 수 없는 부분이라는 것을 인정해야만 한다. 여기에 대해서 로이드 존스는 이렇게 말했다.

> 어떻게 사람이 성령님의 기름부음(Unction)을 알겠는가? 그것은 생각의 명료함, 강연의 명료함, 언술의 편안함, 설교하면서 갖는 자신감과 권위에 대한 훌륭한 이해, 당신존재 전체를 뜨겁게 하는 당신 자신의 것이 아닌 능력의 자각, 그리고 설명할 수 없는 기쁨을 준다. 당신은 "사로잡혀"(possessed), 붙들려 있고, 삼켜진 사람이다. 나는 그것을 이렇게–나는 이 세상에 이 느낌과 비교할 수 있는 것은 없다는 것을 안다–표현하기를 좋아한다. 이 일이 일어나면 당신은 실제로 설교하는 것이 아니라고 느끼며, 당신은 이 일이 일어나는 놀라움 속에서 당신 자신을 보고 있을 것이다. 그것은 당신의 노력이 아니다. 당신은 단지 악기이고,

> 채널이고, 운반도구이다. 성령님이 당신을 사용하고 있고, 당신
> 은 굉장한 기쁨과 놀람으로 그저 바라보고 있게 된다.[21]

이것은 성경적 설교의 신비한 요소에 대한 적절한 묘사이다. 스펄전 역시 성령님의 신비를 알고 있었다.
그는 다음과 같이 말한다.

> 이것은 무엇인가? 기름부음 받은 설교한다는 의미를 말로 분명하게 표현할 수 있을 때까지 얼마나 오랫동안 우리 두뇌를 두드려야 할지 놀랍기만 하다. 그러나 설교하는 자신은 성령님의 임재와 또한 성령님의 부재를 감지한다.[22]

비록 우리가 그것을 완벽하게 정의내릴 수 없다 하더라도, 이를 맛본 사람 모두는 더욱 간절히 원하게 된다.

다음으로 우리는 성령님이 도우시는 설교는 단지 신비와 감정이 아니라는 것에 주목해야 한다. 성령님은 설교단이 하나님에 관해 채워질 때 힘 있게 일하시는 것 같다. 그리스도께 영광을 돌리고, 하나님의 영광을 널리 알리는 이가 성령님이시기에, 성령님이 도우시는 설교는 하나님 중심적이고, 그리스도를 높이는 설교이다(요 15:26; 16:14; 고전2:9-11). 성령님은 볼품없는 설교를 통해서도 일하시고, 일하실 수 있기에, 충실

---

21 D. M. Lloyd-Jones, *Preaching and Preachers*, 305.
22 C. Spurgeon, *Lectures to My Students*, 50.

한 설교자는 성령님께서 오셔서 청중들의 마음을 구세주께로 인도하시길 기도하면서 그리스도를 높이기로 결단해야 한다.

덧붙여서, 성령님이 도우시는 설교는 죄와 회개의 뉘우침을 가져온다(행 2:37-41). 어떤 설교들이 감정을 휘저을 수 있지만, 열매와 충성을 가져오는 참된 회개는 성령님의 일하심의 결과이다. 참된 회심자는 성령님과 말씀에 의해서 나타난다(벧전 1:23-25). 그래서 설교는 영감된 본문의 설교에 임재하시는 성령님으로 인해서 세상의 다른 커뮤니케이션의 양식과는 구별된다.

마지막으로 성령님이 도우시는 설교는 설교자에게서 나타나는 그리스도의 인격과(갈 5:22-23) 복음을 전하는 그의 담대함으로(엡 6:18-20; 행 4) 증명될 것이다. 우리는 자주 성경에 언급되지 않은 눈에 띄는 다른 효과들(큰 소리와 몸의 떨림)을 찾는다. 우리는 우리 설교에 임재하시는 성령님의 열매를 구하고자 기도해야 한다. 그리고 성령님께서 우리에게 겸손함과 담대함으로 설교할 수 있는 능력을 주시기를 기도해야 한다.

3) 설교에서 성령의 임재를 위한 필수요건들

성령님은 주권자이시며 자유로우신 분이다. 그는 원하는 곳이라면 어디든 부는 바람과 같다(요 3:8). 그러므로 나는 성령님의 강력한 일하심을 얻기 위한 노하우 공식을 제공할 수 없다. 그러나 성령님의 능력으로 끊임없이 설교하는 설교자들에게 나타나는 몇 가지 훈련들이 있음을 안다. 7가지 훈련들은 특별히 중요하다.

첫째, 우리는 그리스도에 대한 우리의 신뢰를 고백해야 한다(요 15:5).

예수님이 승천하시기 전, 제자들에게 하신 마지막 말씀들이 "나를 떠나서는 너희가 아무 것도 할 수 없다"는 것이다.

설교자여, 당신은 이 말을 믿는가?

C. J. 마호니(C. J. Mahaney)는 하나님께 대한 완전한 의존과 그에 대한 우리의 필요를 고백함으로 매일을 시작하라고 우리에게 충고한다.[23] 매일 아침 당신의 첫 생각이 요한복음 15:5의 신앙고백이 되도록 하라. 하나님의 능력을 구하는 금식과 기도의 정기적인 시간 역시 훈련되어져야 한다. 직업적 사역으로 당신이 목마른 사슴처럼 하나님을 갈망하는 것을 막도록 하지 말라. 우리는 하나님과 그분의 생기가 절대적으로 필요하다.

둘째, 우리는 개인적인 거룩함을 유지해야만 한다(딤후 2:21).

하나님은 역사를 통해서 거룩하지 않은 사람들을 변화시켜 사용하셨다. 하지만 이것이 우리에게 "네 자신을 살펴"(딤전 4:16) 볼 것을 하지 않아도 된다는 변명이 되지는 않는다. 하나님은 그에게 완전히 항복한 사람들을 통해 놀라운 일들을 행하실 수 있고, 또한 그렇게 행하신다. 성령님은 거룩하시다. 그러므로 우리도 그가 기쁨으로 일하실 수 있는 거룩한 통로가 되자. 스펄전은 "만약 그가 거룩하다면, 하나님은 바보를 통해서도 말씀하실 수 있다"[24]고 말하였다.

셋째, 우리는 하나님이 우리를 통해 크신 일을 하시도록 기도해야 한다(요 14:12-14).

---

23 C. J. Mahaney, *Humility* (Sisters, OR: Multnomah, 2005), 69.
24 C. Spurgeon, *The Soulwinner* (New Kensington, PA: Whitaker House, 1995), 41.

마지막 대화에서 예수님은 그의 제자들에게 그 자신보다 "위대한 일들"을 할 것이라고 말씀하셨다.

어떻게 가능한가?

예수님은 "나는 아버지께 가야하므로"라고 말씀하셨다. 예수님께서 승천하셨을 때, 그는 그의 제자들에게 성령님을 보내어 능력을 주셨다.

그렇다면 그 위대한 일들은 무엇인가?

나는 이것이 육체적 표현으로 더 큰 것이라기보다는, 지리적 범위에서 더 크고, 숫자적 표현에서 더 큰 것을 의미한다고 본다.[25] 결과적으로 우리는 사도행전에서 많은 사람들이 다양한 장소로부터 그리스도께로 이끌림을 받은 사실을 본다(행 2:41; 4:4; 5:14;6:1,7; 9:31,35,42; 11:21,24; 12:24; 13:48; 14:1; 16:5; 17:4,11-12; 18:8; 19:20).

당신은 당신의 사역으로 많은 사람들이 구원받기를 기도하는가?

하나님께서 우리를 통해 더 큰일 하시기를 구하자.

넷째, 우리는 조명하심을 위해 기도해야 한다(시 119:18; 행 16:14).

우리는 하나님 말씀으로부터 "위대한 일들"을 볼 수 있는 영적인 눈이 필요하다. 조명하심에 대한 교리(The doctrine of illumination)는 우리가 충분히 성경을 이해하고 성경에 의해 감동받기 위해서, 우리 삶 가운데 있는 죄를 극복하게 하시는 성령님이 필요함을 가르친다. 또한 우리의 개인 연구에서 조명하심은 설교를 준비하는 과정과 설교하는 행동이 무거운 짐이 되지 않도록 해 줄 것이다. 우리는 누군가 과학시험을 준비하는 것처럼 설교를 연구하지는 않는다. 헤이슬러(Heisler)는 "성령님께서 연

---

25 Azurdia, *Spirit-Empowered Preaching*, 22-28.

구 중에 조명하신 것에 대해서 그는 설교단에서 능력을 주실 것이다"고 말하였다.[26] 그러므로 성령님께서 우리 연구 중에 우리 교사가 되어 주시고 우리 설교 중에 우리 눈을 열어주시길 기도하자.

다섯째, 우리는 우리 자신의 과제를 해야 한다(딤후 2:15).

윤리적으로 우리는 다른 사람의 설교를 훔쳐서는 안 된다 (우리가 출처를 밝히고 그들의 것을 인용할 수는 있다). 이는 우리 스스로 준비하면서 얻는 성령님의 역동성을 놓치기 때문이다. 하나님은 그의 앞에 당신 자신과 당신의 성도들을 두고 연구를 하는 당신의 시간을 축복하기를 원하신다. 성령님께서 자신의 영감된 본문을 조명하심을 기억하라. 그러므로 당신의 특정한 청중을 위한 성령님께서 의도하신 의미를 적용하기 위해 당신은 자신의 성경연구에서 성령님의 마음을 부지런히 찾아야 한다. 다른 자료들을 찾아 나서기 전에, 본문과 당신의 유일한 주석되신 성령님과 더불어 당신의 연구를 시작하라.

여섯째, 우리는 그리스도를 선포해야 한다(고전 2:1-5).

당신이 자신의 숙제를 하면서, 구세주가 이루신 풍성함을 주의해서 보아야 한다.

당신은 현재도 진행되고 있는 구속사의 흐름을 보여 왔는가?

당신은 그의 인격, 그의 가르침, 또는 그의 사역을 강조하여 왔는가?

성령님은 그리스도를 높이고 계심을 기억하라. 기독론 중심으로 적용하는 눈을 가지고 본문을 연구하라.

---

26 Heisler, 51.

일곱째, 우리는 성도의 연합을 이루기 위해서 열심히 노력해야 한다(엡 4:25-32).

설교 시, 회중은 역할이 있다. 성령님은 근심할 수 있는 인격을 가진 분이시고(엡 4:30), 그리고 소멸될 수 있는 불이시다(살전 5:19). 그분은 민감하시다. 그분의 본성과 조화를 이루지 못하는 모든 것은 무엇이든지 그를 거스르는 것이다. 따라서 회중은 설교 가운데 자신의 역할을 이해하는 것이 필요하다. 사랑받지 못할 태도와 험담, 중상, 악한 말, 그리고 질투와 같은 일반적으로 눈감아주는 죄들도 성령님의 감화력에 해를 끼칠 것이다. 무리의 죄는 성령님을 거스르는 것이다.

하지만 거룩과 사랑은 성령님과 친화력이 있다. 아주르디아는 "성령님은 자주 상처를 입으실 수 있는데, 이는 그의 감화력을 거두어 가시는 것으로 이어진다"[27]고 말한다. 당신의 성도들에게 자신들의 생활방식과 다른 사람과의 관계가 설교자의 설교의 효과에 영향이 있음을 알게 하라.

마지막으로, 우리는 하나님의 사람들에게 기도의 부탁을 해야 한다(엡 6:18-20).

당신에게는 당신의 두 팔을 붙잡아줄 누군가 필요하다(예를 들면, 출 17:12). 스펄전은 자신의 설교의 성공을 그의 성도들의 기도와 관련이 있다고 자주 말했다. 어느 날 다섯 명의 대학생이 도시성막(Metropolitan Tabernacle)교회에 스펄전의 설교를 들으러 왔다. 문이 열리기를 기다리는 동안, 그들은 둘러볼 수 있도록 안내를 해 주겠다는 한 신사 분을 만났다. 그는 그들에게 "난방 장치"(heating plant)를 보고 싶은지 물었다. 그

---

27   Azurdia, *Spirit-Empowered Preaching*, 155.

때는 7월의 더운 날이었으므로 그들에게 특별한 흥미는 없었다. 어쨌든 그들은 그를 따라 계단으로 내려갔다. 그리고 그 신사는 문을 열고 속삭였다.

"이곳이 우리의 난방 장치입니다."

그 학생들은 700명이나 되는 사람들이 위층에서 곧 시작될 예배를 중보하며 고개숙여 기도하는 그 곳을 놀라움으로 바라보았다. 그 문을 닫은 뒤 그는 자신을 찰스 스펄전이라고 소개했다.[28]

목사여, 당신에게는 난방 장치가 있는가?

기도는 우리 사역의 엔진이다. 심지어 능력 있는 사도도 그를 위한 성자들의 중보의 중요성을 알고 있었다. 우리 사역은 너무 중요해서 이것을 실천하지 않을 수 없다.

3. 요약

시작부터 끝까지 설교는 영적 활동이다. 성령님께 부름 받은 설교자들은 성경에 대한 부지런한 연구와 성령님에 대한 절대적인 의존 사이의 알맞은 균형을 유지해야 한다. 두 요소 모두 삶이 변하기 위해서 그리고 하나님께 영광을 드리기 위해서 중요한 것이다. 설교자는 주권자 성령 하나님께서 능력으로 임하시도록 자신이 할 수 있는 모든 것을 해야 한다.

---

28 D. Larsen, *The Anatomy of Preaching* (Grand Rapids: Kregel, 1989), 55에서 인용.

◆ 디모데전후서 연구

1) 디모데의 약점들은 무엇이었다고 생각하는가?
   어떻게 성령님은 우리의 약점가운데서도 일하실까?

2) "하나님의 은사를 다시 불일 듯"(딤후 1:6)이라는 말씀을 통해 바울은 무엇을 의미하는가?

3) "너는 그리스도 예수 안에 있는 은혜 가운데서 강하고"(딤후 2:1) 라는 구문은 왜 중요한가?
   이것은 2절-7절과 어떻게 관련되는가?

제2부

하나님의 말씀에 충실한 설교
: 분주한 목회자를 위한 그리스도를 높이는 강해설교 작성법

5장. 1단계: 본문 연구하기
6장. 2단계: 구속사적 주제 통합하기
7장. 3단계: 아웃 라인 작성하기
8장. 4단계: 기능적 요소들 발전시키기
9장. 5단계: 서론과 결론 더하기

5장
1단계: 본문 연구하기

> 너는 진리의 말씀을 옳게 분별하며 부끄러울 것이 없는 일꾼으로 인정된 자로 자신을 하나님 앞에 드리기를 힘쓰라
>
> — 딤후 2:15

그러면 우리는 어떻게 준비해야 할까?

이것은 매우 주관적인 문제이다. 설교를 준비하는 한 가지 방법이란 없다. 모든 설교자는 자신의 기질과 상황에 맞는 자신만의 방법을 알아가야 한다. 판단력 없이 남의 설교를 따라하는 것은 잘못이다. 그럼에도 불구하고 우리는 서로에게서 배울 수 있다. 일찍이 에라스무스(Erasmus)는 다소 장난스럽게 이야기했다.

> 만약 코끼리가 춤추도록, 사자가 재롱을, 그리고 표범이 사냥

하도록 훈련될 수 있다면, 틀림없이 설교자들은 설교하는 것을 배울 수 있다.[1]

― 존 스토트(John Stott) ―

왜 사람들은 성경을 연구하지 않을까?

성경은 역사상 가장 많이 팔린 책이지만, 상대적으로 적게 연구되었다. 몇몇 사람들은 성경을 연구할 필요가 없는 일종의 마법 책으로 생각하는 것 같다. 단지 책을 펼쳐보라. 당신은 그 의미를 느낄 것이다! 다른 사람들, 특히 믿지 않는 사람들은 성경에 대해 비관적이다. 그들은 이런 고대의 책을 전혀 이해할 수 없거나 현대 세계와는 실제적인 관련이 없다고 생각한다.

하지만 그리스도인 중에서 왜 극소수만이 성경을 깊이 연구하는가?

게으름과 바쁜 일들이 공통적인 변명이지만, 더 고통스러운 이유가 있다. 그들의 목사가 강해적 연구(expositional study)의 모델을 제대로 보여주지 못했기 때문이다. 좋든 싫든, 양떼들은 많은 부분에서 목자의 습관을 따르게 되어 있다.

이 장에서는 강해설교를 위한 7가지 해석적 원리들을 말씀이 이끄는 설교(Word-driven sermons)로 발전시키기 위해 필요한 연구 방법들과 함께 밝혀 나갈 것이다. 부지런히 연구하는 당신의 모범으로, 성경을 열정적으로 연구하는 회중을 만들어가기를 바란다.

---

[1] J. Stott, *Between Two Worlds* (Grand Rapids: Eerdmans, 1982), 213.

1. 본문 연구를 위한 기초 원칙들

나는 야구를 좋아한다. 고등학교와 대학교에서 야구를 할 수 있는 흥미로운 특권을 누렸다. 나는 여전히 그 스포츠의 섬세함과 뉘앙스들에 놀란다. 그러나 어떠한 것도 기초를 배우는 것보다 더 중요한 것은 없다. 사실 경험 많은 선수라 하더라도 기초를 훈련하는데, 그들은 실제 의식하지 않고도 할 수 있도록 그런 일들을 한다. 그들은 규칙적으로 기초를 복습하기 위해 다시 또 다시 배팅 하는 곳으로 돌아온다.

이 훈련이 일종의 성경적 해석이라 할 수 있다. 아마도 당신은 설교를 준비하면서 다음에 나오는 원리들을 이미 자연스럽게 실행하고 있을 수도 있다. 그러나 복습하기 위해 배팅하는 곳으로 다시 돌아오는 것은 여전히 좋은 생각이다. 만약 이러한 원리가 당신에게 새로운 것이라면, 당신은 천천히 읽으며 그것들이 자연스럽게 습득되도록 연습해야 한다. 우리가 하는 해석의 목표는 주관성을 최소화하여, "주가 이렇게 말씀하셨다"라고 담대하게 선포하는 것이다.

원리 #1 : 기도하는 자세로 성경을 읽으라

성경을 해석하는 과정이 방법적인 면에서는 과학적이고 문학적이지만, 우리는 그것이 근본적으로 영적인 것임을 잊지 말아야 한다. 기도로 시작하고 연구하는 동안 성령님께 민감해야 한다. 우리는 성령님께서 우리 눈을 열어서 말씀이 우리 마음에 불을 붙이도록 해야 한다(시 119:18; 눅 24:32). 거룩한 성령님은 우리를 모든 진리로 인도하시는 위대한 스승이시며 인도자이시다(요 16:13).

원리 #2 : 문맥이 왕임을 기억하라

항상 당신이 연구하는 구문의 문맥을 고려하라. "문맥"은 "본문과 함께 있는 것임"을 의미한다. 문맥으로부터 구절을 떼어내어 성령님의 의도하신 뜻을 나타내지 않는 식으로, 그 구절을 이용하는 것은 무책임하고 용서받을 수 없는 것이다.

스스로 질문하라.

"어떻게 이 구절이 주변 문맥과 조화를 이루고 있는가?"

원리 #3 : 역사적인 의미를 먼저 찾아라

성경은 구속사의 중요한 각 시기들 동안 기록되었다. 그러므로 역사적인 의미는 적용이 이루어지기 전에 확인되어야만 한다. 본문이 셀 수 없는 적용을 가질 수 있지만, 저자가 의도한 근본적인 뜻을 찾아라.

항상 질문하라.

"이 구문을 통해 저자가 당시 독자들에게 이해시키려 원했던 것은 무엇인가?"

원리 #4 : 그 구절이 있는 부분의 문학적 형태를 확인하라

장르를 매우 간소화하여 구분하면 (1) 법, (2) 구약 이야기체, (3) 사도행전, (4) 선지서, (5) 시편, (6) 지혜서, (7) 복음서, (8) 비유, (9) 요한계시록으로 나눌 수 있다. 우리는 그 문학적 장르와 조화를 이루는 방법으로 본문을 해석해야 한다.

예를 들면, 이야기체가 항상 규범이 되는 것은 아니라는 것을 기억해야 한다. 다르게 표현하면, 사도행전을 기록한 누가의 목적은 특정한 행동을 규정하려는 것이 아니다. 그의 목적은 초대교회에서 일어났던 어떤 특정한 사건을 설명하는 것이다.[2] 나아가 법 장르를 상술할 때, 의식법과 시민법, 그리고 도덕법을 구별 지어야 한다. 요한계시록에서 우리는 그 책의 미래적 요소를 쫓아가기 전에, 그것이 특정한 시기에 특정한 사람들에게 쓴 책이라는 사실을 기억해야 한다. 그 책은 최초의 청중들에게 어떤 것을 의미했었다. 그러므로 장르는 우리를 성경 각권의 역사와 특성과 이어준다.

원리 #5 : 전체 성경은 예수님 안에서 이루어진 하나님의 구속사역에 집중됨을 기억하라. 구약은 그리스도를 가리키며, 신약은 그리스도로부터 흘러나온다

그러므로 항상 질문하라.

"이 구문은 나에게 하나님에 대해 무엇을 가르치고 있는가?

어떻게 이것이 예수님을 가리키고 있는가?"

본문을 그리스도와의 연결성과 하나님의 활동성을 찾으려는 눈을 가지고 읽으라. 이 원리는 "통합"(integration)이라는 부분에서 더 다룰 것이다.

원리 #6 : 성경으로 성경을 해석하라

성경은 역사적 서술일 뿐만 아니라 조화를 이루고 있는 서술이다.

---

2 장르에 대한 개관을 위해서는 G. D. Fee and D. Stuart, *How to Read the Bible for All Its Worth*, 3d. ed. (Grand Rapids: Zondervan, 2003)를 보라.

항상 질문하라.

"이 구문의 가르침은 성경의 다른 곳에서 찾을 수 있는 가르침과 어떻게 조화를 이루고 있는가?"

실제적으로 이것은 우리가 특별한 가르침을 위해 관련구절들을 찾아야만 한다는 것을 의미한다.

원리 #7: 성경은 하나의 통일된 증언이므로, 선택된 구절의 신학적 주제를 항상 찾아라

어디서 그 주제가 시작하는지, 어떻게 발전되어 가는지, 그리고 어디서 최고점에 이르는지를 찾아라.

질문하라.

"이 본문의 성경적 주제는 무엇인가?"

이것은 선택된 구절의 구속사적 중심점을 찾는 적법한 방법 중의 하나이다.

2. 원리들을 실행하기: 연구방법

우리가 기본적인 원리들을 살펴보았다면, 이제 "주일을 준비하기 위해 월요일 아침부터 어떻게 시작할 것인가?" 질문해야 한다.

다음의 다섯 단계의 해석과정을 고려하는 것은 도움이 된다.

① 기초적 준비(initial preparation)

② 명확한 관찰(obvious observation)
③ 신뢰할만한 해석(responsible interpretation)
④ 구속사적 통합(redemptive integration)
⑤ 결론적 함의(concluding implications).

1) 1단계: 기초적 준비 – 어디에서 시작할까?

강해설교에 대한 갈망을 불러일으키는 것은 가장 우선적인 일이지만 때로는 목회 리더십 중에서 가장 어려운 부분이기도 하다. 철저한 강해가 익숙하지 않은 회중에게 나아갈 때 목회자는 인내심을 가져야 한다. "베뢰아 교회" 또는 "느헤미야 8장"의 교인들로 성장시키는 데는 긴 시간이 걸린다. 그러므로 목회적 지혜가 필요한 것이다.

당신이 새로운 목회를 시작할 때 당신의 설교철학을 설명하는 것도 하나의 방법이다.

왜 당신이 강해에 헌신하는지 그리고 그 유익이 무엇인지를 그들에게 말하라.

당신은 또한 교회 안에서 성경을 연구하는 문화를 발전시키기 위해 전략적으로 힘써야 한다. 교회 안에 도움이 되는 신학서적과 실용서적들이 있는 서고나 서점을 만들라. 이 일은 아주 작은 예산으로도 할 수 있다. 책을 구입하고 원가에 팔아라. 설교 가운데 당신의 성도들에게 그 책을 언급하라. 그들 스스로 연구하도록 하라. 당신은 성경책을 나누어 줄 수도 있고, 또는 적어도 방문자들이 성경책을 활용할 수 있도록 하라.

본문을 선택하는 것은 그 다음 준비 단계의 일이다.

당신은 설교 아이디어와 시리즈를 어떻게 생각해 내는가?

하나의 방법은 간단히 성경 각권으로 시작하는 것이다. 만약 이것이 당신과 교회에 새로운 방법이라면 빌립보서와 같이 짧은 책으로 시작하라. 성경책을 통한 시리즈 설교는 반복을 통해 배울 수 있기 때문에 유익하다. 같은 주제들이 많이 반복될 것이다. 회중이 일시적으로 머무르는 성향을 고려할 때, 성경공부 역시 좋은 생각이다. 모든 사람들이 설교를 다 듣는 것은 아니다. 성경의 각 권을 체계적으로 진행한다면, 당신은 지난 설교를 리뷰하면서 매주 사람들이 뒤처지지 않도록 할 수 있다. 또한 성경공부를 통해 사람들을 참여시킬 수 있다. 그들이 본문을 미리 읽고 다른 사람들과 토론을 하도록 할 수 도 있다. 나는 매주 독립적인 본문이면서도, 시리즈 안에서 제 역할이 있는 구문을 선택하기를 권한다. 이렇게 하면 각 설교는 다르지만 일관성 있게 진행된다.

물론 성경 본문에 충실한 시리즈와는 다른 형태의 설교를 해야 할 때도 있다. 책 전체를 설교하기보다는 특정한 책에 있는 주제로 설교할 수 있다. 회중의 구체적인 궁금함에서 나온 짧은 시리즈를 설교하는 것도 한 방법이다.

또한 우리는 우리 주변의 중요한 상황들도 알아야 한다. 만약 그 지역과 교회에 위기가 있다면, 이러한 내용들이 성경적으로 그리고 목회적으로 다루어져야 한다. 책의 각 절을 따라 설교하는 방식이 아닌, 다른 접근법을 고려할 때, 우리는 설교의 아이디어가 성경의 진리가 되지는 않을 수 있다는 점을 기억해야만 한다. 당신은 본문이 "하나님께서 이렇게 말씀하셨다"라고 말하기 전에, 혹시 당신의 생각들을 전하고 있지는 않는지 살펴야만 한다. 만약 당신이 당신의 아이디어에 맞추기 위해서

본문을 왜곡해야 한다면, 그때는 그 설교의 아이디어를 포기하든지 아니면 다른 본문을 찾아라.[3]

2) 2단계: 명확한 관찰 – 본문은 무엇을 말하는가?

해석상 전문적인 문제들에 대해서 주석을 펼쳐보기 전에, 명확한 관찰을 기록하면서 당신이 선택한 본문 연구를 시작하라. 이것은 당신이 그 본문을 읽고 또 읽어야 하는 것을 의미한다. 만약 실력이 된다면 그 본문을 원문으로 읽어라. 친밀해지도록 그 본문을 잘 알아야 한다. 가능하다면 그것을 외워라. 천천히 그리고 당신의 매일의 묵상과 함께 기도하는 마음으로 읽어라.

다음으로, 본문의 중심이 되는 특징들을 기록하라. 주위의 문맥에 주의를 기울이라.

이 구절이 이 책안에서 어떻게 조화를 이루는가?

동사의 시제도 기록하라.

동사들은 명령형인가 또는 서술형인가?

주요 인물들과 이야기의 빅 아이디어들을 찾아라.

그 이야기의 명확한 요점은 무엇인가?

당신은 당신의 명확한 관찰로부터 아웃라인을 만들 수 있어야 한다. 성경책, 노트, 그리고 기도하는 자세는 이 단계에서 필요한 기본적인 도구들이다.

---

3 Vines and Shaddix, *Power in the Pulpit*, 94.

이 단계에서 생각해야할 다른 유익한 방법은 어떠한 본문에 대해서든지 기본적인 질문을 하는 것이다. 즉 누가? 무엇을? 어디서? 언제? 왜? 어떻게?라는 질문들에 답해 본다면, 당신이 얼마나 많은 노트들을 기록했는지에 놀랄 것이다(또한 이러한 답들은 당신이 이후에 성경 본문에 대한 적용을 준비할 때 도움이 될 것이다). 이러한 질문에 답하기 위해서 당신은 얼마간의 배경지식을 알아야 할 필요가 있을 것이다. 배경은 저자, 시대, 청중 그리고 사건을 포함하는 특정한 성경 각 권과 그리고 장르와도 관련되어 있다.

3) 3단계: 신뢰할만한 해석 – 본문은 무엇을 의미하는가?

기본적 관찰 후에도, 당신은 여전히 어떤 의문들이 있을 것이다. 해석단계에서 당신의 목표는 그 질문 "이 본문은 무엇을 의미하는가?"에 답하는 것이다. 해석은 나중에 본문을 적용하는 기초가 될 것이다. 왜냐하면 적용의 목표가 성경 진리를 적용하는 것이기 때문이다. 나는 이 해석 단계를 네 부분으로 나누어 생각한다.

첫째, 더 세부적으로 문맥을 연구하라.

당신의 초기 배경연구를 다시 살펴보라. 풀리지 않은 질문들을 조사하라. 그런 다음, 그 본문을 문학적인 문맥 안에서 더 깊이 살피라. 문맥에 대한 중요한 질문들을 하라.

이 본문이 이 책 안에서 어떤 역할을 하며 조화를 이루는가?

어떻게 단어들과 개념들이 전체 책을 통해서 사용되고 있는가?

이 구문을 쓰면서 저자는 무엇을 의도했는가?

잘못된 많은 해석은 성경책의 전체 문맥 안에서 본문을 연구하지 않기 때문일 때가 많다. 예들 들면, 사도행전 2:38은 세례를 통한 회심을 위해 인용되어 왔다. 그러나 사도행전을 온전히 주의 깊게 읽으면 본문은 그것을 가르치고 있지 않음을 알게 된다. 전체 내러티브 안에서 읽으면, 사도행전에서 시종일관하는 회개와 죄 용서에 대한 믿음이라는 내용을 보여준다(참고 행 2:21; 3:19; 15:9; 13:38-39; 16:31; 20:20-21). 세례는 이 영적인 실재의 드러낸 표현이다.

다른 사람들, 특별히 예배인도자들은, 소규모 그룹이 모였을 때 하나님이 함께하신다는 보증을 언급하면서 마태복음 18:15-20을 잘못 인용한다. 그러나 이 구문은 공적 예배와는 관계가 없다. 그것은 교회의 권징에 대한 것이다.

더 나아가 많은 목회자들은 자신들이 해야 할 부지런한 설교준비를 면제받기 위해 "성령님께서 우리에게 말할 것을 주실 것이다"라고 주장하며 마태복음 10:19-20을 인용한다. 그러나 그 문맥은 설교준비에 대한 것이 아니다. 그것은 박해하는 권위 앞에 처했을 때에, 함께 하실 성령님의 도우심에 관한 것이다.

잘못된 해석에 대한 마지막 예는 "예수님께서 당신 삶의 폭풍을 잠잠케 하실 것"이라 말하며 목회자들이 마태복음 8:23-27을 사용할 때이다. 이 구문은 예수님께서 삶의 폭풍을 잠잠케 하신다는 어떤 암시도 없다. 이 구문의 요점은 더 깊은 것이다. 마태의 목표는 "이 분이 어떤 사람이기에"(마 8:27)라는 제자들의 질문으로 극대화된 그리스도의 신성을 드러내는 것이다.

둘째, 구문을 분해하라.

당신이 문맥에 자신이 있다면 이제 정한 특정한 본문을 세부적으로 나누라. 문장의 각 구절을 기록하며 시작하라. 또한 대비를 보여주는 접속사도 찾으라(예를 들면, "그러나 하나님이"-엡 2:4). 적용할 수 있는 시적 구조도 고려하라. 내러티브에서는 반복되는 생각, 인물, 그리고 대조를 기록하라. 지혜서에서는 주제들을 찾아라. 본문의 각 부분들을 분석함으로 당신은 본문의 독특한 중요성을 볼 수 있을 것이다.

다음으로, 구조적 다이어그램을 그려라. 구조적 다이어그램은 그래프 형식으로 다양한 각 아이디어들 간의 관계를 보여주는 구절들에 관한 차트이다.[4] 이 과정은 매우 간단하지만, 또한 매우 전문적인 것이 될 수도 있다. 산문의 경우(서신서처럼)에는 페이지의 왼쪽에서 당신의 시작 포인트가 되는 독립 절을 쓰라. 주어와 동사를 가지지만 완전한 이해를 위한 다른 구들은 필요하지 않다. 다음으로 지지하는 단어 아래에 그것을 뒷받침하는 구문과 구절 그리고 단어들을 기록하라. 당신은 서로 서로 아래에 단어들, 구문들, 또는 생각들을 줄지어 늘여 놓을 수 있다. 또한 대부분 교사들은 당신이 연결 단어들을 괄호로 묶도록하여 메인 아이디어와 구분되도록 하라고 가르친다. 아래는 로마서 12:1-2의 다이어그램 예이다.

---

4 W. McDill, *The 12 Essential Skill for Great Preaching* (Nashville: B&H, 1994), 27

> 그러므로 형제들아, 내가 너희를 권하노니
>   하나님의 모든 자비하심으로,
>   너희의 몸을   제물로 드려라
>   거룩한
>   산
>   하나님이 기뻐하신
>   이는 너희가 드릴 영적 예배니라
>   너희는   본받지 말고
>   이 세대를   변화를 받아
>   마음을 새롭게 함으로
>   하나님의   뜻을 분별하도록 하라
>   선하시고
>   기뻐하시고
>   온전하신

내러티브의 경우, 당신은 왼쪽 끝에서 이야기의 각 절을 시작해야 한다. 배경, 사건, 갈등, 특징 그리고 줄거리와 같은 이야기의 주요 요소에는 밑줄을 긋거나 표시를 한다. 그리고, 그래서, 또는 그러나와 같은 중요한 전환을 나타내는 표현에는 동그라미를 해 둔다. 마지막으로 줄거리의 흐름(전개, 갈등, 위기, 결말)에 따라 본문을 나눈다.[5]

이 과정이 어렵고 과학적으로 보이지만, 많은 이점이 있다. 이 다이어그램은 당신에게 본문의 자연스런 구분을 보여줄 것이다. 그리고 당신은 그 본문의 자연스러움을 드러내는 아웃라인을 전개할 수 있게 될 것

---

5 Vines and Shaddix, 111.

이다. 그러므로 도전해보라. 이것을 연습하면서 당신의 실력은 자라갈 것이다. 다른 주석과 자료들도 당신에게 도움이 될 것이다. 이 과정에서는 문자 그대로의 해석을 한다는 것을 기억하라.

특정한 구절과 지지하는 구문을 기록한 후에, 본문에서 중요한 단어들을 확인하라. 설명이 필요한 중요한 교리적 용어들과 단어들을 찾아라. 역시 동사와 그들의 시제를 알고 있어야 한다. 원어사전, 비평적 주석서들, 그리고 단어 연구서들을 이용하여 도움을 받아라. 실로 단어의 뜻은 커다란 차이를 가져온다(예를 들면, 딤전 3:11; 살전 4:17; 사 7:14; 롬 8:29; 마 16:18). 로마서 12:1-2에서 당신은 더 깊이 있는 연구를 위해 다음 단어들을 강조할 수 있다.

```
그러므로 형제들아, 내가 너희를 권하노니
                하나님의 모든 자비하심으로,
   너희의 몸을                        제물로 드려라
               거룩한
                산
              하나님이 기뻐하신
              이는 너희가 드릴 영적 예배니라
   너희는                        본받지 말고
                이 세대를    변화를 받아
              마음을 새롭게 함으로
        하나님의              뜻을 분별하도록 하라
                선하시고
                기뻐하시고
                온전하신
```

셋째, 관련 구문들(관주)을 살펴보라.

관련 구절들은 강해설교에서 놀랄만한 목적을 이루게 해 준다. 전체적으로 보면, 성경이 성경을 해석하도록 하는 것이 최상이다. 또한 그것은 당신이 한 절 한 절 강해하면서 교리를 가르칠 수 있게 해 줄 것이다. 만약 당신이 택한 구문이 그리스도의 신성(예를 들면, 요 1:1)과 같은 특정 교리를 이야기하고 있다면, 그 주제에 대해서 다른 본문(요 8:58)은 어떻게 이야기하는지 살펴보는 것은 도움이 된다. 또한 당신은 본문의 주제가 성경의 전체 이야기 가운데 어디에 있는지 짚어내면서 구속사의 계속된 흐름을 보여줄 수 있다(예를 들면, "하나님 나라"). 가장 실제적으로는, 관련 구절들은 비슷한 단어, 생각, 그리고 개념을 가진 본문을 살펴보도록 함으로 당신이 어려운 본문을 더 잘 해석할 수 있도록 할 것이다.

특정한 본문의 뜻을 해석하기 위해 관련 구절들을 사용하기 위해서는 그 구절의 직접적 문맥를 먼저 찾아라.

같은 단어와 개념이 사용되었는가?

이 단계 다음에는 같은 책에서 같은 저자가 쓴 구절을 찾으라. 그 다음으로 같은 저자가 쓴 성경의 다른 책을 살펴보라. 이렇게 살펴본 후에 같은 단어, 주제, 그리고 개념에 대한 보다 넓은 성경 본문들 안에서 찾아라. 당신이 택한 구문이 있는 성경에서 검토하는 것이 가장 좋다. 만약 여전히 도움이 필요하다면, 당신은 특정한 단어의 사용에 대한 고대 헬라어 본문들이나 배경에 관핸 책들과 같은 성경밖에 있는 도서들도 주의 깊게 살펴보는 것을 선택할 수 있다. 다음은 그 과정을 보여준다.[6]

---

6   이 도표는 F. Olford & David Olford, *Anointed Expository Preaching* (Nashivile: B&H, 1998),

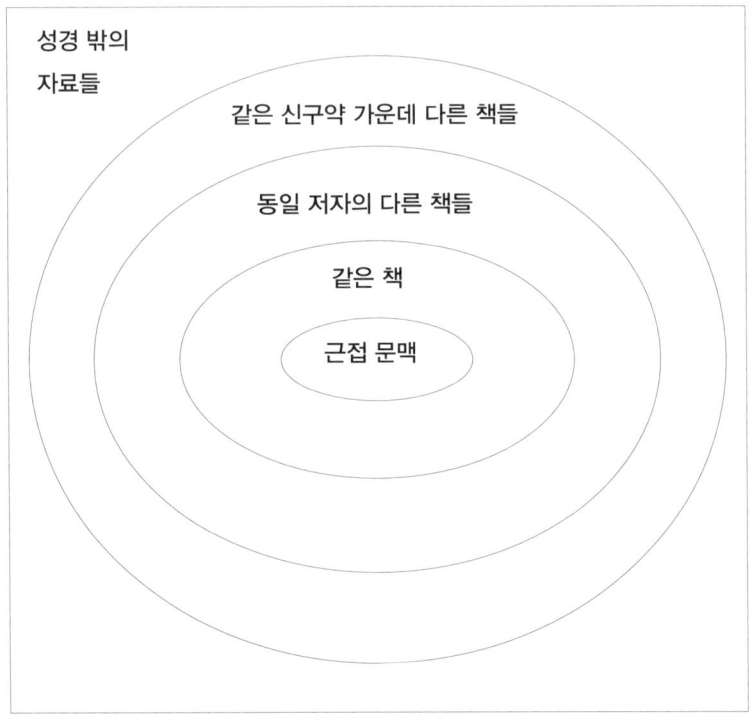

마지막으로 주석서와 다른 도구들을 참고하라. 만약 당신이 이 시점까지 주석서를 살펴보지 않았다면, 이제 그것들을 읽을 시간이다. 나는 내 해석을 점검하는 방식으로서 마지막에 주석서를 보는 것을 좋아한다. 어려운 본문에서 무게감 있는 증언들이 어디에 있는지 살피면서, 자기 스스로 판단하라. 나는 성경 각권의 주석서를 선택하기 위해서 D. A. 카슨(D. A. Carson)의 『신약성경주석요약』(*New Testament Commentary Survey*)과 트렘퍼 롱맨(T. Longman)의 『구약성경주석요약』(*Old Testament Commentary*

121에서 수정하여 사용한 것이다.

Survey)을 추천한다.[7]

가능하다면 시리즈 전체가 아니라 처음에는 저자 별로 당신만의 주석서 세트로 만들어 가라. 세부적인 문맥 연구, 구문들의 분류, 단어 연구를 함으로써, 당신은 본문과 저자가 의도한 뜻을 잘 파악할 수 있다. 그렇게 한 후에 당신이 찾은 것들을 요약하라. 이제 다음 두 단계는 신학적이고 실제적인 단계들이다. 당신은 그 본문이 복음과 어떻게 관련이 있는지와 그것과 어떤 함의가 있는지 검토해야할 필요가 있다.

4) 4단계: 구속사적 통합 – 이 본문은 복음과 어떤 관련이 있는가?

이 구속사적 단계는 성경해석학 책에서는 자주 빠져 있다. 이것은 모두 신학에 대한 것이며 해석에 대한 것이다. 앞서 말하였듯이, 이 구속사의 연구는 성경신학이라 부르기도 한다. 성경신학을 주해과정과 통합하는 목적은 성경의 일체성을 나타내는 기독론적 연결성과 구속에 대한 주제를 찾기 위함이다. 예수님은 성경이 자신에 대하여 자세히 설명한다고 말씀하셨다(눅 24:27). 구속사적 연결성을 잃는 것은 해석에서 중요한 부분을 잃는 것이다. 그러므로 우리는 현미경(직접적 본문을 검토할 때)에서 망원렌즈(성경의 전체 이야기에서 당신이 선택한 본문이 어디에 위치하는지 검토할 때)로 우리의 렌즈들을 바꾸어야만 한다.[8] 그리스도 안에 있는 하나님의 은혜는, 인위적인 해석에 의해서가 아니라, 자연스럽게 통합되어야

---

[7] D. A. Carson, *New Testament Commentary Survey*, 6th ed. (Grand Rapids: Baker, 2007); T. Longman Ⅲ, *Old Testament Commentary Survey*, 4th ed. (Grand Rapids: Baker, 2007).

[8] B. Chapell, *Christ-Centered Preaching*, 275.

하고 당신이 하는 설교의 적용을 통해서 잘 짜여야 한다.

많은 경우에 본문의 구속사적 관점은 명확하다. 만약 당신이 복음서나 서신서로 설교한다면, 당신은 그리스도 중심성을 언제나 찾을 수 있다. 만약 당신이 구약을 설교하고 있다면, 그것은 때로 더욱 모호하다. 물론 예수님이 나타나지 않는 곳에 예수님을 끼워 넣기를 원치 않는다. 그러나 우리는 한 본문이나 한 책이 독립적으로 존재하지 않는다는 것을 유념해야만 한다. 그러므로 모든 본문은 더 큰 이야기의 한 부분이다.

몇 가지 질문들은 논리적으로 그리스도 연결성을 보여줌으로 당신을 도울 것이다. 아마도 가장 일반적인 질문이 "이 본문은 그리스도와 연관성의 어디에 위치하는가?"이다. 만약 당신이 느헤미야로 설교한다면, 당신은 이것이 그리스도 이전에 일어난 일임을 알고 있다. 그러므로 우리는 하나님께서 메시야가 오시기까지 자신의 백성을 보호하고 계셨음을 안다.

다른 질문은 "이 본문은 직접적으로 그리스도에 대해 이야기하는가?"이다.

그렇다면 어떻게 이야기하는가?

복음서에서는 저자가 예수님의 인격, 사역, 그리고 가르침을 보여준다. 예언서에서는, 이사야 53장에서처럼, 때로는 예수님의 인격과 사역에 대한 명백한 선언도 있다. 구약의 다른 부분에서는 어떤 구문들이 신약에 나오는 예수님의 가르침에서 언급되기도 한다. 신약에 나오는 이러한 구약의 인용문들을 당신의 성도들에게 소개하라. 먼저는 구약의 역사적 배경 속에서 그 본문을 먼저 해석하고 신약으로 옮겨와서 기독론적 특징들을 보여주라.

또한 우리는 신약에 나오는 윤리적 문제들은 항상 복음과 관련되어 있음을 기억해야만 한다.

"복음의 암시가 어떻게 이러한 명령을 가능하게 할까?"

이 복음의 암시들은 우리가 그리스도를 통해 하나님께 나아감, 성령님의 임재, 그리고 끝없는 용서하심을 포함한다. 신자들을 향해 설교할 때는 그들에게 이러한 은혜에 기초를 둔 기독교인의 특권을 깨닫게 해야 한다. 이 복음의 암시를 고려함으로, 우리는 믿는 사람들에게 그리스도 안에 있는 결과를 깨닫게 할 것이고, 또한 우리는 어떤 본문이든지 매주 믿지 않는 사람들에게 복음을 설교할 수 있다.

때때로 구약의 본문은 예표론적(typological)이다. 이 본문은 그리스도의 예표를 드러내는가라고 질문하여보라. 만약 신약의 저자가 그리스도의 예표로서 구약 인물들을 말하고 있다면, 당신이 구약으로부터 이러한 인물들에 대해 설교할 때는 이것을 마음에 새겨두어야 한다. 일반적으로 이것은 선지자, 제사장, 그리고 왕으로서 그리스도의 직책에 관련한 것이다. 예수님은 제사장 멜기세덱보다 크시고, 선지자 모세보다 크시고, 다윗보다 크신 왕이시다. 이들이 실패한 곳에서 어떻게 예수님이 순종하셨는지 그리고 그들이 한 것을 어떻게 성취하셨는지를 성도들에게 보여주라.

어떤 경우에 본문은 그리스도의 인격과 사역을 예언한다. 이 점을 드러내어라.

"이 본문이 어떻게 그리스도를 예언하는가?" 질문하라.

이는 그의 오심, 그의 죽음, 또는 그의 재림을 이야기하는가?

분명히 이것은 선지서에서 많이 일어날 것이다. 그러나 가끔은 규가 유다를 떠나지 아니한다는 선언(창 49:10)이나 사탄의 머리를 상하게 하실 예수(창 3:15)와 같은 구약 이야기체에서 나오기도 한다.

구속의 초점을 찾는 자연스러운 방법은 "이 본문은 인류가 그리스도를 필요로 하는지를 우리에게 어떻게 보여주는가?"[9]라고 질문하는 것이다. 만약 본문이 율법 장르로부터 왔다면, 어떻게 아무도 법을 완전히 지킬 수 없는지 논의하도록 하라. 어떻게 법이 구세주에 대한 우리의 필요를 보여주는지 이야기하라.

비슷하게 구약에서 구속적 특징을 찾는 자연스러운 방법은 본문에서 하나님의 속성을 찾는 것이다.

"이 구문은 구속을 베푸시는 하나님의 본성을 어떻게 나타내는가?"[10]

질문하라. 하나님의 자비, 은혜, 공의, 그리고 권능에 대한 선언은 우리에게 이러한 자질들을 나타내시는 그리스도를 가리킬 것이다. 이 연결은 주해적이라기보다는 보다 적용적이라 할 수 있을 것이다.

앞에서 언급하였듯이 구속의 주제는 성경전체를 통해 짜여 있다.

"이 구문은 그리스도를 가리키는 성경적 주제를 나타내는가?"

질문하라. 하나님의 왕국, 하나님의 임재, 제사제도, 언약, 그리고 하나님의 말씀과 같은 주제들은 모두 우리에게 그리스도를 가리킬 것이다. 어디서 주제가 시작하고 어떻게 끝나는지도 살펴보라.

구약에서는 자주 그리스도의 오심에 대한 약속들이 나온다.

"이 본문은 우리에게 그리스도를 가리키는 하나님의 약속을 보여주고 있는가?"

---

9 Ibid., 283-84.
10 Ibid., 284

질문하라. 예수님은 하나님께서 구약에서 하신 약속들을 이행하셨다. 예를 들면, 모든 나라들은 예수님으로 인해 언젠가 예배할 것이다. 이방인들이 그리스도 안에서 하나님의 구원을 들을 것이다. 예수님은 우리와 영원히 함께 하실 것이다.

이러한 질문들은 그리스도를 높이는 강해설교를 준비하는 충실한 방법이다. 당신이 하는 성경 연구에서 먼저는 이러한 구속사적 특징들을 통합하라. 당신의 관찰과 해석 노트에 구속의 발견들을 더해 넣어라. 나중에 당신의 설교에서 그 본문을 상세히 설명할 수 있도록 단계별 주요 아이디어들을 요약하라.

분명하게 보이는 관찰들은 무엇인가?

그 본문의 의미는 무엇인가?

그리고 어떻게 그 본문이 그리스도를 나타내는가?

이러한 질문들에 답하면서 당신은 그 주제(전체적으로 두 단계)를 하나로 묶어낼 수 있게 된다. 이 주제는 당신의 설교와 그 구문의 목적에 대한 명확하고 간결한 선언이어야 한다.

당신이 아웃라인을 만들고 이후에 기능적 요소들을 추가할 때, 그리스도 중심성을 도입부에, 설명 부분에, 적용에 연결할지 선택할 수 있다. 나는 당신이 항상 메시지를 마치면서는 그 연결을 해야만 한다고 생각한다.

당신의 설교에서 예수님이 주인공이 되게 하라.

그레이엄 골즈워디(Graeme Goldsworthy)는 당신이 설교를 평가하는 방법은 이렇게 묻는 것이라고 바르게 말을 했다.

"이 설교가 어떻게 그리스도를 증언하는가?"[11]

그 말씀 안에 있는 그리스도의 영광을 사람들에게 보여줌으로써, 그들은 영적으로 자라갈 것이고, 그리스도를 자신들의 믿음의 저자이자 완성자로 마음에 새길 것이다. 또한 이것은 당신의 설교가 강의가 되지 않도록 할 것이다. 설교는 그리스도가 함께하시는 향기가 있을 때 설교이다.

5) 5단계: 결론적 함의 – 이 본문은 오늘 우리에게 어떻게 적용될 것인가?

당신이 연구의 함의들을 얻게 되면, 당신은 당신이 보던 책들을 치우고 그 중심이 되는 아이디어들을 정리해야 한다. 이 단계는 성경 연구와 설교적인 요소를 연결하는 다리이다. 함의는 새로운 정보를 포함하지 않는다. 그것은 단순히 "그래서 어떻게 하란 말인가? 본문이 이것을 의미하고 이러한 방법으로 그리스도를 보여주는 것은 나에게 무엇이 중요한가?"라고 질문하는 것이다.

함의는 두 부분으로 나누어질 수 있다.

첫째는 신학적 의의(theological significance)이다. 이것은 다음과 같은 질문들이 포함된다.

우리에게 이 본문은 하나님에 대해서 무엇을 가르치는가?

우리에게 그것은 우리 자신에 대해서 무엇을 가르치는가?

이 본문은 우리에게 그리스도에 대해서 무엇을 가르치는가?

---

11 G. Goldsworthy, *Preaching the Whole Bible as Christian Scripture*, 62.

무엇이 영속적인 원리인가?

그 본문은 특정한 교리에 대해서 무엇을 가르치는가?

함의들은 해석과 통합의 단계와 밀접하게 관련이 있을 것이다.

함의의 다른 부분은 개인적인 적용을 다룬다. 질문들은 다음과 같다.

- 본받아야 할 모범이 있는가?
- 지켜야 할 명령들이 있는가?
- 피해야 할 잘못들이 있는가?
- 용서받아야 할 죄가 있는가?
- 주장해야할 복음의 약속이 있는가?
- 받아들여야 할 하나님에 대한 새로운 생각들이 있는가?
- 더 탐구해야할 진리나 교리가 있는가?
- 그것으로 살아낼 수 있는 확신이 있는가?[12]

당신의 노트에 이러한 함의들을 추가한 후에는, 나는 당신에게 연구에서 뒤로 물러나서, 모든 것들이 잘 섞여 절여지게 되도록 조언한다. 본문의 의미, 본문에 있는 구속사적 특징들, 그리고 본문이 주는 현재의 함의들을 깊이 생각하라. 다시 연구로 돌아왔을 때, 당신은 설교를 조각할 준비가 되어 있을 것이다.

---

12 J. MacArthur Jr., "Rightly Dividing the Word of Truth," in *Preach the Word*, ed. Leland Ryken and Todd A. Wilson (Wheaton: Crossway, 2007), 85.

3. 요약

　강해설교를 준비하는 첫 번째 단계는 세부적으로 본문을 연구하는 것이다. 본문을 해석하는 원칙들은 설교자로 저자가 의도한 의미에 연결되어 있도록 할 것이다. 관찰, 해석, 구속사적 통합, 그리고 시간에 한정되지 않는 함의들을 포함하는 잘 훈련된 연구는 우리의 설교를 발전시켜 갈 것이다. 다음 단계는 우리를 이 해석이라는 과학으로부터 설교 준비라는 예술로 이동시켜 갈 것이다.

◆ 디모데전후서 연구

1) 디모데전서 2:1-7을 읽으라. 이 본문에 대한 관찰을 기록하라.

2) 본문의 다이어그램을 그려라.

3) 중요한 핵심 단어와 구문에 동그라미를 하라.

4) 구문의 구속사적 요소들을 확인하라.

5) 이러한 해석학적 요점으로부터 설교의 아웃라인을 세울 수 있는지 보라.

6장
2단계: 구속사적 주제 통합하기

> 모든 성경은 하나님의 감동으로 된 것으로 교훈과 책망과 바르게 함과 의로 교육하기에 유익하니 이는 하나님의 사람으로 온전하게 하며 모든 선한 일을 행할 능력을 갖추게 하려 함이라.
>
> — 딤후 3:16-17
>
> 설교는 산탄(a buckshot)이 아니라 명중탄(a bullet)이어야 한다.
> 이상적으로는, 각 설교는 성경의 한 본문 또는 몇 본문들에서부터 나온 모든 아이디어들이 지지하는 하나의 지배적인 생각에 대한 설명, 해석, 또는 적용이다.[1]
>
> — 해돈 로빈슨(Haddon Robinson)

---

1 H. Robinson, *Biblical Preaching* (Grand Rapids: Baker, 2001), 35.

앤디 스탠리(Andy Stanley)와 레인 존스(Lane Jones)의 책 『변화를 일으키는 커뮤니케이션』(Communicating for a Change)에서, 저자들은 "원 포인트"(one point) 설교의 필요성을 강조한다.[2] 그 책은 기억하기 쉬운 설교를 준비하는 데 유용한 아이디어들을 제공한다. 그러나 원 포인트 설교에 대한 개념은 새로운 것이 아니다. 고전적인 강해설교이론의 중심에는 설교는 주로 하나의 큰 주제나 생각에 대한 것이라는 확신이 있다.[3] 그 주제는 본문의 중요한 의미와 본문의 중요한 적용을 포함한다.

주요 질문들은 "본문은 무엇에 관한 것인가? 나는 청중들이 무엇을 하고, 무엇을 믿고, 또는 어떻게 변하기를 원하는가?"이다.

철저한 성경적 설교에서는 셀 수 없이 많은 근거 자료들이 있어야 하지만, 설교의 정수는 본문으로부터 오는 하나의 지배적인 생각에서 나와야 한다. 존 스토트(John Stott)는 그 지배적인 주제를 알아내는 것이 필수적인 두 가지 이유를 주장했다.

첫째, 모든 본문은 주제를 가진다.

둘째, 설교가 강의와 다른 점들 중 하나는 설교가 하나의 중요한 메시지에 대해서 청중들을 설득하려고 시도한다는 데 있다.[4]

그러므로 본문을 연구(1단계)한 후에, 우리는 이 진리가 청중들의 마음을 뚫고 들어가도록 그 본문과 설교의 주요 아이디어(the main idea)를 찾는 노력을 해야 한다.

2　A. Stanley and L. Jones, *Communicating for a Change* (Colorado Springs: Multnomah, 2006), 39.
3　H. Robinson, *Biblical Preaching*, 33-46.
4　J. Stott, *Between Two Worlds*, 224-225.

강해설교의 주제를 통합(unifying)하는 데에는 두 필수적인 단계(Two essential stages)가 포함된다. 우리는 먼저 본문의 메인 포인트(M.P.T.)를 찾아야한다. 본문의 메인 포인트는 선택된 본문에 대한 주의 깊은 해석을 통해서 결정된다. 그런 다음, 우리는 본문과 우리의 특정한 청중과 그들의 상황 안에서 구속사적 요소들을 고려하여 설교의 메인 포인트(M.P.S.)를 밝혀야 한다.

나는 주제를 통합(unifying)하는데 반드시 필수적이지는 않지만 세 번째 단계를 포함시켜왔다. 그것은 제목이다. 제목이 주제를 통합(unifying)하는 필수적 요소는 아니지만, 그것은 메인 포인트와 주요 포인트를 한층 강력하게 하는 역할을 한다.

나는 이장에서 이러한 세 단계에 대한 몇 가지 생각들을 이야기하려 한다. 기본적으로 나의 마음속에는 성경책을 통한 한절 한절씩의 설교를 염두에 두고 있음을 기억해야 한다. 그러나 당신은 강해설교 이외의 다른 방식들에도 이러한 원리들을 적용할 수 있다.

1. 본문의 메인 포인트 정하기

본문의 메인 포인트(M.P.T.)는 본문이 그 역사적 정황 속에서 의미했던 과거시제 진술이다. 이것은 해석하는 연구에서 실제 설교로 전개하는 과정의 첫걸음이다. 해석이라는 어려운 과정 후에, 당신은 구문을 한 문장으로 요약할 수 있어야 한다. 이 문장은 당신의 설교를 위한 토대이다. 그러므로 이 단계의 목표는 역사적 이름, 시대, 문화적 뉘앙스, 그리고 장소를 사용하여 과거형으로 저자가 의도한 의미를 진술하는 것이다.

언뜻 보기에 이 과정은 조금 간소화 된 것처럼 보인다.

만약 본문이 많은 소지들(points)과 주제들을 가지고 있다면 어떻게 될까? 그 경우에 당신은 설교를 위한 생각의 하나의 단위를 골라내야 할지 그러지 말아야 할지를 생각해야만 한다. 설교할 구절의 양은 본문에 따라 다양해진다. 사상의 단위를 선택하는 것은 그 메인 포인트를 결정하는 데 필수적이다.

게다가, 본문의 중심 포인트는 때때로 서로 보완하는 두 개의 아이디어들을 포함하기도 한다. 이것도 괜찮고 좋다. 그 둘을 모두 강조하라. 다른 경우에 당신이 큰 본문을 잡았다면, 당신은 일반적인 차원에서 본문의 메인 포인트를 진술해야만 할 것이다. 예를 들어, 만약 당신이 고넬료(행 10:1-11:19)에 대한 전체 이야기에 대해 설교하기를 원한다면, 그 본문의 메인 포인트는 "누가는 베드로와 고넬료의 만남을 설명함으로 어떻게 복음이 이방인에게 전파되었는지를 기록했다"처럼 다수 일반적인 문장이 될 것이다.

아래는 단위가 작은 본문들에 대한 메인 포인트의 몇 가지 예들이다.

- 바울은 에베소에 있는 기독교인들에게 믿지 않는 이방인처럼 사는 것을 그만두고 그리스도 안에서의 새로운 신분으로 살아가기를 가르쳤다(엡 4:17-24).

- 바울은 디모데에게 하나님의 은혜로 다른 사람들을 또한 가

르쳐야 할 그들을 가르침으로 다음 세대에 복음을 전수하라고 촉구했다(딤후 2:1-7).

- 야고보는 흩어진 기독교인들에게 위대한 사명을 성취하고 하나님의 자비를 나타내기 위해 차별이 아닌 자비를 베풀라고 말했다(약 2:1-13).

- 하나님은 여호수아에게 하나님의 말씀을 묵상함과 그의 임재를 의지함으로 이스라엘 백성을 가나안으로 인도하며 강하고 담대하라고 격려하셨다(수 1:1-9).

각 예는 본문이 그 역사적 정황 속에서 무엇을 의미하는지를 설명하는 과거형의 문장을 포함한다. 각 예는 또한 정확한 이름, 사람, 문화적 특색, 그리고 장소를 포함한다.

1) 왜 본문의 메인 포인트인가?

본문의 메인 포인트를 밝혀야 하는 두드러진 다섯 가지 이유가 있다.

첫째, 권위를 가지고 설교하기 위해서 당신은 먼저 하나님이 특정한 본문에서 무엇을 의도하며 말씀하셨는지 알아야 한다. 설교의 아이디어는 성령님이 영감하신 성경의 진리와 똑같은 말로 하는 것은 아니라는 것을 기억하라. 그러면 우리의 첫 번째 목표는 하나님께서 말씀하신 것을 다시 말하려는 목적에서 본문 안에 있는 하나님의 마음을 헤아린다.

둘째, 선택한 본문을 해석하고 문장으로 그것을 진술하는 것이 강해 설교를 준비하는 가장 어려운 부분일 때가 있다.[5] 당신이 그 본문의 메인 포인트를 밝혀내고 난 후 설교의 남은 부분을 전개해 나가는 것은 훨씬 쉽다. 지지하는 아이디어들(Supporting ideas)은 그 문장으로부터 나오게 될 것이다. 물론, 본문의 메인 포인트(M.P.T.)는 분명할 때도 있지만, 밝혀내기가 어려운 본문도 있다.

셋째, 메인 아이디어(main idea)가 밝혀지기까지 당신은 설교를 전개해 나가지 못한다. 강해설교는 그 본문이 설교를 이끌도록 하는 것을 뜻한다. 본문의 의미와 떨어져서 우리가 가야할 곳이 없다!

넷째, 대부분 목사는 매우 바쁘다.[6] 만약 당신이 본문의 메인 아이디어를 주초에 결정했다면, 당신이 나중에 시간을 가지고 설교를 전개해 나가는 데 도움이 될 것이다. 개인적으로 나는 가능하면 월요일에 설교를 위한 주제를 정하고 아웃라인의 뼈대를 세우려 한다. 이 과정은 8년 전 처음 강해를 시작할 때보다 지금이 더욱 쉬워졌다.

다섯째, 목사들은 때로 매우 피곤하고 지쳐있다. 본문의 메인 포인트를 밝히는 것이 역동적인 영적 경험이 되기를 바란다. 나 역시 월요일에 너무 고갈되어 있기 때문에 그날 그것을 하는 것을 좋아한다. 본문의 메인 포인트를 밝혀내는 훈련은 본문이 당신 내부로 들어가게 할 것이다. 그리고 이 주제는 당신이 그 진리를 묵상하는 한 주 내내 당신의 마음속에 머물게 될 것이다.

5　Vines and Shaddix, *Power in the Pulpit*, 129.
6　Ibid., 129.

2) 당신은 어떻게 본문의 메인 포인트를 밝혀내는가?

본문의 메인 포인트를 밝혀내는 것은 본문 자체에서 드러난 분명한 진술들을 찾는 것으로 시작한다. 때때로 빅 아이디어는 명백하다. 예를 들면 야고보서 2:1-13은 제일 처음 문장에 본문의 메인 포인트가 있다.

> 내 형제들아 영광의 주 곧 우리 주 예수 그리스도에 대한 믿음을 너희가 가졌으니 사람을 차별하여 대하지 말라(약 2:1).

야고보는 차별의 예를 보여주며 이 생각을 전개해나간다(약 2:2-4). 그리고 그는 차별의 어리석음에 대해 이야기한다(약 2:5-7). 마지막으로 차별에 대한 중대한 경고를 한다(약 2:8-13). 그러므로 이 생각의 단위 안에 있는 메인 포인트는 명확하다.

본문의 메인 포인트를 밝혀내는 다른 방법은 주변의 문맥을 고려하는 것이다.[7] 예를 들면 디모데후서 1:3-2:13에서 바울은 디모데에게 그의 가정과 바울 자신으로부터 받은 진리를 계속 전하도록 촉구한다(약 1:3-14). 2:2에서 바울은 디모데에게 다른 사람도 똑같이 할 수 있도록 그들에게 전달하라고 말한다. 그러므로 디모데후서 1:3-2:13의 문단들 중에 하나를 설교할 때, 그 본문의 메인 포인트는 영적 계승(spiritual multiplication)에 관한 것을 포함해야 한다.

또한 당신은 본문에서 반복해서 나오는 아이디어들을 찾을 수도

---

7 Ibid., 131.

있다.[8] 디모데전서 5:3-6:2에서 바울은 "존경하라"는 아이디어를 세 번씩(약 5:3, 17; 6:1) 세 그룹의 사람들을 언급하며(과부, 장로, 그리고 상전) 사용하고 있다. 그의 목표는 교회에게 그들이 어떻게 상호 대해야 하는지 가르치는 것이다. 여호수아 1:1-9에서 반복되는 아이디어는 "강하고 담대하라"(수 1:6-7, 9)이다. 본문의 메인 포인트는 분명히 이러한 반복되는 아이디어가 포함되어야 한다.

시간을 거칠 때, 본문의 메인 포인트를 알아내는 것은 경험 있는 강해 설교자들에게는 두 번째 본성이 될 것이다. 매주 그 본문을 주의 깊게 파헤치면서, 당신은 반복되는 아이디어들, 명시적인 선언, 그리고 정황적 문제들을 발견하기 시작할 것이다. 그러면, 본문의 메인 포인트는 당신이 설교의 아웃라인을 세우는 데 도움을 줄 것이다. 또한 이렇게 하는 것은 당신이 본문을 따라 움직인 것처럼, 당신의 청중들이 당신을 따라오도록 도울 것이다.

2. 설교의 메인 포인트로 발전시키기

설교의 메인 포인트는 문장으로 나타난 설교의 명제 또는 설교의 핵심을 한 문장에 담은 에센스라 불려진다.[9] 나는 단순한 언어를 좋아하므로 설교의 메인 포인트라는 말을 더 좋아한다. 나는 실제로 이 말을 설교에

---

[8] Ibid.
[9] H. T. Bryson J. C. Taylor, *Building Sermons to Meet People's Needs* (Nashville: Broadman, 1980), 63.

서 사용한다.

설교의 메인 포인트는 한 문장으로 표현된 본문의 메인 포인트의 현재형 또는 미래형 적용이다. 본문의 메인 포인트와 설교의 메인 포인트의 차이점은 설교의 메인 포인트는 현재형으로 나타내고(과거형이 아니라), 그리고 고유명사, 시대, 문화적 숙어, 그리고 장소를 포함하지 않는 것이다. 그러나 그것은 본문의 메인 포인트로부터 직접적으로 나오는 것이다. 당신은 본문과 동떨어져서 설교의 메인 포인트를 전개해 나갈 수 없다. 본문으로부터 지배적인 주제를 분리해 내고 그 주제로부터 지배적인 함의를 진술하는 것이다.

설교의 메인 포인트에 대한 다음 예들을 고려하라.

- 우리는 그리스도 안에 있는 새로운 사람들이기 때문에 우리는 믿지 않는 사람들처럼 살아서는 안 된다(엡 4:17-24).

- 우리는 하나님의 은혜로 다음 세대에 복음을 충실하게 전해야만 한다(딤후 2:2).

- 하나님께서 우리에게 놀라운 자비를 베푸셨고 우리도 그와 같이 하라고 하셨으므로 우리는 차별해서는 안 된다(약 2:1-13).

- 우리는 하나님을 섬김에 있어 그의 임재와 그 함께하시는 말씀으로 인해서 강하고 담대할 수 있다(수 1:1-9).

어떻게 각 진술들이 본문의 메인 포인트를 반영하는지 관찰하라. 또한 문장이 현재시제임을 주목하라. 또한 그것은 역사적 요소를 포함하지 않는 대신 인칭대명사("여러분," "우리")를 사용하여 적용적 방식으로 쓰여있다.

설교의 메인 포인트는 사람들이 이해하고 집에 가는 하나의 빅 아이디어이다. 불행히도 많은 강해설교는 과거 시제로 남겨져 있다. 그들은 본문의 상세한 설명들에 대한 두운으로 사용된 포인트들도 포함한다. 상세한 설명도 중요하지만, 우리는 그것들을 우리의 청중들에게 적용하여야만 한다. 강해에서 우리의 목표는 단순히 정보를 전달하는 것이 아니라, 성경의 진리를 실제 사람들에게 적용하는 것이다. 좋은 설교의 메인 포인트를 가짐으로써, 설교는 단지 부분적이 아닌 설교전체를 통한 적용을 가지게 될 것이다.

어떻게 설교의 메인 포인트를 명확히 표현하는가에 대해서는 유연성이 있다. 우리는 좋은 문장을 다듬어가기 위해 매우 열심히 고민해야만 한다. 우리 모두는 명확한 표현을 발전시킬 잠재력을 가지고 있지만, 그러나 실제로 이렇게 하는 것은 힘든 일이다. 잘 표현된 명제를 만들어가기 위해서는 상당한 시간을 보내야 한다. 스탠리(Stanley)는 우리에게는 "귀에 잘 들러붙는 문구"(sticky statement)-청중이 기억할 수 있는 진술-가 필요하다고 했다.[10]

또한 당신은 설교의 메인 포인트를 설교의 여러 부분에서 표현해야만 한다. 사실, 효과적인 커뮤니케이터들이 가지는 하나의 공통된 특징은

---

10   A. Stanley and L. Jones, *Communicating for a Change*, 111.

그들은 메인 포인트를 반복한다는 것이다. 마틴 루터 킹 주니어(Martin Luther King Jr.)의 메시지를 듣고 "나는 꿈이 있습니다"라는 구절을 기억하지 못하는 사람은 없다. 뉴올리언스에 있는 내 친구 중 하나인 프레드 루터(Fred Luther) 목사는 평소에 그의 메시지를 요약하는 하나의 중요한 구절을 가지며, 그는 메시지에서 여러 번 그것을 말한다.

1) 구속사적인 설교의 메인 포인트 전개

설교의 메인 포인트에 관한 또 다른 중요한 문제는 설교가 그리스도에 초점을 맞추도록 설교의 메인 포인트를 구속사적으로 만들어야한다는 것이다. 브라이언 채플(Bryan Chapell)은 그의 책 『그리스도 중심적 설교』에서 설교 작성에 있어서 이 측면을 훌륭하게 표현한다. 그는 구속사적 주제를 확인하는 개념을 "타락한 상태에 관한 초점"(Fallen Condition Focus: F.C.F.)이라고 부른다.

채플은 F.C.F.를 "현재의 신자들과 본문의 대상이 되는 그 시대 사람들이 공유하는 공통된 인간 상태로서, 이는 하나님의 백성들이 하나님을 기뻐하고 그에게 영광을 돌리기 위해서 그 본문의 은혜를 필요로 하는 상태"로 정의한다.[11] 본문의 청중과 당신의 청중들이 지닌 "공통된 인간 상태"를 생각하므로 당신은 본문을 충분히 반영하는 구속사적 해결(redemptive solution)을 나타낼 수 있을 것이다. 그리고 당신이 하는 설교의 그리스도 중심성을 확보할 수 있을 것이다.

---

11 B. Chapell, *Christ-Centered Preaching*, 50.

메인 포인트가 구속사의 내용이어야 한다고 말하는 것은 우리가 본문에 나와 있지 않는 어떤 것을 찾아야 한다는 것을 뜻하지 않는다. 오히려 우리는 왜 본문이 그곳에 있는지 그 이유를 찾아야만 한다.

스스로 질문해보라.

왜 그 본문이 쓰였는가?

왜 나의 성도들은 이 본문의 핵심을 알아야 하는가?

이 본문은 어떻게 적용되는가?

본문은 많은 적용을 할 수 있기 때문에, 본문의 메인 포인트와는 다르게 설교의 메인 포인트는 유연성이 있다. 본문의 역사적 의미를 가지는 은혜로 채워진 적용을 하도록 추구해야 한다.

본문의 "왜" 또는 "어떻게"를 찾는 근거는 성경이 우리에게 단순히 가르치기 위해서가 아니라 우리를 완전하게 하기 위해 주어진다는 생각을 기초로 한다. 디모데후서 3:16-17은 성경의 구속사적 본질에 대한 기본이 되는 구절이다. 바울은 "모든 성경은 하나님의 감동으로 된 것으로 교훈과 책망과 바르게 함과 의로 교육하기에 유익하니 이는 하나님의 사람으로 온전하게 하며 모든 선한 일을 행할 능력을 갖추게 하려 함이라"고 진술한다.[12] 바울이 모든 성경은 우리를 온전하게 한다는 것을 어떻게 말하는지 주의하라.

---

12   비록 바울이 여기에서 성도들의 성화에 대한 것이라기보다는 주로 사역자로서의 디모데의 일에 관해 말하고 있지만, 성경의 필요에 대한 문제는 여전히 남아있다. 브라이언 채플은 "이런 해석은 하나님께서 모든 성경으로 신자를 온전케 하도록 의도하셨다는 결론을 침해하지 않는다. 왜냐하면 사역자의 모든 성경을 가지고 교훈, 책망, 바르게 함과 의로 교육하는 일에 대한 사역자의 의무들은 성경적 진리의 범위에 대한 청중의 내재적 필요에 대한 하나님의 관점을 전달할 것이다"며 바르게 지적한다. Ibid., 49-50.

다른 말로 우리는 성경의 진리가 없이는 불완전하다. 결과적으로 채플은 당신이 설교할 때 당신의 성도들을 "스위스 치즈"(Swiss cheese)로 생각하라고 말한다.[13] 그들은 모두 "영적인 구멍"을 가지고 있고, 그것은 당신이 선택한 특정한 본문 안에 있는 진리로만 채워질 수 있다. 하나님의 구속적 본성은 하나님의 계시로부터 떨어져서 타락한 백성들을 그냥 내버려두지 않으시는 그분의 모습에서 볼 수 있다.

그러므로 당신이 설교의 메인 포인트를 말할 때, 청중들이 당신이 말하려는 것을 알아야만 하는 이유를 강조하는 방식이 되도록 하라.

청중들의 현재 상황을 고려하라.

본문의 진리를 숙고하라.

그리고 마지막으로 본문의 적실성을 강조하는 간결한 명제를 말하라.

구속사의 핵심을 가지고 당신의 메인 포인트를 전개시켜 나가는 것은 당신의 설교가 그리스도 안에 있는 하나님의 변화적 사역에 대해서는 한 마디 언급도 없이, 단순히 도덕적 원리들로만 채워지는 것을 방지할 것이다.

"이처럼 되라" 또는 "단지 이것을 하라" 또는 "이러한 일들은 하지 말아야 한다"고 말하는 설교들을 당신은 얼마나 많이 들어왔는가?

도덕적 가르침이 설교에서 중요하긴 하지만, 우리는 사람들에게 어떻게 그들이 하나님의 기준에 맞게 순종해야 하는지를 보여주어야 한다는 사실을 기억해야 한다. 도덕적인 설교들은 종종 기독교적 표준에 미치지 못하는 것이다. 오프라 윈프리(Oprah Winfrey)도 이런 설교는 할 수 있다.

13　Ibid., 52.

그러므로 당신의 청중들의 주의를 그리스도 안에 있는 그들의 신분에, 성령님의 능력에, 하나님의 힘주시는 은혜에, 복음의 암시에, 또는 기독교인이 순종토록 능력을 주시고 격려하시는 하나님의 특별한 속성에 집중시키는 방법으로 설교의 메인 포인트를 밝히도록 생각하라.

실제적으로 당신은 구속사적 초점으로 설교의 메인 포인트를 명확히 말하기 전에 세 가지 질문(순서에 상관없이)을 해야 할 것이다.

① 왜 이 본문은 타락한 사람들에게 필요하며 그리고 중요한가?
② 나의 청중들과 그 시대 청중들(original audience)이 함께 가지는 관심은 무엇인가?[14]
③ 하나님의 구속적 본성이 본문에서 어떻게 나타나는가?

첫 번째 질문은 인간 문제에 대한 것이다.
본문은 타락한 인간을 위해 어떤 해결책을 주는가?
때때로 문제는 구체적인 죄가 아닐 수도 있다. 채플(Chapell)은 다음과 같이 말한다.

> 슬픔, 질병, 주님의 재림을 기다림, 어떻게 복음을 나눌지 알고자 하는 요구, 그리고 더 좋은 부모가 되고자 하는 열망들은 죄가 아니다. 그러나 그것들은 성경이 말하는 우리의 타락한 상태

14　Ibid.

가 지니는 욕구들이다.[15]

문제가 무엇인지 보고 본문이 어떻게 그 해결책을 주는지 보라. 두 번째 질문은 당신의 청중을 계속 지켜보도록 해 준다. 예를 들면, 당신은 "고린도와 뉴올리언스가 무슨 상관이 있는가? 왜 나의 성도들이 차별하는 죄에 대한 야고보 사도의 말씀을 이해해야 하는가?"라고 질문해야 한다. 이 질문을 하므로, 당신은 성경의 권위와 현대적 적실성을 지켜갈 것이다.

이 두 번째 질문에 관해 더 생각해야할 문제는 설교의 메인 포인트는 당신의 청중에 따라 조금씩 조정될 수 있다는 것이다. 예를 들면, 당신은 당신의 청중에게 각인시키기 위해 "학생 여러분," "기독교 리더 여러분" 또는 "하나님의 백성으로서"와 같은 단어를 추가할 수 있다.

그래서 만약 당신이 에베소서 4:17-24로 어린 청중들에게 설교한다면, 당신은 "학생 여러분, 당신은 그리스도 안에 있는 새로운 피조물이므로 당신은 믿지 않는 친구들과는 다른 삶을 살아야만 합니다"라는 주장을 할 수 있다. 만약 당신이 디모데후서 2:1-7로 리더 그룹에게 설교한다면, 당신은 이렇게 말할 수 있을 것이다.

> 기독교 리더로서, 우리는 다음 세대에 복음을 전하기 위해서 하나님의 은혜로 미래의 리더들에게 투자를 해야 합니다 (딤후 2:2).

---

15 Ibid., 51.

청중을 고려함으로 당신은 본문의 메인 포인트의 더 세심한 적용을 할 수 있을 것이다.

세 번째 질문은 우리에게 본문에서 하나님 중심의 그리고 기독론적 강조점을 찾도록 일깨운다. 하나님에 대한 진리는 영원하기 때문에, 이것은 본문의 진리를 적용하는 가장 확실한 길이자, 설교에서 구속사의 초점을 유지하는 가장 확실한 길이다. 가령 본문이 복음의 함의들, 성령님의 사역, 또는 성부의 사랑을 강조하고 있다. 그런 경우에는 이러한 구속의 진리들이 당신 설교의 메인 포인트에서 잘 짜여지도록 해야만 한다. 이렇게 함으로써 당신의 성도들은 빅 아이디어를 가질 뿐 아니라 그리스도 중심의 아이디어를 가지고 집으로 돌아갈 것이다.

앞선 예들에서 구속에 관한 요소들을 생각해 보라.

첫 번째 예는(엡 4:17-24) 구속의 적용을 가진다. 왜냐하면 그것은 믿는 사람들이 소유하게 되는 그리스도 안에서의 새 생명(순종을 가능하게 하는 새 생명)을 강조하고 있기 때문이다. 하나님이 하시는 회심의 사역을 강조함으로 어떻게 세상 문화에 맞추어 행동하지 않을 수 있는지에 대한 해결책을 당신의 성도들에게 제공할 수 있다.

두 번째 예가(딤후 2:1-7) 구속적인 이유는 복음을 전하기 위해서 하나님의 은혜를 의지하라(또 다른 구속의 요소)고 디모데에게 전하는 바울의 말씀을 강조하기 때문이다.

세 번째 예는(약 2:1-13) 차별함에서 벗어나 다른 사람을 사랑하기 위해서 13절에서 나오는 하나님의 긍휼을 강조한다.

네 번째 예는(수 1:1-9) 우리가 가지는 담대함과 강함의 원천이 하나님의 임재와 그의 말씀을 가리키기 때문이다.

2) 설교의 메인 포인트가 가져다주는 이점

설교의 메인 포인트가 도움이 되는 몇 가지 이유가 있다. 이미 말한 것처럼, 그것은 우리와 성경 본문을 묶어 준다. 성경 시대 당시 청중들과 오늘날 청중들 사이의 공통된 상황을 주목하므로, 당신은 성경의 권위를 확보할 수 있을 것이다. 이 장에 우리가 다루는 각각의 예를 통해서, 우리는 성도들이 우리 자신 마음대로가 아니라, 다만 하나님의 말씀에 순종하도록 부르는 것이다.

또한 좋은 설교의 메인 포인트는 설교에 통일성(unity)을 부여한다. 설교에 나오는 모든 포인트들은 본문으로부터 나와야 하며, 설교의 메인 포인트를 중심으로 세워져야만 한다. 설교 전체가 통일되도록 만들기 위해, 설교의 메인 포인트는 우리로 하여금 설교에서 무엇을 포함하고 무엇을 빼야 할지 결정하도록 도와준다.

덧붙여서 설교의 메인 포인트는 설교의 목적을 제공한다. 강해설교자로서, 우리는 단순히 성경 구문에 대한 역사적 강의만 해서는 안 된다. 우리는 성도들이 본문에 대해 어떤 식으로든 반응하도록 해야 한다. 그러므로 우리는 그들이 설교를 들으면서 가져야 할 목표 또는 목적을 그들에게 말해야 한다. 예를 들면, 만약 야고보서 2:1-13로 설교를 한다면, 나의 목적은 교회가 그들의 편견을 회개하고 모든 종류의 사람들을 사랑하기 시작하도록 하는 것이 될 것이다.

마지막으로, 구속의 핵심을 가진 설교의 메인 포인트는 청중들에게 영광스러운 하나님이 가지신 본성과 사역을 드러낸다. 이러한 형태의 메인 포인트는 청중들의 마음이 궁극적으로 그리스도 안에서 찾을 수 있는 하나님의 구속의 은혜를 향해 나아가도록 하기 위해서 설교 가운데 혹은 미리 진술되어지는 것이 가장 좋다. 복음 중심의 초점은 설교가 도덕적 교훈이 되지 않게 하며 타락한 사람들이 본문에서 구원에 대한 분명한 답을 듣고자 열망하도록 만들 것이다.

3. 설교의 메인 포인트를 반영하는 제목 정하기

당신의 청중이 시각에서 본문의 메인 포인트(M.P.T.)와 설교의 메인 포인트(M.P.S.)를 생각한 후에는, 제목을 정하는 것을 생각해야 한다. 제목은 구속의 주제를 통합하는 마지막 요소이다. 이는 모든 것을 한꺼번에 끌어 모으는 방식이 된다. 제목은 설교 이론에서 가장 논쟁이 되는 부분들 중의 하나이다. 어떤 사람들은 별난 제목을 너무 좋아하거나, 또는 항상 "어떻게"가 들어간 제목을 좋아한다. 다른 이들은 제목에 전혀 신경 쓰지 않는다.

사실 제목은 매우 주관적이지만, 나는 그것이 설교와 본문의 메인 주제를 나타내는 중요한 목적을 위해 일한다고 생각한다. 만약 우리가 사람들이 "하나의 요점"을 기억하기를 원한다면 우리는 제목에 그 포인트를 나타내야만 한다. 더욱이 제목은 설교에 관심을 갖게 만든다. 확실히 제목을 정하는 일에는 창의성의 여지가 있다. 우리는 설교의 메인 포인트를 강화하기 위한 수단뿐만 아니라 그 메인 포인트를 기억하기 쉽도록 만들기 위해서도 제목을 정하는 데 노력을 기울여야 한다.

다음에 나오는 제목들을 보라. 각각은 설교의 메인 포인트를 강화한다.

- 새로운 피조물로서 살아가는 삶(엡 4:17–24)
- 제자를 만드는 제자를 만들기(딤후 2:1–2)
- 은혜에는 예, 차별에는 아니오(약 2:1–13)
- 강함과 담대함을 찾을 수 있는 곳(수 1:1–9)

제목의 또 다른 목적은 공적 예배를 준비하는 많은 과정과 관계가 있다. 만약 설교의 제목이 구속적 주제를 나타낸다면, 그것은 음악, 성경 낭독 본문, 그리고 예배의 다른 요소들의 선택에 도움이 될 것이다. 이러한 방법으로 제목은 보다 나은 예배의 계획에 도움이 될 것이다.

결국 담임목사와 잘 맞는 예배 인도자를 보는 것보다 더 마음이 따뜻해지는 것은 없다!

설교의 구속의 주제를 당신 자신이 이해하고 있는지 시험하기 위해 채플의 "새벽 3시 시험"[16]을 고려해 보라.

어떤 사람이 새벽 3시에 당신을 깨웠다고 상상해보라.

그리고 그가 "목사님! 설교가 무엇에 대한 것이지요?"라고 묻는다면, 당신은 그들에게 무엇을 말하겠는가?

당신은 본문의 메인 포인트에 대한 간단한 현재형 또는 미래형 적용을 줄 수 있는가?

만약 그렇다면 당신은 핵심 요지가 담긴 설교를 전개해 나가는 아이디어를 지니고 있는 것이다. 아마 우리의 제목이 우리의 설교의 메인 포인트를 나타낸다면, 우리는 적어도 그것을 그들에게 말할 수 있을 것이다.

---

16 Ibid., 47.

4. 요약

효과적인 강해설교는 선택한 본문의 중요한 주제를 나타내야만 한다. 그 주제는 본문의 메인 포인트와 설교의 메인 포인트에 기초한다. 설교에서 그리스도 중심성을 유지하기 위해서, 강해설교자는 본문의 구속의 요소들을 찾아야 하고 설교의 메인 포인트에 이러한 요소들을 강조해야만 한다. 효과적인 설교의 메인 포인트는 성경의 권위, 일관성, 적용, 목적, 그리고 소망을 보증한다. 설교의 제목은 청중들이 알아야 하고 그렇게 살아가야하는 가장 주도적인 포인트를 강화시키면서 설교의 메인 포인트를 나타내는 좋은 방법이다.

◆ 디모데전후서 연구

1) 디모데후서 1:8-14를 읽으라.
   그리고 다음의 요소들을 완성해보라.

본문의 메인 포인트(M.P.T.):

설교의 메인 포인트(M.P.S.):

제목(Title) :

7장
3단계: 아웃라인 작성하기

너는 이것들을 명하고 가르치라.

－딤전 4:11

만약 설교자가 본문을 설명하는 것에만 집중한다면, 동일한 구문에 대한 여러 메시지들은 거의 동일한 해석학의 아웃라인을 따르므로 비슷하게 들릴 수밖에 없다. 그러나 설교자에게는 본문의 특징을 단순히 알리는 것 보다 더 큰 의무가 있다. 본문을 강해하기 위해서, 설교자는 정황을 설명하고, 의미를 확정하며, 그 함의들을 드러냄으로, 특정한 그룹의 청중들이 흥미를 갖고, 이해할 만하고 적용할 수 있도록 해야 한다. 이러한 목표를 이루기 위해, 강해설교자는 본문의 진리에 충실하고 회중의 필요에 적합한 설교를 만들기 위한 설교적 아웃라인을 디자인한다.[1]

－브라이언 채플(Bryan Chapell)

---

1 B. Chapell, *Christ-Centered Preaching* (Grand Rapids: Baker, 2005), 129.

설교 준비 과정의 3단계 목표는 본문의 구조를 나타내면서 동시에 설교의 메인 포인트(M.P.S.)를 지지하는 아웃라인을 발전시키는 것이다. 어떤 사람들은 설교의 메인 포인트를 희석시킨다는 이유와 "삶의 변화"를 위한 가장 효과적인 접근이 아니라는 이유로, 지지하는 포인트들과 보조 포인트들을 없애야 할 필요성을 주장한다.[2] 나는 매우 분명한 설교의 메인 포인트를 나타내는 것과 그것을 메시지 전체에서 반복하는 것이 좋다고 생각하지만, 설교에서 설교의 메인 포인트만 남기고 줄여야 할 필요가 있다고는 생각지 않는다.

오히려 내가 지지하는 포인트들의 목적은 본문에 대한 특정한 진리를 강조하며 상황에 적실한 적용을 함으로 설교의 메인 포인트를 돕는 역할을 하는 것으로 생각한다. 이외에도 구조가 없는 설교를 옹호하는 사람들도 결국은 어떤 형태로든지 구조를 가지는 것으로 마치게 된다. 일반적으로 이러한 비판은 형편없는 커뮤니케이터가 하는 형편없는 구조의 메시지에 대한 반응이다.

그러므로 우리는 목욕물을 버리면서 소중한 아기까지 같이 버려서는 안 된다. 다만 우리는 아웃라인이 가르침과 커뮤니케이션을 향상시킬 수 있도록, 아웃라인에 대한 우리의 접근을 개선해야 한다.

나아가 우리 설교를 완전히 "원 포인트, 테이트 아웃 방식으로" 줄이는 것의 문제점은 설교에서 우리의 목적이 사람들로 설교를 기억해서 즉각 어떤 것을 행하도록 하는 것이란 전제에 있다. 분명 우리는 사람들이 하나님의 말씀에 따라 행하기를 바라지만, 적용은 "행하는 단계" 이

---

2 A Stanley and Jones, *Communicating for a Change*, 102–3.

상을 수반한다. 때때로 적용은 다른 어떤 것을 믿는 것(believing something different) 또는 중요한 어떤 것을 아는 것(knowing something important)을 포함한다.

나는 사람들이 철저한 성경적 세계관을 가지므로 "삶이 바뀌는" 더 크고 더 진정한 의미를 경험한다고 생각한다. 그리고 당신이 매주 하나의 행동 단계를 제공하는 것으로 어떤 사람의 세계관을 형성해 줄 수는 없다. 그것은 실제 삶에 대한 적용과 짝을 이룬 성경의 진리를 철저히 나타내는 것을 필요로 한다.

덧붙여서 나는 우리의 첫 번째 목표가 모든 사람으로 하여금 설교에 대한 "모든 것"을 기억하도록 하는 것은 아니라고 생각한다. 그보다 나는 설교란 매주 사람들을 먹이는 것이며, 그리고 말씀을 통해 그들이 하나님과 대면하도록 돕는 것이라고 본다. 그들로 하나님의 살아 움직이는 말씀으로 먹도록 하기 위해서는, 설교에 약간의 고기도 필요할 것이다. 그래서 나는 밀도가 높은 설교의 열렬한 애호가이다. 나는 많은 재료들을 가지는 것을 두려워하지 않는다. 나는 대개 약 40분 설교한다. 그러나 나는 우리의 재료들이 항상 설교의 메인 포인트를 위해 일해야만 한다고 생각한다. 만약 다음 주 수요일에 이번 주일에 한 설교가 생각난다면, 나는 그것은 바로 그 설교의 메인 포인트, 핵심 진리이기를 바란다.

그러므로 보조 포인트들이 중요하지 않은 것이 아니다. 그것들은 도움이 되는 많은 이점을 가진다. 나는 제자도에 관한 세 가지 이점과 커뮤니케이션에 관한 두 가지 이점을 말하려고 한다.

1. 설교 아웃라인의 이점

1) 제자도의 유익 #1: 성경적 가르침

당신이 다른 방법들로 설교의 포인트를 말할 수도 있지만, 당신이 한 본문 주해가 반영되는 설교 아웃라인은 강해설교의 핵심에 자리 잡고 있다. 설교 아웃라인은 당신이 성도들로 본문을 통한 여행을 안내하면서, 중요한 구절, 단어, 그리고 개념들에 대한 설명과 적용을 위해서 멈출 수 있도록 도울 것이다. 때로는 아웃라인은 당신이 본문에서 중요한 문제뿐만 아니라 간과되거나 무시되어온 문제들도 지적하도록 도울 것이다. 다시 말하면, 잘 만들어진 아웃라인은 당신이 성경을 잘 가르치도록 도울 것이다.

또한 당신의 성도들이 어떻게 당신의 포인트가 바로 본문과 관련되는지 보면서, 그들은 어떻게 그들 스스로 성경을 연구할 수 있는지도 설교 아웃라인을 통해 배울 것이다. 나는 심지어 나의 성도들에게 그들 스스로 성경을 읽으면서 저자의 의도와 본문의 주요한 아이디어들을 찾아가며 그 아웃라인을 그려보길 권한다.

2) 제자도의 유익 #2: 교리적 가르침

아웃라인의 다른 이점은 선택된 본문으로부터 드러나는 교리를 가르치기에 유용하다는 것이다. 때로 교리적 진리들(doctrinal truths)은 설교의 더 큰 구조 안에 있는 보조 포인트(sub-points)로 쉽게 다루어진다. 많은 곳에서 교리적 가르침이 없는 곳에, 유용한 설교의 포인트들은 교리적 이해를 도울 것이다. 목사가 일반적으로 가장 자질 있는 교사이므로 설교단은 교리적 가르침을 위한 최적의 장소이다.

내가 설교에서 성도가 느끼는 직접적 필요를 제공하는 식의 접근에 눈살을 찌푸리는 이유들 중 하나는 그것이 특정한 교리의 문제를 거의 채택하지 않게 된다는 것이다.

얼마나 많은 사람들이 당신이 삼위일체에 대해 그들에게 가르쳐주기를 열망하겠는가?

교리가 우리의 세계관을 빚어가기 때문에 교리를 알아가는 것보다 더 적실한 것은 없다. 확실히 교리는 경우에 따라 매우 복잡할 수 있기에 우리가 청중을 잃을 수 있다. 주의 깊게 다듬어진 포인트들은 우리가 궤도 안에 머물면서, 쉽게 이야기할 수 있도록 도울 것이다.

더욱이 많은 교리적 가르침은 대체로 정보의 전달이므로 아웃라인은 당신이 교리의 진리를 전달하는 데 도움을 줄 것이다. 또한 많은 교리는 우리가 설명함에 있어 정확성이 필요하다. 325년에 아타나시우스(Athanasius)는 기독론에 관한 한 장의 편지로 아리우스(Arius)에 대항하는 논쟁을 했다. 그 하나의 입장은 기독교이었고 다른 쪽은 이단이었다. 분명히 간결함과 정확함은 교리의 가르침에 매우 중요하다. 아웃라인은 당신이 정확할 수 있도록 도울 것이다.

3) 제자도의 유익#3: 증가

나는 대표적으로 주일날을 위해 아웃라인(가끔 빈곳을 채워 넣는 방식)을 제공한다. 나는 몇 가지 이유 때문에 이렇게 한다.

첫째, 그것은 설교의 메인 포인트를 명료하게 한다. 일반적으로 설교의 메인 포인트는 제목에 반영되고, 그것은 설교의 아웃라인을 이끌고 가는 진술이다. 만약에 설교에서 전해져서, 가족들이 점심시간에 토론되어야 할 한 가지가 내용이 있다면, 그것이 설교의 메인 포인트이길 바란다.

둘째, 효과적인 아웃라인은 더 진행될 연구와 다시 가르쳐야 할 것에 대해 더 자세한 내용을 청중에게 제공할 것이다. 매주 아웃라인을 주면서 사도행전을 다 마친 후에 나는 청중들에게 그들이 "또 다른 사람을 가르칠 수"(딤후 2:2) 있어야 한다고 말했다.

메인 포인트들과 보조 포인트와 더불어, 나는 종종 나의 성도들이 개인적으로 읽기를 바라는 책이나 다른 자료로부터 인용문들을 가져와서 포함시킨다. 나는 강해설교자로서 우리 목표의 한 부분이 제자를 만들어 내는 제자를 기르는 것—그들에게 하나님이 명하신 모든 것에 순종하기를 가르침으로—이라 생각한다. 이렇게 하기 위해서 사람들은 내용이 필요하다.

4) 커뮤니케이션 유익 #1: 인도

설교 구조가 가져다주는 커뮤니케이션 유익은 그것이 설교자와 청중 모두를 인도하며 일정한 보조(pace)를 유지하도록 해 준다는 것이다. 만약 내가 설교의 메인 포인트를 뒷받침하는 네 가지 포인트들을 가지고 있다면, 나는 각각이 얼마만큼의 시간을 차지해야 할지 알게 된다. 이것은 내가 전하는 메시지의 보조를 맞추는데 도움을 준다. 특별히 청소년들에게 설교할 때 가장 힘든 점들 가운데 하나는 효과적인 속도를 유지하는 것이다.

주의 깊게 다듬어진 아웃라인은 내가 그들을 잠들게 하거나 혹은 너무 많은 내용으로 그들을 질리게 하지 않고 설교를 통해 그들을 인도하게 한다.

또한 아웃라인은 청중들이 내가 어디로 향해가고 있으며 언제 비행기가 착륙할지 알도록 돕는다. 실제로 아웃라인을 나누어 줌으로써, 그들이 자신들 앞에 놓인 큰 그림을 본다면, 나는 청중이 40분 설교를 끝까지 더 잘 들을 수 있으리라 생각한다.

5) 커뮤니케이션 유익 #2: 통합

마지막으로 설교 구조는 우리가 "네 개의 설교"(four sermons)가 아니라 "하나의 설교"(one sermon)를 하도록 돕는다. 이것은 설교 아웃라인을 전면적으로 반대하는 사람들을 향한 비판이다. 우리는 설교의 메인 포인트에 도움이 되지 않는 내용들을 포함하지 말아야만 한다. 우리의 목표는 전체가 하나로 통일된 설교를 하는 것이어야 한다. 이것은 설교에 많은 가르침의 내용이나 적용이 될 수 없다는 것을 의미하지 않는다. 단지 통일성을 유지하기 위해 불필요한 내용들은 잘라낼 필요가 있음을 의미한다. 스토트(Stott)는 "우리가 적실하지 않은 (irrelevant) 것을 버릴 때는 무자비해야만 한다"[3]라고 말했다. 설교의 구조를 통해 생각함으로써, 적

---

3 J. Stott, *Between Two Worlds*, 228.

실하지 않은 주제들은 명백하게 드러난다.

2. 설교 아웃라인을 발전시키는 원리

우리가 아웃라인을 만드는 어떤 방법을 이야기하기 전에, 마음에 품어야 할 몇 가지 일반적인 원리들이 있다. 여기에는 피해야 할 세 가지 문제점들과 생각해 보아야 할 두 가지 아이디어들이 있다.

1) 피해야 할 문제들

첫째, 우리는 설교의 중심이 되는 요점에서 벗어나도록 하는 산만한 아웃라인을 피해야 한다.

만약 우리 보조 포인트들이 설교의 핵심 요지를 돕는다면, 그 포인트들이 분명하게 말하여 사람들의 마음이 설교의 형식에서 떠나서 설교의 핵심 내용에 머무르게 해야 한다. 이것은 우리가 지나치게 잘 짜이고 기교 있는 아웃라인을 피해야만 하는 것을 뜻한다(예를 들면, 세 개의 두음으로 시작하는 요지들).

둘째, 우리는 본문을 아웃라인에 억지로 맞추는 것을 피해야 한다.

때로 설교자는 설교의 메인 포인트에 대한 어떤 지지도 받지도 않고 본문의 의미를 반영하지도 않는 아웃라인을 만든다. 억지로 만들어 낸 두음법의 요지들이나 두 포인트면 충분한데 세 개의 포인트를 만들어 낸 아웃

라인은 인위적이라는 인상을 주고 결국 설교가 혼란스럽게 끝나게 된다.[4]

셋째, 우리는 예측 가능한 아웃라인을 피해야 한다.

물론, 이 문제는 단지 아웃라인에만 있는 것은 아니다. 그러나 목사가 매번 같은 수의 포인트를 사용하고, 같은 태도로 말하는 메시지의 아웃라인을 만드는 것은 청중에게 가장 예측가능한 것이 된다. 당신은 수사학적 요소들을 변화시켜 가면서, 본문에 충실한 방법으로 당신의 포인트를 정교하게 만들어야한다.

2) 고려해야 할 아이디어들

설교자가 고려해 보아야 할 첫 번째 아이디어는 당신의 아웃라인을 구어체로 전개하는 것이다. 비록 순수한 주해적 아웃라인도 괜찮으며 때로는 좋지만, 나는 읽는 이가 아니라 듣는 이를 위해 쓰인 아웃라인이 좋다고 생각한다. 내가 나의 회중에게 기록된 아웃라인을 제공하지만, 그 아웃라인 자체는 대화 형식으로 기록된 것이다. 그러므로 나는 표제들이나 단락구분들과 달리 문장으로 나타내는 것이 좋다고 생각한다.

예를 들면, 에베소서 3:14-21에 나오는 바울의 기도를 설교할 때, 당신은 해석에 따라 본문의 아웃라인을 정할 수 있다.

① 바울의 태도(14)
② 바울의 간구(15-19)

---

4   Ibid., 229.

③ 바울의 관점(20-21)

그러나 당신은 그것을 구어체로 말할 수 있다.
우리는 주권자 되시며 자비로우신 하나님께 기도하면서,

① 겸손하게 기도해야 한다(14).
② 그의 사랑과 능력의 충만함을 위해 기도해야 한다(15-19).
③ 큰 기대함을 가지고 기도해야 한다(20-21).

"주권자 하나님께 드리는 기도"는 이 본문에 적당한 제목이라 할 수 있다. 설교의 메인 포인트는 "우리는 주권자되신 하나님께 기도한다는 것을 기억해야만 한다"가 될 수 있을 것이다.
설교자가 고려해야 할 다른 아이디어가 이 예문에 나타나 있다.
당신의 포인트를 구어체 표현으로만 나타낼 뿐만 아니라 개인적 적용의 스타일로 표현할 것을 고려하라.
만약 나의 청중이 어떤 것을 기록하고 있다면, 나는 그것이 단지 표제만 있는 단어라기보다는 더 많은 내용이었으면 좋겠다. 적용 스타일의 포인트를 만들기 위해서는, 당신이 해 놓은 성경 연구와 구조 다이어그램에 기초하여 해석의 아웃라인을 먼저 전개하는 것이 좋다.
이러한 중요한 본문의 구획들로부터 세부적인 적용을 충분히 생각하고 지지하는 포인트들로서 본문에 대한 적용을 기록한다. 그러나 청중들이 당신의 포인트가 어디로부터 나온 것인지 알 수 있도록, 그리고 당신이 본문을 떠나 표류하지 않도록 특정한 언어를 사용하여 본문의 무드를 유지하려 노력하라.

간단히 말해, 본문을 반영하면서 당신에게 맡겨진 청중들에게 적합한 방법으로 당신의 포인트를 전개하라.

3. 강해 아웃라인을 세우는 방법

설교자들이 성경의 같은 본문을 다루지만, 그 내용을 드러내기 위한 접근은 보통 다를 수 있다. 그러므로 설교 구조의 문제는 주관적이고 유연하다. 아웃라인의 주된 책임은 본문의 의미를 반영하고, 설교의 메인 포인트를 지지하며, 주어진 청중과 효과적으로 의사소통하는 것이다.

아웃라인을 세우기 위해 가능한 방법들 중 몇 가지 예를 보여주기 위해서, 나는 10가지 접근 방식을 제안하고자 한다. 당신이 하나의 접근 방식을 선택한 후에는 당신이 사용할 단어와 포인트/단락의 수를 주의 깊게 선택해야 한다.

1) 접근 방식의 선택

첫째 옵션은 수사적 강해 접근 방식이다.

내가 가장 자주 사용하는 이 형식에서는, 설교자가 도입부(들어가는 말, 본문의 메인 포인트[M.P.T.]와 설교의 메인 포인트[M.P.S.]를 포함하는), 본문(포인트와 그에 대한 설명, 적용, 그리고 예화를 포함하는), 결론(본문의 요약), 그리고 반응(행동을 위한 초대)으로 구성되는 아웃라인을 전개한다. 이러한 포인트들은 앞서 이야기한 적용적 스타일을 포함한 다양한 방법으로 표현될 수 있다.

둘째, 당신은 키워드 접근 방식을 고려하는 것도 좋다.

이 접근은 수사적 강해 접근 방식에 포함된다. 설교의 본문에서, 당신은 설교를 위한 구조를 형성하는 키워드를 찾을 수 있을 것이다. 이러한 키워드들은 설교의 메인 포인트를 지지하면서 본문에 나오는 병행적 아이디어들이다. 이러한 아이디어들은 일반적으로 주요 단락들을 특징짓는 복수 명사이다.

이런 키워드의 예들로는 이유들, 진리들, 특징들, 목적들, 표지들, 단계들, 또는 국면들 등이 있다. 가장 적합한 단어를 생각하기 위해서는, 왜? 어떻게? 또는 무엇을? 이라고 질문하라. 예를 들면, 야고보서 2:1-13로 설교할 때, 당신은 차별을 하지 말아야 할 네 가지 이유들이 있다고 말해도 좋다.

야고보서 2:14-26에서, 당신은 세 종류의 믿음이 있다고 말할 수 있다.

① 죽은 믿음(Death Faith)
② 악한 믿음(Demonic Faith)
③ 역동적 믿음(Dynamic Faith)

셋째, 주해적 접근 방식은 현대 많은 강해자들에 의해서 행해진다.

이 접근은 설교의 메인 포인트와 강력한 도입과 결론을 가지며 때로는 수사적 강해 접근 방식에 포함된다. 그러나 이 접근은 키워드 방식이나 적용적 스타일을 가진 아웃라인은 사용하지 않는다. 이 아웃라인은 구어체의 설교보다 더 주해적 주석에 가깝다.

야고보서 3:1-12로부터 혀의 본성에 대한 설교에서, 아웃라인은 다음과 같을 수 있다.

① 혀의 지시하는 본성
② 혀의 파괴하는 본성
③ 혀의 속이는 본성[5]

이 접근에서 아웃라인은 구조적 다이어그램과 초기 주해적 아웃라인과 거의 같아 보인다. 하지만 이것은 성경을 충실하게 가르치는 하나의 방법이다.

넷째, 설교자는 순수 강해적 접근 방식을 사용할 수 있다.

이것은 구조적인 것이라고는 거의 없이, 더욱 절별 설명과 본문 적용을 하는 것이다. 때로 이것은 호밀리(homily) 또는 연속적 주석 방식이라 불려진다. 존 칼빈(John Calvin)과 다른 개혁주의자들은 이러한 접근 형식을 사용한 것으로 잘 알려져 있다. 나는 일반적으로 소그룹 성경공부나 기도모임을 위해서는 이 방식을 좋아한다. 이러한 경우에서 나는 어떤 이슈를 설명하기도 하고 피드백을 위해 질문을 하기도 한다. 이 접근 방식은 평소 더 수사적 접근을 연습하는 사람들에게 때때로 설교 진행의 변화를 위한 좋은 방식이기도 하다.

---

5   Vines and Shaddix, *Power in the Pulpit*, 158.

다섯째, 혼합식 설교 방식을 사용할 수도 있다.

여기서 설교자는 연속적인 생각과 적용을 주면서 본문을 통해 구조적으로 움직여가는 것을 선택하는 대신 어떤 수사적 요소들을 가질 수 있다. 혼합식은 강력한 도입(지배적인 설교 포인트를 가진)과 결말을 가지지만, 설교의 본문은 더욱 연속적 주석 방식일 수 있다. 이 접근은 사도행전의 설교와 같이 긴 내러티브에 적합하다.

여섯째, 청교도식 접근 방식은 강해설교를 세워나가는 또 다른 적용에 기초를 둔 방법이다.

윌리엄 퍼킨스(William Perkins)의 제자들은 본문에 있는 중심이 되는 교리를 밝히고 그것에 대한 어떤 적용들을 하도록 배웠다. 그것은 현대 설교자들이 하는 "원 포인트" 설교 아이디어와 유사하지만 청교도식 접근은 항상 교리적이며 많은 수의 적용들을 가진다는 점이 다르다.[6]

이 모델에서, 설교는 하나의 중요한 신학적 포인트를 강조하면서 성경의 작은 본문 단위로 세워져야 하고 청중들을 위한 수많은 적용들을 포함한다. 그러나 이 적용들은 단지 행동 단계들이 아니다. 많은 적용들이 논증(arguments)이다(청중의 반대를 기대하고 논리적인 주장[logical arguments]을 통해 그 반대들에 반응한다는 점에서 청교도들은 놀랍다). 그러한 설교는 본문에 대해 굉장한 양의 묵상을 필요로 하며, 신학과 특정한 청중 양쪽 모두에 대한 철저한 지식을 필요로 한다.

일곱째, 질문-대답 접근 방식 또한 성경의 본문(또는 선택한 본문)으로부터 교리를 가르치는 좋은 방법이다.

---

6 W. Perkins, *The Art of Prophesying*, 79.

누가복음 3:1-18에 대한 최근 설교에서, 나는 세례요한의 회개의 메시지를 강조했고 세 가지 질문을 했다.

① 무엇이 회개이고 왜 그것이 좋은 소식인가?
② 누구에게 회개가 필요한가?
③ 무엇이 회개의 열매인가?

그리고 나는 관련 본문으로부터 조금 도움을 받아가며, 본문 자체로부터 그 세 가지 질문에 답해 나갔다.

여덟째, 문제-해결 접근 방식은 구속사 설교를 하기에 좋은 방법이다. 이 접근은 앞의 접근들 중 일부와 함께 사용될 수 있지만, 주된 아이디어는 설교의 시작에 문제를 설명하고 본문이 어떻게 그 문제에 답하는지를 보여주는 것이다. 문제-해결 접근 방식의 또 다른 방법은 본문에 나오는 실제 문제를 보여 주고 남은 시간동안 그 문제를 해결하는 것이다. 이 접근은 청중들로 읽고 비판적으로 생각하도록 하기에 유용하다.

당신은 야고보서 2:14-16에서 이런 질문할 수 있다.

"바울은 야고보와 반대되는가?"

그 설교는 믿음으로 의로워짐에 대한 바울의 가르침을 설명하면서 시작할 수 있고, 야고보가 한 가르침과의 관계를 설명하므로 진행될 수 있을 것이다.

아홉째, 귀납적 접근 방식은 내러티브 본문에 좋은 아이디어이다.

연역적 접근 방식이 메인 포인트로 시작해서 설교 끝까지 그것을 지지하는 데 반해서, 귀납적 설교는 일반적으로 설교의 끝에 메인 포인트를 둔다. 대부분의 강해설교는, 누군가가 충실히 귀납적 접근으로 본문을 설명하고 적용한다 해도, 연역적 방법론에 포함된다. 비유들은 귀납적 접근을 실행하기 위한 훌륭한 본문이다. 예수님이 하시는 비유의 메인 포인트는 자주 끝에 나온다.

당신의 메인 포인트 또한 끝에 나오면 왜 안 되겠는가?

포인트로 들어가기 위해서, 설교자는 이야기를 상세하게 설명할 수 있으며, 이야기를 풀어나가면서 추가적인 적용과 예화를 줄 수 있다. 그러나 메인 포인트는 끝에 오게 된다. 당신은 포인트가 제시된 후 몇 가지의 적용을 더 할 수 있다.

열번째, 설교 플롯 접근 방식 역시 내러티브 본문에 잘 작동한다. 1980년에 유진 로우리(Eugene Lowry)는 이 접근을 대중화시켰다. 로우리는 내러티브 본문의 설교는 효과적으로 다섯 파트의 순서를 따를 수 있다고 말한다.

① Oops!-문제를 소개하라.
② Ugh!-문제를 분석하라.
③ Aha!-해결책을 소개하라.
④ Whee!-문제를 품을 수 있는 복음을 가져오라.
⑤ Yeah!-해결책(resolution)을 현재의 삶에 적용하라.[7]

이 접근으로 당신은 플롯을 통해 설교의 메인 포인트를 전개할 수

---

7 E. Lowry, *The Homiletical Plot* (Louisville: John Knox, 1980), 25.

있다. 당신은 등장인물, 줄거리, 배경, 갈등, 절정, 그리고 해결책을 밝혀가면서 하나의 전형적인 내러티브처럼 본문을 다룬다.

예를 들면, 마가복음 4:35-41에 대한 설교에서, "Oops!"는 예수님은 잠들어 계시고 제자들은 폭풍 중에 있다가 된다. "Ugh!"를 위해 당신은 깊이 있는 질문들을 하면서 문제를 분석할 것이다.

"왜 예수님은 주무시나?

그분은 제자들에 관심이 없으시나?"

"당신은 예수님께서 당신의 문제에 관심이 없으시다 느껴본 적이 있는가?"

다음으로 "Aha!"는 바람에 대한 예수님의 침묵에서 찾아진다.

"Whee!"는 "너희가 어찌 믿음이 없느냐?"(막 4:40)하신 예수님의 질문에서 발견된다. "Yeah!"는 "그가 누구이기에?"(막 4:41)라는 예수님의 신성에 대한 제자들의 깨달음을 적용하는 것을 포함할 것이다. 이 접근은 내러티브 본문에 맞지 않는 아웃라인을 억지로 강요하지 않으면서, 내러티브를 통해 움직이는 흥미로운 방법이다.

2) 단어 선택

각 상황에 가장 잘 맞는 방식을 선택한 후에, 가능한 가장 좋은 형식으로 당신의 포인트를 정확히 표현하는 것에 최선을 다하라. 기억해야 할 하나의 열쇠는 그 포인트를 상호 배타적으로 만드는 것이다. 만약 당신이 세 가지 포인트를 가진다면, 그러면 세 가지를 사용하라. 하지만 그보다 적거나 많게 될 때에는 조절하라. 다음으로 당신의 포인트가 이해할만하고 쉽도록 만들라. 나는 분명하게 의사소통하기 위해서 적용적 형식을 좋아한다. 명료함을 위해 완전한 문장 또는 독립된 구문을 사용하는 것이 중요하다.

나아가 당신의 포인트를 발전적으로 만들 수 있도록 고민하라. 만일 마지막에 결정적 핵심 포인트를 지니면서 설교 포인트들이 서로 함께 맞물려 있다면, 당신은 끝을 강력하게 끝내야 한다(귀납적 방식과 비슷하게). 가능하다면, 나는 분명한 그리스도에 관한 구속과 관련된 내용을 포인트로 끝내는 것을 좋아한다.

또 다른 유용한 스타일에 관한 도움은 되풀이 하는 말(reiteration)을 사용하는 것이다. 몇 가지 되풀이 하는 말의 사용법은 다음과 같다.

두운법(같은 철자나 첫 번째 단어), 유음법(비슷한 끝음 사용, 예를 들면 "신비주의[mysticism],율법주의[legalism], 의식주의[ritualism])", 반복(각 포인트를 반복해서 말하는 것), 그리고 평행법(포인트들 사이에 통일성과 균형을 제공하면서). 나는 두운법에 대해 열정적인 팬은 아니다. 그것은 때로 많은 시간이 걸리며, 오만하게 될 수도 있으며. 그리고 설교의 메인 포인트를 무시할 수도 있기 때문이다. 하지만 그것을 간혹 사용한다.

내 친구 한 명은 "두운법은 조미료와 같다, 조금은 괜찮지만 너무 많이 사용하면 물리게 된다"고 말한다. 유음법 또한 그것이 너무 많이 사용되거나 지나치게 확대되어지면 듣는 이가 질린다. 평행법은 우리가 다음과 같은 균형 잡히지 않은 아웃라인을 사용하지 않도록 해 준다.

① 바울은 빌립보 성도들에게 겸손히 자신보다 남을 낮게 여기라고 편지했다.

② 예수님은 겸손하셨다.
③ 빌립보서 2:7에 나오는 "자기 비움"의 그리스어는 "케노오"(*kenoō*)이다.

이러한 포인트는 모두 사실이지만, 여기에는 통일성이 결여되어 있다. 포인트를 되풀이하는 많은 방법들 중에 반복(repetition)은 내가 개인적으로 좋아하는 것이다. 나는 반복이 아웃라인을 세워가는 데 일반적으로 더 자연스러운 방법인 것을 안다. 그리고 반복은 설교의 메인 포인트를 다시 강조할 수 있는 효과적인 방법이다.

예를 들면, 말씀에 순종하는 것에 관한 야고보서 1:18-27의 설교에서 당신은 "말씀"을 반복할 수 있다.

① 말씀을 존중하라.
② 말씀을 들으라.
③ 말씀을 행하라.

다른 이런 사용들처럼, 반복은 가르침의 목적과 더불어 설교를 내면화하고 설교를 기억하도록 도와 줄 것이다.

단어에 대한 마지막 말은 당신이 해야 할 전환구문들을 생각하는 것이다. 나는 보통 내가 할 설교 전체를 미리 연습하여 말해보지는 않지만, 도입과 때로는 전환하는 말들은 연습한다. 전환구문들을 위한 일반적인 가이드라인은 그것들을 두드러지지 않도록, 단순하게(예를 들면, 다시 말

해, 다음으로, 더불어), 다양하게, 물 흐르듯이, 그리고 짧게 만드는 것이다.[8]

4. 요약

설교의 메인 포인트를 발전시킨 후, 설교자는 본문의 의미를 반영하고 설교의 메인 포인트를 지지하고 주어진 청중들에게 적합한 아웃라인을 발전시켜야 한다. 효과적인 아웃라인은 설교자가 성경과 바른 교리를 분명하게 가르치는 것을 돕는다. 그것은 또한 다른 사람들이 그 내용을 다시 가르치는 것을 돕는 목적도 만족시킨다. 충실한 가르침이 사람들의 세계관을 형성케 하고 그들의 영혼을 먹이기 때문에, 설교에서 지지하는 요소들은 매우 중요하다.

설교의 구조는 설교자가 설교의 진행속도를 유지하게 도와주며 또한 불필요한 문제들은 피해 가게 돕는다. 지지하는 재료들을 전개하는 가능한 방법들은 다양하다. 선택된 설교를 위해 열 가지 접근 방식들은 고려할 가치가 있다. 접근방법을 선택한 후에는, 설교자는 개인적-적용적 스타일의 포인트를 가지고 구어체인 설교에서 포인트를 발전시켜 나가는 것을 고려해야 한다. 효과적으로 그 포인트를 정확히 설명하기 위해서, 설교자는 설교의 빅 아이디어를 강화하기 위한 반복의 사용을 고려해야만 한다.

---

[8] Vines and Shaddix, *Power in the Pulpit*, 170.

◆ 디모데전후서 연구

디모데전서 4:11-16을 읽으라.
다음의 요소를 완성해 보라.

본문의 메인 포인트(M.P.T.):

설교의 메인 포인트(M.P.S.):

제목(Title):

아웃라인(Outline):

8장
4단계: 기능적 요소들 발전시키기

> 잘 다스리는 장로들은 배나 존경할 자로 알되 말씀과 가르침에 수고하는 이들에게는 더욱 그리할 것이니라.
>
> — 딤전 5:17
>
> 강해설교자는 그의 설교에 들어가며 계획적이어야만 한다. 모든 단어, 문장, 그리고 구절은 거기에 있는 목적이 있어야만 한다. 시간의 압박, 짧은 집중시간, 적실성에 대한 요구, 그리고 다른 요인들은 현대 설교자에게 그 입을 여는 매 순간 중요한 것을 말할 것을 요구한다. 설교를 만들어나갈 때, 특정한 기능적 요소들의 사용은 계획한 내용을 보장할 것이다.[1]
>
> — 제리 바인스와 짐 셰딕스(Jerry Vines and Jim Shaddix)

---

1 J. Vines and J. Shaddix, *Power in the Pulpit* (Chicago: Moody, 1999), 174.

설교를 준비하는 것은 어려운 일이다. 지금까지 우리는 본문 연구의 필요성, 구속의 주제로 통합하기, 그리고 설교의 메인 포인트(M.P.S.)를 지지하는 아웃라인 작성하기에 대해 논의해왔다. 그러나 여기까지는 단지 절반을 마친 것이다. 남은 시간은 아웃라인에 고기를 넣는 일(기능적 요소들)과 서론과 결론을 덧붙이는 것을 포함한다.

본문 선택의 시작점부터 노트/원고의 작성까지, 존 스토트(John Stott)는 처음에 설교자가 하나의 설교문을 준비하는 데 적어도 12시간이 필요하다고 말했다.[2] 그러나 이것은 밤늦게까지 이어진 묵상의 시간, 차 안에서 생각하는 시간, 다른 설교자들과 토론한 시간, 또는 관련된 다른 분야의 독서에 필요한 시간들은 고려하지 않은 것이다.

그러므로 성경적 설교는 모든 것을 쏟아 붓는 과제이다. 이 일과 목사가 해야 하는 다른 사역이 겹쳐지면 그것은 매우 고된 과정이 되고 만다. 바울이 디모데에게 "말씀과 가르침"(딤전 5:17-18)을 위해 소처럼 일하는 목사들을 배나 존경하라고 말한 것은 놀라운 것이 아니다.

이 장에서 우리는 기능적 요소를 설명함으로 설교를 전개해가는 다음 단계를 통해 밭을 일구어 나갈 것이다. 기능적 요소는 설명, 예화, 그리고 적용을 포함한다. 당신은 이러한 요소들을 설교 안의 다양한 곳에서 사용할 수 있지만(예를 들면 서론 또는 결론), 기능적 요소들은 아웃라인의 메인 포인트에서 보통 사용 된다.

---

2   J. Stott, *Between Two Worlds*, 259.

우리가 주권자이시고 자비로우신 하나님께 기도하므로,

(1) 겸손하게 기도하라(엡 3:14).
(설명):
(적용):
(예화):

(2) 하나님의 사랑과 능력의 풍성함을 위해 기도하라(엡 3:15-19).
(설명):
(예화):
(적용):

(3) 큰 기대함으로 기도하라(엡 3:20-21).
(설명):
(적용):
(예화):

어떤 교사는 네 번째 요소인 논쟁(argumentation)도 포함한다. 나는 우리의 설교에 설득력 있는 논쟁이 필요하다고 확실히 믿는다. 그러나 나는 주로 적용 부분에서 이것에 대해 다루는 것이 좋다고 생각한다. 당신은 또한 설명부분이나 예화부분에 논쟁을 포함시킬 수도 있다. 사실, 설교가 어떤 것을 제안하고 있다면, 설교전체가 논쟁이기 때문이다.
강해설교를 위한 필수적인 두 가지 기능적 요소는 설명과 적용이다.

모든 포인트가 예화를 필요로 하지는 않는다. 강해의 목표는 성경 진리에 대한 설명과 적용으로 고대의 세계와 현대의 세계에 다리를 놓는 것이다. 일반적으로 모든 설교자들은 세 가지 요소 중 하나를 예외적으로 잘 사용하지만, 다른 요소들을 사용하는 데는 힘들어한다. 적당한 균형을 잡는 것은 어렵다. 다음 페이지에서 나는 이러한 세 가지 기능적 요소들의 중요한 측면을 밝히고자 한다.

1. 설명

설명은 특정한 이슈를 분명하고 이해할만하게 만드는 과정이다. 다른 기능적 요소들은 설명에 따르는 것들이기 때문에 설명은 시작하기에 적합한 요소이다. 당신은 결코 바로 적용할 수 없다. 당신은 어떤 것이 있어야 적용할 수 있다. 당신은 결코 예화만 사용할 수 없다. 당신은 어떤 것에 대해서 예화를 사용할 수 있다![3] 우리는 사람들이 이해하기를 원하는 특정한 진리를 결정한 후에야 비로소 적용과 예화를 전개시켜 나갈 수 있다.

성경 연구와 아웃라인을 완성한 후에, 당신은 그 본문을 잘 이해하게 된다. 이 이해 안에서 설명의 어려운 부분은 각 포인트에서 설명되어야 하는 가장 중요한 문제를 식별해 내는 것이다.

질문되어야 할 중요한 물음은 "나의 청중은 이 본문에서 무엇을 이해

---

3   Vines and Shaddix, *Power in the Pulpit*, 176.

해야만 하는가?"

당신은 항상 당신의 성경 연구 노트 전체를 사용하지 않을 것이다. 그러나 당신은 다음 프로젝트들을 위해 그것들을 잘 보관해야 한다.

1) 무엇을 설명해야 하는가

당신이 아웃라인에 따라 본문을 통해 진행해 가면서, 당신은 설명해야 할 키워드 또는 구절들에 대해 먼저 생각해야 한다. 당신이 이미 해 놓은 성경 연구 덕분에, 당신은 어떤 단어가 당신의 청중들이 이해해야할 필요가 있는지 알 것이다. 예를 들면, 당신이 에베소서 5:15-21을 통해 설교한다면, 당신은 바울이 말한 구절 "성령으로 충만함을 받으라"(엡 5:18, 저자 강조)를 설명할 필요가 있을 것이다.

왜 이 구절이 중요한가?

본문 안에서 이 구절에 중심이 있기 때문에 중요할 뿐 아니라, 동사의 시제가 성령 충만한 삶을 살아가는 것에 대해 놀라운 진리를 표시하기 때문에 또한 중요하다.

다음으로, 본문의 문맥을 설명하는 것을 고려하라.

구문의 지리, 구문에 나오는 역사적 인물들, 구문의 문학적 구조, 또는 선택된 성경 저자의 신학적 목적에 대해 생각하며 지난 6일을 보낸 청중은 없음을 기억하라. 때로는 이러한 내용들에 빛을 비추듯 설명함으로 그들이 본문을 잘 이해하게 도울 수 있다.

예를 들면, 골로새에 있는 이단들은 교회에 보내는 바울의 편지에서 배경역할을 한다. 그의 편지에서 늘 그러하듯이 그는 특정한 문제에 반응한다. 골로새서의 경우에는 바른 기록론과 조화를 이루지 않는 신학들의 이상한 조합에 대한 것이다. 당신은 이 편지의 다양한 부분들을 설명해 가면서, 청중들에게 바울의 논쟁에 대해서 가르쳐야 한다.

때로는 단 한 절(a single verse)이 애매모호하거나 많은 의미가 담겨 있어서 청중들이 완전히 이해할 수 없다. 이러한 경우에 당신은 속도를 늦추어 청중들이 그 절을 천천히 생각하도록 해야 한다. 요한복음 1:1은 "뜨거운 구절"(hot verse)의 예가 된다. 이 절은 그리스도의 신성뿐 아니라 삼위일체 내에서 예수님의 독특한 관계를 또한 확언한다. 게다가, 원문을 따르지 않는 다양한 이단들에 의해 잘못 사용된다. 이러한 경우에, 강해 설교자는 본문을 정확하게 설명하기 위해 필요한 내용을 잘 풀어 나가야만 한다.

중요한 절들을 풀어나가는 것에 덧붙여, 본문 안에 포함되어 있는 중요한 교리들을 지적해야 하는 것을 기억하라.

자주 청중들은 교리적 안경을 가지고 성경을 읽지 않는다. 때로는 그것이 좋을 때도 있다. 성경 저자가 원래 교리를 가르치려 의도하지 않았을 수도 있다. 그는 본문의 흐름 가운데 중요한 진리를 단지 언급했을 수도 있다.

예를 들면, 아나니아와 삽비라의 이야기에서 누가의 첫 번째 의도는 성령님의 신성에 대해 가르치려 한 것이 아니다. 그러나 이것은 그가 어떻게 사도행전 5:3-4에서 이 부분을 가르쳤는지 보여주는 굉장한 본문이다.

다른 경우에는, 독자들이 분명한 삼위일체에 대한 본문을 쉽게 간과한다. 때로는 설교자가 이 중요한 교리를 강조하지 않았기 때문이다. 에 에베소서 1:1-14은 삼위일체 교리를 나타내기 위한 가장 분명한 본문들 중 하나이다. 그러나 나는 성부, 성자, 그리고 성령의 관계를 언급도 하지 않는 많은 설교를 들어왔다. 예수님의 세례 받으심 또한 분명한 삼위일체에 대한 강조를 포함하고, 자주 언급되는 대위임명령(The Great Commission) 또한 그러하다. 중요한 교리를 찾고, 가르치라. 그리고 이러한 중요한 진리를 청중들이 품도록 하라.

2) 어떻게 설명할 것인가

가르침과 말씀선포에 은사가 있는 대부분 목사-교사들은 설명하는 방법에 대해서는 많은 도움을 필요로 하지 않는다. 그들 중 다수는 "다른 사람들에게 낙엽 청소하는 법을 가르치는 것"도 즐겁게 고무적으로 할 수 있을 것이다. 내가 본문을 설명하기 위한 어떤 중요한 방법들을 언급하면서도, 나는 여러분 가운데 다수가 이러한 기술을 이미 자연스럽게 실행하고 있다고 생각한다. 그럼에도 불구하고 가장 잘하는 것도 향상의 여지는 있다.

본문을 설명하는 첫째 방법은 단순히 사실들을 나타내는 것이다.[4]

예를 들면, 야고보서 1:27로 설교한다면, 당신은 다음과 같이 말할 것이다.

> 야고보가 '고아를 돌아보고'(visit orphans)라고 말할 때, 돌아보고

---

4 Ibid., 177.

(visit)는 잡담하러 잠시 들르는 것 이상을 의미한다. 그것은 '감독'(overseer)으로 번역되어진 목사의 사역을 묘사하는 같은 단어로부터 온다. 다른 말로, 야고보는 고아를 사랑하여, 고아를 살펴보아, 고아의 필요를 채워주라고 말하는 것이다.

둘째, 성경으로 성경을 설명하기 위해서 다른 절들을 상호 참조할 수 있다.

디모데전서 3:1-7의 설교에서, 당신은 바울이 사도행전 20:17, 28과 디도서 1:5, 7에서 감독(overseer)과 장로(elder)를 교체사용 가능토록 쓰고 있음을 알 수 있다. 그러므로 바울이 이러한 용어들을 사용할 때, 그는 같은 사람들을 말한 것이다. "장로"는 기본적으로 그 사람의 지위(position)를 언급하고 "감독자"는 그 사람이 해야 하는 역할(function)과 더 관련이 있다. 특정한 진리를 정확하게 설명하는 것과 더불어, 효과적인 상호 참고는 성경의 조화를 보여주는 훌륭한 방법이며, 성경의 중요한 주제들 일부를 보여주는 훌륭한 방법이다.

본문을 설명하는 또 다른 방법은 현대의 개념을 사용하는 것이다.

예를 들면, 오늘날 "일점 일획"(마 5:18)이라는 구문을 모두가 이해할 수 있는 것은 아니다. 그러나 당신은 한 글자에 있는 철자를 지워보며 비교하면서 그 본문을 설명할 수 있다. 당신은 화폐단위나 거리와 같은 다른 문화적인 뉘앙스를 요즈음의 개념을 사용함으로 또한 설명할 수 있다.

세째, 신학적 확신들은 본문을 설명하는 효과적인 방법이다.

요한복음 1:1에서 언어에 대한 얼마 간의 설명 후에, 당신은 "예수 그리스도는 하나님이시다"라고 말할 수도 있다. 디모데후서 3:16-17에 있는 몇몇 구문을 언급한 후에 당신은 "성경은 하나님의 말씀입니다"라고 말할 수도 있다. 당신은 또한 저명한 신학자들을 인용함으로 본문을 설명할 수도 있다.

내러티브 본문의 경우, 본문을 설명하는 효과적인 방법은 다시 이야기하는 것이다. 예수님께서 많은 사람을 먹이신 이야기를 읽은 후, 당신은 간단하고 쉽게 그 이야기를 다시 이야기하게 될 것이다. 제법 긴 내러티브에서, 당신은 앞 본문에 대하여 내레이션을 해야 할 것이다. 그리고 그 이야기의 특정한 부분을 읽고 설명할 것이다.

시각적 도구들은 때때로 설명을 위해 유용하다. 에베소서 4:24에, 바울은 옛 옷을 벗고 새 것을 입으라는 이야기를 한다.[5] 당신이 이 본문을 설명하면서 실제로 이렇게 해 보일 수도 있다. 멀티미디어 도구들 또한 본문을 설명하는 방법이다. 나는 "유대광야"와 같은 것을 설명하기 위해 성경 사이트로부터 사진들을 가끔 사용하기도 한다. 시각적 도구는 보여주고, 설명하며, 적용하는 방법으로 실제적으로 돕는다.

본문을 설명하는 네째 방법은 강조해 가며 본문을 읽는 것이다.

당신은 본문 해석에 있어 중요한 구문과 뉘앙스에 대해서 읽으면서 강세를 주므로 강조할 수 있다. 목적절은 강세를 주어야 할 중요한 구문이다. "하기 위해서" 또는 "하도록"을 강조하므로 독자는 논쟁의 목적을 알 수 있다. 자신을 설명하시는 예수님의 말씀에 강세를 두는 것 또한 설명을 하는 중요한 내용을 강조하는 것이다. 예수님은 말씀하셨다.

---

5 Ibid., 178.

내가 곧 길이요 진리요 생명이니 나로 말미암지 않고는 아버지께로 올 자가 없느니라(요 14:6).

설명함에 있어 기억해야 할 종합적인 진리는 지나치게 학문적인 용어를 피하는 것이다. 루터(M. Luther)는 그가 설교할 때 많이 교육받은 사람들이 아니라 교회의 청소년들에게 맞추었다고 말했다. 당신이 이룩한 개인적인 연구로 사람들을 감동시키고 싶은 마음을 삼가라. 본문을 쉽고 이해할 수 있도록 만들어, 청중 모두에게 가르칠 수 있도록 하라.

2. 적용

충실한 강해설교자는 본문의 의미를 분명하게 설명할 뿐 아니라, 또한 그 본문을 똑바로 적용해야 한다. 적용에서 해야 할 질문은, "이 본문이 나의 청중들에게 무엇을 말하는가?" 이다. 이 질문에 답하기 위해서, 당신이 이미 해 둔 성경 연구로부터 나온 함의들을 살펴보라.

- 지켜야 할 명령들이 있는가?
- 피해야 할 실수가 있는가?
- 용서받아야 할 죄가 있는가?
- 주장해야 할 복음의 약속들이 있는가?
- 고려해야 할 하나님에 대한 새로운 생각들이 있는가?
- 더 탐구해야 할 진리와 교리가 있는가?

- 꼭 붙들어야 할 확신이 있는가?[6]

이러한 질문들은 당신이 고대의 본문으로부터 현대의 청중들에게 다가가도록 확실히 도와줄 것이다.

1) 적용의 본질

적용은 기본적으로 어떤 것을 사용한다는 것을 뜻한다. 그러나 오직 행동에 관한 단계만을 유용한 것으로 보는 경향이 있다. 적용을 이해하는 더 좋은 방법은 그것이 구체적일수도 있고 축적되어 질수도 있다는 것이다. 구체적인 적용은 당신이 본문을 즉각적인 효과가 있는 특정 상황에 적용하는 것이다.

예를 들어, 만약 당신이 시편 119:11을 설명한다면, 당신은 청중들에게 다음 달까지 로마서 8장을 외우도록 즉시 도전을 줄 수도 있다. 또는 만약 당신이 기도, 나눔, 그리고 직접 참여를 통하여 다른 나라들을 사랑해야 하는 필요성에 대해서 청소년들에게 이야기하고 있다면, 당신은 그들에게 다가오는 선교여행을 후원하는 모금을 하도록 즉각적인 도전을 줄 수 있다.

본문을 구체적으로 적용을 할 때, 본문의 본래의 정직성을 가지고 그렇게 하는 것이 매우 중요하다. 해돈 로빈슨(Haddon Robinson)은 이 문제

---

6 J. MacArthur Jr., "Rightly Dividing the Word of Truth," in *Preach the Word*, ed. Leland Ryken and Todd A. Wilson (Wheaton: Crossway, 2007), 85.

에 대해서 말하기 위해서 "적용의 이단"(The Heresy of Application)이라는 매우 유용한 소논문을 썼다. 로빈슨은 "많은 이단적인 것이 성경 해석에서보다 적용에서 나타난다"[7]고 말한다. 구체적 적용을 어디서 시작하고 어디서 끝내야 하는지 결정하는 것은 어렵다. 만약 설교자가 본문이 의미하는 온당한 범위 내에 머무르지 않는다면, 그 적용은 율법주의적인 것이 되거나 단순한 제안이 되고 만다.

로빈슨은 출애굽기 20:14의 "간음하지 말라"에서 충실한 적용의 예를 제공한다. 로빈슨에 따르면, 이 절에 대한 필수적인, 개연성 있는, 가능한, 개연성 없는, 불가능한(necessary, probable, possible, improbable, and impossible) 5가지 가능한 함의들이 있다고 말한다. 필수적인 함의는 당신이 당신의 배우자가 아닌 사람과는 성적인 관계를 가질 수 없다는 것이다.

당신은 본문을 이 방법(필수적인 적용)에서는 신적인 권위를 가지고 적용할 수 있다.

개연성 있는 적용은 기독교인이 그의 배우자가 아닌 이성과 가깝고 친밀한 우정을 키워나가는 것에 조심해야만 한다는 것이다.

가능한 적용은 기독교인이 자신의 배우자가 아닌 사람과 단 둘이서 점심을 같이 해서는 안 된다는 것이다.

개연성이 없는 적용은 당신이 당신의 배우자가 아닌 사람과 단둘이서 대화도 해서는 안된다는 것이다.

---

7   H. Robinson, "The Heresy of Application," *Leadership* (Fall 1997): 21.

마지막 불가능한 적용은 당신이 심지어 이중 데이트를 해서는 안된다는 것이다.[8]

축적되는 적용은 청중의 마음가짐을 형성케 하는 신학적 함의들과 기독교에 관한 논쟁들이 여기에 포함된다.

신학적 함의들은 모든 청중에게 적용되는 영원한 성경적 진리들이다. 그것들은 언제든지 적실하다.

예를 들어, 하나님, 그리스도, 인간, 그리고 구원을 포함하는 진리는 청중들에게 폭 넓은 함의를 가진다. 청중들이 하나님의 주권에 대한 특별한 진리를 그들이 구체적 적용단계를 사용하듯이 "사용"하지 않지만, 신학적 진리에 대한 개인의 관점이 그들 생활의 모든 부분에 닿아있기 때문에 신학적 함의를 적용할 수 있는 것이다.

게다가, 기독교에 관한 논쟁들은 설교자가 설교에 대해 어떤 반대할 만한 것에 논쟁을 위해 사용하려는 적용적 반응인 것이다. 특정한 진리를 논의하기 위해서, 강해설교자에게는 서너 가지 옵션이 있다. 당신은 뒷받침을 하기 위해 주요한 권위를 인용할 수 있다. 당신은 "지적 설계" 논쟁과 같은 일반적인 논쟁을 사용할 수도 있다. 당신은 다음과 같은 실용적 논쟁을 사용할 수 있다.

> 어느 날 선교여행에서 당신은 유괴되었고, 성경도 뺏겼습니다. 당신은 기억으로 에베소서를 가르칠 수 있겠습니까? 그러므로 당신은 성경을 외워야만 합니다.

---

8 Vines and Shaddix, 188에서 가지고 옴.

반박은 터무니없거나 잘못된 어떤 것에 대해 논쟁하는 방법이다. 다음과 같은 예가 있다.

"서점에 가는 것으로 당신이 책이 되지 않는 것처럼 교회에 가는 것으로 당신이 기독교인이 되는 것은 아닙니다."

논쟁을 통해 본문을 적용할 때, 당신은 이의를 제기하는 것 이상의 포인트를 증명하려 해서는 안 된다.[9] 반대자들의 의식에 개인적으로 생각해보아야 할 어떤 것을 넣어 주는 것으로 단순히 그들에게 반응하라.

논쟁으로 본문을 적용하는 데 있어 중요한 것은 당신의 청중 모두가 당신에게 동의하는 것은 아니라는 인식을 가지고 본문을 설명해야 한다는 것이다. 그러므로 당신은 청중들에게 직접적으로 말하기 위해 설명 요소에서 잠시 멈출 필요가 있다.

그것을 하기 위해, 당신은 "온유와 두려움"(벧전 3:15)을 가지고 해야 함을 기억하라.

2) 적용의 사용

(1) 적용의 장소

적용을 주로 기능적 요소로 이해한다면, 자연히 적용을 위한 자리는 아웃라인의 각 포인트 내에 있어야 한다. 그러나 설교의 메인 포인트는 설교를 위한 주된 적용을 포함해야만 한다. 그리고 그것은 메시지 전체를 통해 짜인 것이어야 한다. 당신은 또한 강해 후 설교의 끝에 어떤 적

---

9 Ibid., 180.

용 포인트를 두는 것을 선택할 수도 있다. 예를 들면, 무자비한 종의 비유를 가르친 후에, 당신은 이 질문에 답하는 것으로 본문을 적용하는 것을 선택할 수도 있다.

"왜 사람들은 용서하는 것이 어렵다고 할까요?"

나는 모두 세 군데에서 적용하는 것을 좋아 한다. 서론에서, 설교의 본문 중에서, 그리고 결론에서. 어떤 강해설교자들은 설교의 끝이 되기 전에는 적용을 하지 않는 경향이 있다. 그러나 나는 사람들이 서론에 귀를 기울이도록 적절한 이유를 포함하는 강력한 설교의 메인 포인트를 전개해 나가는 것이 중요하다고 생각한다.

달리 말하면, 적용을 앞세우도록 해 보라. 메시지의 시작점에서, 모든 사람이 그 선택된 구문을 이해하는 데 필요한 5가지 이유를 알려주는 것과 같은 것들을 고려해 보라. 삼위일체에 대한 최근 설교에서, 나는 청중들에게 이 교리가 기독교인의 삶에 영향을 미치는 5가지 방식을 이야기하면서 시작했다.

나아가, 나는 설교의 본문에서 적용하기를 좋아한다. 만약 당신이 적용을 끝에만 사용하려고 아껴둔다면, 사람들은 머리를 숙여버릴 것이다. 당신이 진행을 해가면서 적용을 보여주는 것은 사람들의 집중을 유지할 뿐 아니라, 또한 그들이 그것을 받아들이고 내면화하도록 돕는다. 또한 적용의 이러한 유형은 그것이 앞선 설명과 묶여 있기 때문에 상당히 많은 권위를 보유한다. 또한 설교의 본문 중에서 하는 적용은 청중들이 그들 스스로 어떻게 읽고 적용할지를 습득하도록 돕는다. 그들 중 본문을 읽고 멈추어 그것을 적용하는 10가지 방법을 써내려 갈 사람은 거의 아무도 없다.

설교의 끝부분에 하는 적용은 두 가지 이점이 있다.

① 그것은 앞에 다루었던 아이디어를 강화한다.
② 그것은 반응하는 시간으로 이끌 수 있다.

끝 부분에 본문을 적용하기 위해서, 나는 설교의 초기에 제기했던 문제들에 대해 질문하기를 좋아한다. 거기에 몇몇 제안을 할 시간이 있다면, 그렇게 하는 것이 좋다. 그러나 우리는 사람들에게 무엇이 제안이고 무엇이 성경적 권고인지 항상 말해야만 한다. 게다가, 끝에 하는 적용은 청중들이 집으로 "가지고 갈 것"을 주는 좋은 방법으로 사용될 수 있다. 때때로 이것은 개인적인 반응일 수 있다.

하지만 나는 본문에서 교회와 관련된 적용이거나 한 주 동안의 도전이 되는 적용을 염두에 둔다. 예를 들면, 만약 당신이 사도행전에서 성도 간의 교제에 대해 설교하고 있었다면, 마치면서 하는 적용은 사람들이 소그룹에 참가하는 것을 고려하도록 하는 것이 될 것이다.

(2) 적용 말하기

당신이 적용을 이야기하는 방법은 다양하다.

하나의 자연스러운 방법은 인칭대명사를 사용하는 것이다.

젊은 설교자들은 때로 적용에 자신들을 항상 포함시켜야만 하는지 고민한다.

"여러분 중 일부는… 해야 할 필요가 있습니다." 또는 "여러분은… 해야만 합니까?"라고 말하는 것이 적절한가?

분명히 "우리는… 할 필요가 있습니다"라고 말해야 할 때가 있다. 그러나 만약 당신이 스스로 그 본문을 한 주 동안 적용했다면, 당신이 그렇게 했듯이, "여러분은"이라고 말할 수 있는 권리를 가지게 된다. 사실, 우리가 먼저 개인적으로 그것을 내면화하여 나의 것으로 만들기까지는 우리는 누구에게도 설교해서는 안 된다.

또한 당신은 적용을 단호하게 그리고 매력적으로도 만들 수 있다. 청중들을 행동하도록 부르라.

만약 당신이 야고보서 1:27로 고아를 돌보라는 설교를 한다면, 청중들을 고아를 위한 사역을 하도록 부르거나 고아들을 개인적으로 입양하는 것에 대하여 기도하라. 그들이 설명을 듣고 스스로 충분히 숙고할 것이라고 생각지 말라. 그들을 중요한 일로 부르라.

마지막으로, 질문을 통해 적용을 표현하는 좋은 방법이다.

핵심을 꿰뚫는 질문을 다듬는 것은 진리를 적용하는 훌륭한 도구가 될 것이다. 예를 들면, 그리스도인의 나눔에 대한 바울의 말씀(고후 8:6-15)을 설명한 후에, 잠시 멈춘 후 말할 수 있다,

"한 가지 묻겠습니다. 당신은 아낌없이 주는 사람입니까, 아까워하며 주는 사람입니까? 공짜로 타고 가는 자입니까?"

당신은 분명 설교의 어떤 지점에서든 질문을 할 수 있다. 당신은 심지어 예화 후에 적용을 위한 질문을 할 수도 있다. 예를 들면, 나는 초대 선교사인 데이비드 리빙스톤(David Livingstone)의 선교이야기를 나누길 좋아한다. 아프리카에서의 사역 후, 가까운 친구가 그의 주검을 영국으로 보내기 전에 그의 심장을 아프리카에 묻었다. 리빙스톤의 심장이 진짜 있어야 할 곳은 바로 여기 아프리카라고 그의 친구는 말했다. 이 이야기

를 한 후에, 나는 청중에게 묻는다.

"그가 당신의 심장을 어디에 묻을까요?"

충실한 설교자는 본문을 책임감 있고 적합하게 적용하기 위해 많이 고민해야 한다. 그러나 그의 적용은 희망을 날카로운 질문, 바른 논쟁, 또는 실용적 단계들에만 두어서는 안 된다. 오직 성령님의 능력에 두어야 한다. 성령님은 하나님의 말씀을 가지고 사람을 변화시킨다. 바울은 "이는 우리 복음이 너희에게 말로만 이른 것이 아니라 또한 능력과 성령과 큰 확신으로 된 것임이라"(살전 1:5)고 말한다.

3. 예화

당신이 성경의 본문을 설명하고 설교의 본론 중에서 그것을 적용하면서 다음과 같은 질문하여야 할 것이다.

"이 진리는 추가적인 빛(additional light)이 필요한가?"

진리에 빛을 비추는 방법은 예화를 통해서이다. 사실, 예화(Illustration)라는 단어는 실제로 빛나게 하는 것 또는 분명하게 하는 것을 의미한다.[10] 예화는 성경적 진리에 빛과 삶을 가지고 오는 것이다. 우리 모두는 좋은 설교가 생생한 예화를 통해 훌륭한 설교로 바뀌어 진다는 것을 안다.

---

10 R. L. Mayhue, "Introductions, Illustrations, and Conclusions," in *Rediscovering Expository Preaching*, by John MacArthur Jr. and the Master's Seminary Faculty (Dallas: Word, 1992), 247.

1) 예화의 목적

예화는 설명과 적용의 종(servants)이다. 그러므로 예화는 설교를 지원한다(support). 그것들이 설교를 주도해서는 안 된다. 농담으로 나는 이렇게 말했었다.

"나는 훌륭한 예화를 가지고 있습니다. 그래서 이제 나에게 필요한 것은 본문입니다!"

훌륭한 예화를 나누는 것, 그것 자체는 결코 강해설교자의 목표가 아니다. 우리는 설명을 돕기 위해서, 또는 성경적 진리의 적용을 돕기 위해서 예화를 사용해야만 한다.

덧붙여서, 예화는 또한 강해설교자가 특별한 진리의 의미를 강렬하게 하는 것을 돕는다. 예를 들면, 윌리엄 케리(William Carey) 같은 훌륭한 선교사의 이야기는 마태복음 28:16-20을 설교할 때 꼭 맞는 예화이다. 왜냐하면 이 본문은 현대 선교의 아버지에게 굉장히 깊은 감동을 주었기 때문이다.

예화는 또한 강해설교자가 특별한 이슈를 지지하는 논쟁을 하도록 도와준다. 예화는 어떤 논쟁에 대한 타당성과 다른 것에 대한 오류를 보여줄 수 있다.[11] 권위자들, 또는 통계 그리고 리서치를 참고하는 것은 당신이 요점을 옹호하여 주장하는 것을 도울 수 있는 예화의 사례이다.

마지막으로, 예화는 청중을 감동시키거나 동기를 부여한다. 사실, 브라이언 채플(Bryan Chapell)은 예화의 일차적인 목적이 "명확하게 하는 것

---

11   Vines and Shaddix, *Power in the Pulpit*, 191.

이 아니라 동기를 부여하는 것"이라고 생각한다.[12] 나는 채플의 다음의 주장에 동의한다.

> 이 목적을 이해하지 못하는 설교자는 그들의 포인트가 명확하면, 그들은 예화가 필요 없다고 여긴다. 예화의 진정한 힘과 목적을 파악하고 있는 설교자는 가장 명확한 포인트는 가장 좋은 예화를 통해 청중들에게 그 진리를 성경에 있는 것만큼 중요하게 만든다는 것을 안다.[13]

내가 아는 가장 효과적인 설교자는 성경의 진리를 설명하고, 적용하고, 논쟁하고, 또는 강렬하게 하는 예화를 가지고, 청중들이 반응할 수 있도록 영감을 주고 동기를 부여하는 방식으로 마음과 생각을 터치할 수 있다. 존 파이퍼(John Piper), 토니 에반스(Tony Evans), 존 맥아더(John MacArthur), 브라이언 채플(Bryan Chapell), 로버트 스미스(Robert Smith), 척 스윈돌(Chuck Swindoll), 릭 워렌(Rick Warren), 팀 켈러(Tim Keller), 그리고 존 스토트(John Stott)는 그 일을 충실하게 하는 분들의 단지 일부의 예들이다. 이러한 커뮤니케이터들은 예화의 대가이신 예수님의 방법을 따른다.

---

12 B. Chapell, *Christ-Centered Preaching*, 186.
13 Ibid.

2) 예화의 방법

예화를 잘 사용하기 위한 방법을 말하고자 한다.

첫째 폭넓은 독서이다.

좀 전에 언급한 대부분의 설교자들은 독서가들이다. 성경의 예뿐만 아니라, 다른 종류의 문학으로부터도 예화를 사용하는 것을 배우라. 역사, 우화, 소설, 풍유들, 신문, 잡지, 유명한 주류의 책들, 웹 사이트, 그리고 심지어는 당신에게 거의 흥미가 없는 책들도 읽으라. 당신이 무리 없이 읽어가면서 얼마나 많은 예화를 찾을 수 있는지는 실로 놀라운 것이다.

나는 즐거움을 위해서 그리고 예화의 재료를 위해 「내쇼널 지오그래픽」(National Geographic), 「뉴스위크」(Newsweek), 그리고 서너 개의 다른 잡지들을 구독 신청한다. 나는 나를 화나게 하는 신학책, 철학책과 함께, 역사책을 보통은 늘 곁에 둔다. 폭 넓게 읽으므로, 당신의 예화는 더 많은 사람들을 끌어당길 것이다. 물론, 독서는 당신이 더 나은 커뮤니케이터 그리고 더 성숙한 학자가 되도록 또한 도울 것이다.

둘째, 당신의 눈이 열려있도록 하라.

삶의 경험으로부터 나온 예화는 청중을 끌어당기며, 그리고 개념을 설명해내는 신선한 방법이 되기도 한다. 대화, 자연으로부터의 관찰, 쇼핑 경험, 병원 방문, 여행, 부모로서의 경험, 스포츠 행사, 야외 휴식, 또는 최신 뉴스들은 중요한 포인트를 밝혀줄 수 있는 삶의 단편들에 대한 예들이다. 때로 가장 친숙한 개념이 청중들과 공유하는 경험이기에 가장 강력한 예화가 된다. 주의해야 할 것은 가족에 대해 너무 많은 이야기를 사용하지 않을 것을 기억해야 한다. 당신의 가족들은, 특히 당신의 아내는, 지난 주간에 있었던 모든 일을 말하지 않는 것에 아마 감사할 것이다. 당신의 가족들이 당신이 하는 모든 일이 다음 주 설교 재료가 될 거라고 생각해서는 안 된다.

셋째 조언은 먼저 이야기한 두 가지와 관련이 있다. 어떻게 좋은 스토리를 말할지 아는 것. 훌륭한 스토리를 찾는 것과, 그것을 설교에서 효과적이고 간략하게 나누는 것은 전혀 다른 것이다.

예화적인 스토리는 등장인물, 세부적인 설명, 갈등, 움직임, 긴장감, 그리고 클라이맥스를 포함한다. 이야기를 한 후에, 그것이 설교의 다음 부분과 부드럽게 연결되도록 하라. 예화와 그 다음의 기능적 요소와의 불편한 끊어짐을 피하라. 나는 자주 예화의 적실성을 확고히 하기 위해서 예화 후에 말해야할 분명한 문장을 써둔다. 브라이언 채플은 예화와 설명 사이의 긴밀한 연결을 유지하기 위해서, 기능적 요소들 안에서 같은 용어를 반복하는 "강해적 비"(expositional rain)라 불리는 유용한 이미지를 사용한다.[14] 언어적 실마리는 청중이 예화를 따르면서 그 예화로부터 교훈을 얻도록 할 것이다.

넷째, 설교의 다양한 장소에서 예화를 사용하는 것을 기억하라.

이 장에서, 나는 예화를 기본적으로 기능적 요소로 보고 있다. 그러나 당신은 서론에서 예화를 사용하는 것을 생각할 수도 있다(다음 장을 보라). 예화는 또한 설교 재료를 통합하는 것을 돕고, 설교의 메인 포인트를 강화하고, 행동을 위한 부름으로 인도한다.

---

14 Ibid., 197. 예화에 대한 뛰어난 연구는 Bryan Chapell의 *Using Illustrations to Preach with Power*, rev. ed. (Wheaton: Crossway, 2001)를 보라.

다섯째, 몇몇 창의적인 사람들을 연구과정에 참여시키라.

많은 설교자들은 분석적인 유형이고 그래서 내용을 설명하는 혁신적인 방법을 찾는 것에 고투하고 있다. 예술, 미디어, 또는 연출에 재능이 있는 교인들은 당신의 메시지를 전하는 데 도움을 줄 수 있다. 만약 그것이 적절하고 합법적이라면, 때때로 그들의 아이디어를 사용하도록 하라.

바라기는 당신이 더 많이 설교할수록, 당신은 더 나은 예화사용자가 될 것이다. 훌륭한 예화사용자들로부터 들으라. 예화를 위한 파일을 발전시키라. 현명한 비평가(당신의 배우자 같은)를 두라. 무엇보다 강해설교를 위한 이 영역에서 최고를 추구하라.

3) 예화에 관한 다섯 가지 주의 점

예화는 매우 감동적이기 때문에, 설교자는 자주 그것을 과도하게 사용한다. 그래서 첫 번째 주의해야 할 점은 예화를 분별 있게 사용하는 것이다.

우리의 목표는 한 보따리의 이야기가 아니라 성경의 진리를 설명하고 적용하는 것이다. 당신이 너무 많은 예화를 사용하면, 당신은 많은 청중들의 신뢰를 잃으며, 결국 당신은 메시지의 핵심을 희석시키는 것이다. 더 나은 접근은 설명, 예화, 그리고 적용 사이의 균형을 유지하기 위해 연구하는 것이다. 당신이 각 기능적 요소를 위해 보내는 시간을 생각하라. 당신은 각각을 위한 비슷한 양의 시간을 보내고 있는가?

다음으로 주의해야 할 점은 예화를 도덕적으로 사용하는 것이다.

포인트를 맞추기 위해서 이야기를 확장시키는 것을 피하라. 만약 당신이 자주 그렇게 한다면, 사람들은 당신을 진지하게 받아들이지 않을 것이다. 세부내용에 적합한 사실을 취하라. 사람을 잘못 인용하거나 틀린 날짜를 말하는 것 또한 신뢰를 떨어뜨린다. 무엇보다 당신에게 그 예화를 제공한 사람을 언급하라. 나는 설교자들이 다른 사람의 이야기를 마치 자기 자신에게 일어난 듯이 사용하는 것도 들어 봤다.

덧붙여서, 진정성 있게 예화를 사용하라.

훌륭한 성인들의 예화만을 사용하는 설교자들은 과도하게 경건한 인상을 준다. 당신의 설교가 현실적인 것이 되게 하라. 때로 청교도로부터의 예화는 좋은 아이디어이다. 그러나 조지 뮬러(George Muller), 어거스틴(Augustine), 그리고 다른 훌륭한 성인들에 대한 너무 많은 예화는 청중들을 설교자로부터 멀어지게 할 것이다.[15]

또한, 겸손하게 예화를 사용해야 하는 것을 기억하라.

모든 이야기에서 당신 자신을 영웅으로 만들지 말라. 사실, 당신 자신을 놀리고 때때로 당신 자신의 죄를 고백하는 것은 좋은 아이디어이다. 다른 사람들이 조명을 받아 빛나게 하라.

마지막으로, 존중받도록 예화를 사용하라.

이 말의 의미는 당신이 인용하는 예화부터(예를 들면, 영화) 당신 사생활에 대한 의혹이 생기지 않도록 하라는 뜻이다. 또한 당신은 설교단에서 적합하지 않은 언어나 행동을 피하도록 주의해야만 한다.

---

15 Chapell, *Christ-Centered Preaching*, 203.

4. 요약

중요한 기능적 요소들은 설명, 적용, 그리고 예화이다. 강해설교가 성경의 진리를 드러내고 적용하는 것을 목표로 하기에, 설명과 적용은 두 가지의 필수적인 요소이다. 예화는 설명과 적용의 신하이다.

효과적인 강해설교자는 핵심 단어, 교리, 중요한 구절, 그리고 정황의 이슈들을 설명해야한다. 여기에 답해야 할 주된 질문은 "무엇이 나의 청중들이 꼭 알아야 할 필요가 있는 것인가?"이다.

적용은 구체적일 수도 있고, 축적되어질 수도 있다. 구체적인 적용은 즉각적인 행동을 요구하는 것이다. 축적되는 적용은 그들의 세계관을 다듬어서 삶의 모든 영역에 영향을 끼치는 것이다. 적용을 위한 주된 질문은 "이 본문이 나의 청중들에게 무엇을 말하는가?"이다.

예화는 성경의 진리에 추가적인 빛을 비추는 행동이다. 예화는 가르치고, 감동시키고, 강렬하게 하고, 적용하고 논쟁하는 것을 돕는다. 기능적인 요소들을 발전시킨 후에 충실한 설교자는 서론과 결론을 더할 준비가 된 것이다.

◆ 디모데전후서 연구

디모데전서 4:11-16의 아웃라인으로 돌아가라. 이 아웃라인에서 당신은 세 가지 각각의 기능적 요소들에 대해서 무엇을 말하고자 하는가?

아웃라인: 젊은 사역자를 위한 네 가지 도전

1) 당신의 가르침에 대해 모범을 보이라(12절)

(설명):

(적용):

(예화):

2) 성경 말씀을 공적으로 나타내라(13절)

(설명):

(적용):

(예화):

3) 은사를 열정적으로 사용하라(14-15절)

(설명):

(적용):

(예화):

4) 당신의 삶과 가르침을 끊임없이 점검하라(16절)

(설명):

(적용):

(예화):

9장
5단계: 서론과 결론 더하기

> 어리석고 무식한 변론을 버리라 이에서 다툼이 나는 줄 앎이라 주의 종은 마땅히 다투지 아니하고 모든 사람에 대하여 온유하며 가르치기를 잘하며 참으며 거역하는 자를 온유함으로 훈계할지니
>
> — 딤후 2:23-25

> 좋은 서론은 두 가지의 목적을 이룬다. 첫째, 그것은 흥미를 일으키고, 호기심을 자극하고 더 많은 것에 대한 갈망을 돋운다. 두 번째, 그것은 청중들을 인도하여서 주제를 온전히 "소개한다."… 결론은 서론보다 훨씬 어렵다. 어떤 설교자는 그들의 설교는 고사하고, 어떤 것도 끝맺을 능력이 선천적으로 없는 것 같다.
>
> — 존 스토트(John Stott)

준비 과정의 마지막 단계는 서론과 결론을 더하는 것이다. 결론은 여기에서 적당해 보이지만, 마지막에 서론을 더하는 것은 이상해 보일 수도 있다. 그러나 당신이 아무 것도 모르는 것에 대하여 소개할 수 없기 때문에 이것은 가장 좋은 생각이다. 당신은 메시지의 내용을 먼저 발전시키고 난 다음에 효과적인 서론을 결정한다.

덧붙여서, 만약 당신이 성경 본문과 어떤 내용도 없이, 흥미 있는 서론을 준비했다면, 당신은 나중에 당신의 똑똑한 여는 말(opener)에 맞추어 본문을 왜곡시키도록 유혹받게 될 것이다. 결론은 내용들을 요약할 뿐 아니라, 반응을 위한 부름도 포함해야만 한다. 그러므로 서론과 결론은 메시지 전체의 요점으로부터 꺼내 와야 하는 것이 아니라, 더하여져야만 한다.

여기에 5단계의 준비 과정을 마친 완성된 강해설교의 뼈대가 있다.

1. 서론
   A. 도입(Opener)
   B. 본문의 메인 포인트(M.P.T.)
   C. 설교의 메인 포인트(M.P.S.)

2. 본문 (또는 강해)
   A. 포인트1
      1. 설명:
      2. 적용:

    3. 예화:
  B. 포인트2
    1. 설명:
    2. 적용:
    3. 예화:
  C. 포인트3
    1. 설명:
    2. 적용:
    3. 예화:

3. 결론
  A. 요약
  B. 반응

다음으로, 나는 알맞은 서론과 결론을 발전시키는 몇 가지 방법과 함께 설교를 써가는 몇 가지 생각과 하나님의 도우심을 구하는 기도의 필요성을 이야기할 것이다.

1. 서론 더하기

어떤 신학적으로 사고하는 목사들은 서론에 대해 눈살을 찌푸린다. "본문으로 시작하라!"고 그들은 말한다. 서론이 과할 수는 있지만, 나는 당신에게 설교를 시작하는 "여는 말"(opener) 또는 서론의 어떤 형태는 보통 필요하다고 생각한다. 서론은 집의 출입구, 노래의 전주, 책의 머리말, 또는 아침에 천천히 떠오르는 태양과 같다. 그것은 초청이며, 점진적이며, 마음을 진정시키며, 그리고 미학적 즐거움이다.

모든 사람은 갑작스러움을 싫어한다. 그러나 "어느 정도 점진적인 다가섬은 매우 즐거워한다."[1] 분명히 엄청나게 커다란 출입문이 있는 아주 작은 집은 우스꽝스럽다. 그리고 5페이지 책에 대한 50페이지 서문은 어리석다. 출입문의 목적은 당신을 집 안으로 인도하는 것이다. 그리고 서문의 목적은 독자를 그 다음 장으로 안내하는 것이다. 설교에서의 서론도 마찬가지이다. 서론이 설교보다 높은 자리를 차지해서는 안 된다. 서론은 청중을 안으로 단순히 초청해야 한다.

1) 서론의 목적과 자질

위에서 말한 것과 더불어 서론에는 몇 가지 부가적인 목적이 있다. 서론은 먼저 흥미를 불러일으켜야 한다. 당신은 최신의 이야기와 같은 다양한 방법으로 흥미를 불러일으킬 수 있다. 내가 보기에 서론의 중요성을 보지 못하는 사람들의 문제는 그들이 청중들의 흥미를 미리 전제하고 있는 것이다. 주일 청중들 중 많은 사람들은 "말씀을 들을 준비"가 되어 있지만, 어떤 사람들은 잠들 준비가 되어 있다. 처음 5분 내에 적실성을 입증해야 한다.

1　J. Stott, *Between Two Worlds*, 244.

서론은 기독교 청중만을 위한 것이 아니라, 믿지 않는 이들을 위한 것이기도 하다. 믿지 않는 그들에게 당신은 그들의 존재와 그들의 질문을 의식하고 있다는 것을 알게 하는 것이 중요하다. 효과적인 서론은 배고프지 않는 그들에게 식욕을 생기게 할 것이다.

서론은 흥미를 끌기만 할 뿐 아니라, 본문과 본문의 메인 포인트(M.P.S.)와 설교의 메인 포인트(M.P.S.)를 소개해야 한다.

당신은 시작하는 이야기, 참조, 시, 질문, 또는 서론의 다른 형태로부터 메시지의 요점까지 부드럽게 이어갈 필요가 있다. "강해적 비"(expositional rain)를 사용하라. 이는 당신이 도입부(opener)에 사용했던 중요 단어들(key terms)이 설교의 메인 포인트와 메시지의 주제로 이어지도록 한다.

덧붙여, 서론은 구속적인 특징을 포함해야만 한다.

청중들에게 왜 이 설교를 그들이 들어야 하는지를 보여주라. 그들이 처해 있는 문제에 대한 구속적 해결책을 그들에게 약속하라. 긴장을 만들어내고 설교의 나머지 부분에서 그리스도를 가리키며 그 긴장을 풀어가라. 확신을 가지지 않고 하는 열정 없는 서론을 하지 말라. 부담을 가지고 시작하라. 빨리 성냥을 켜서, 그 열이 설교를 통해 타오르도록 하라.

서론은 또한 당신의 기대를 포함해야 한다.[2]

이것은 결론과 서론이 함께 꼭 맞아야 한다는 것이다. 당신이 사람들에게 요구하는 것을 알고, 그것을 서론에 포함시켜라.

---

2 Vines and Shaddix, *Power in the Pulpit*, 221.

마지막으로, 다양함은 매주 준비를 함에 있어서 또 다른 가치 있는 목표이다.

같은 형태의 서론으로 모든 설교를 시작하지 말라. 만약 그렇게 하면, 청중들은 설교를 떠날 수도 있다. 일부는 당신이 본문에 들어갔을 때 돌아올 것이나, 일부는 절대 돌아오지 않을 수 있다. 그들이 계속 예측하도록 하라. 서론에서 시종일관 유지하는 요소는 본문의 메인 포인트와 설교의 메인 포인트이다. 당신의 도입구문들은 다양할 수 있다.

2) 서론의 형태

가장 흔한 서론의 형태는 이야기이다.

사람들이 친숙한 최신의 이야기들은 당신의 주제로 들어가는 효과적인 방법이다. 눈을 열어 현재의 뉴스 이벤트, 스포츠 이벤트, 또는 책의 이야기들을 보도록 하라. 개인적인 이야기 또한 유용하다. 앤디 스탠리(Andy Stanley)는 서론과 설교의 흐름을 보여주는 나-우리-하나님-너-우리 접근을 제시한다.[3] 당신은 개인적인 이야기로 시작하고(나), 그것을 회중과 연결시키고(우리), 본문에(하나님) 그리고 다시 청중에(너, 우리) 연결시킨다. 이 점전적인 흐름은 커뮤니케이션을 하기 위한 자연스러운 방법이다. 연륜있는 목사인 아드리안 로저스(Adrian Rogers)는 비슷한 공식을 보여 준다.

---

3   Stanley and Jones, *Communicating for a Change*, 119-30.

Hey! You! Look! Do![4]

다른 접근들에는 탐구적인 질문을 하는 것 또는 문제를 창의적으로 만들어 내는 것이다.

이 접근은 내가 개인적으로 좋아하는 것이다. 나는 이야기와 문제 접근을 함께 두기를 좋아한다. 야고보서 2:1-13에 기초한 차별에 관한 설교에서, 나는 편견의 현대적인 예를 가지고 시작하면서 이렇게 질문한다.

"당신은 당신의 이웃을 당신 자신처럼 사랑합니까?

아니면 당신과 비슷하거나 당신에게 무언가를 해 줄 수 있는 사람만을 사랑합니까?"

그 도입으로부터, 나는 청중들에게 왜 황금률을 지키라는 야고보의 말씀을 이해해야 할 필요가 있는지에 대해 전개해 나간다.

멀티미디어는 메시지를 소개하는 많은 놀라운 방법들을 제공한다. 다음의 아이디어들을 고려하라.

- 메시지와 관련된 "Man on the street" 인터뷰
- 유 튜브 비디오(예를 들면, 당신의 주제를 부정하거나 또는 지지를 보여주는 에피소드)
- 메시지에 관련된 사진(메시지를 소개하는 내가 가장 좋아하는 방법들 중 하나)
- 흥미를 일으켜 설교로 이끌어 가는 대중가요(popular song)
- 메시지의 일면을 경험한 교회 멤버의 비디오 간증

---

4 Vines and Shaddix, 220에서 발췌.

- 메시지와 관련이 있는 무비 클립(당신이 오직 추천하는 영화만을 보여주는 것을 기억하라)
- 지도와 다른 성경 배경
- 메시지의 주제를 나타내는 시각적 보조물들
- 그래프나 통계내역
- 해외 선교사와의 전화 통화
- 메시지와 관련이 있는 웹 사이트(예를 들면, 선교기관, 온라인 도서관)
- 당신과 뜻이 맞지 않는 사람들의 인터뷰(예를 들면, 유대교 랍비)

이 리스트는 끝이 없는데, 이는 테크놀로지 세계에는 흥미를 일으키는 많은 방법들이 있음을 보여준다.

서론의 이러한 예들을 보면서, 당신은 서론을 두지 않는 경우는 결코 없다고 생각할 것이다. 하지만 나는 서론이 필요 없을 때가 있다고 생각한다.

예를 들면, 두 편으로 이루어진 메시지의 두 번째 편은 단지 지난주를 개관하는 것이어야 한다. 또한 당신은 매우 중요한 내용들이 많기 때문에 본문의 메인 포인트와 설교의 메인 포인트 앞에 서론을 줄여야만 할 때도 있다. 분명히 나는 이런 접근도 해야 한다고 생각하며, 나 스스로 연습도 한다. 그러나 나는 가능하면 본문의 메인 포인트와 설교의 메인 포인트 앞에 어떤 형태든지 서론을 가지는 것이 가장 좋다고 생각한다.

2. 결론 더하기

결론은 일반적으로 주일 설교에서 가장 적게 준비되는 부분이다. 너무 많은 시간이 효과적인 아웃라인을 작성하고, 강력한 기능적 요소들을 발전시키고 훌륭한 서론을 더하기 위해 할애하면서, 결론은 거의 생각할 시간이 없다.

그러나 결론은 매우 중요하다. 때로 결론은 설교에서 가장 많이 기억되는 부분이다. 결론은 보통 설교자에 의해 가장 강한 무게감으로 전달된다. 결론은 또한 반응을 위한 부름—설교의 메인 포인트(M.P.S.)를 집으로 가지고 가게 하는—으로 이어진다. 그래서 결론은 두 중요한 부분으로 나뉜다. 요약과 반응이 그것이다.

1) 요약

요약은 설교의 메인 포인트를 강화하고 메시지의 내용을 다시 한 번 떠 올리게 한다. 요약에서 새로운 내용이 소개되어서는 안 된다. 그것은 단순히 청중을 "일깨워"(벧후 3:1) 생각나게 하는 것이다. 한 설교자는 그의 설교방법을 이렇게 간략하게 말했다.

> 첫째, 나는 그들에게 말할 것에 대해 말한다[서론].
> 둘째, 나는 내가 말해야 할 것을 그들에게 말한다[본론].

셋째, 나는 내가 말했던 것을 그들에게 말한다[결론][5]

나는 당신이 말하는 여러 방법들을 복습하기를 노력해야한다고 덧붙이고 싶다.

당신은 또한 간단하고 분명하게 요약해야 함을 기억해야 한다. 또한 당신의 반응도 준비하라. 왜 당신의 설교가 적실한지를, 그리고 왜 그들이 그것을 행하는 것을 고려해야 하는지 청중들에게 상기시키라.

물론, 당신은 요약에서 아웃라인을 그냥 반복만 해서는 안 된다. 강력하게 내용을 요약하는 서너 가지 방법이 있다. 여기서도 이야기는 훌륭한 방법이다. 만약 당신에게 설교를 잘 요약하는 이야기가 떠오른다면, 당신은 이야기 안에서 아웃라인으로부터 가져온 중요 단어들(key terms)을 가지고 강해적 비를 내려야 한다. 설교의 도입부를 위한 다른 방법이 있을 때면, 나는 때로 나의 최상의 이야기를 서론 대신에 결론에서 사용하는 것을 생각한다.

여기서 주의해야 할 점은 어떤 식으로든 감정적 기만(manipulation)은 피하는 것이다(특히 학생에게). 그들로 당신이 택한 본문의 진의를 따르는 실제적인 삶의 예를 알도록 하는 것이 중요하다. 그러나 그들의 감정을 가지고 노는 것은 전혀 다른 문제이다. 현명하고 책임감 있게 당신의 이야기를 선택하라.

다른 방법은 적용할 수 있는 질문을 제공하는 것이다. 당신이 새로운 내용을 소개하지는 않더라도, 당신은 질문으로 핵심 아이디어를 표현할

---

5 J. Stott, *Between Two Worlds*, 245-46에서 인용.

수 있다. 이것은 "그들의 골대에 공을 넣은 것"이라 할 수 있다.

마지막 요약의 아이디어는 인용하는 것이다. 만약 당신이 설교의 중심을 요약하는 인용문이 떠오른다면, 그것을 사용하고 인용구의 언어를 가지고 핵심 포인트를 강조하는 것을 고려하라.

2) 반응

반응(또는 초청)은 하나님의 말씀대로 행하도록 부르는 것이다. 초청의 지나친 사용 때문에, 많은 사람들은 어떤 형식의 공적인 반응도 하려 하지 않는다. 그러나 성경에서는 백성들은 하나님의 말씀에 어떤 방법으로든 공적으로 응답했다(예를 들면, ,창 12-13; 수 4; 스 9-10; 느 8-9; 행 2:38). "강단으로 부름"(alter call)의 남용 때문에 당신이 당신의 청중을 진리에 응답하도록 부르지 않아서는 안 된다. 만약 당신이 그들로 하나님의 말씀대로 행하도록 설득한다면 그것은 교묘한 기만이 아니다. 하나님의 진리가 가지는 권위에 기초한 진정성을 가지고 설득하라.

명료함 또한 반응에서 필수적이다. 당신의 청중에게 당신이 그들이 하기를 원하는 것이 무엇인지 정확하게 말하라. 사람들이 초청할 때를 위한 필요한 준비를 해 두라. 우리는 준비하여야 하고 사람들이 움직이기를 기대해야 한다.

효과적인 반응 요구는 메시지와 맞아야 함을 기억하라. "강단으로 부름"(an alter call)에만 한정되어있지 않다. 당신의 주제를 생각하고 당신은 사람들이 어떻게 그것에 응답하기를 원하는지 생각하라.

예를 들면, 만약 당신이 기도에 대해 설교한다면, 메시지의 끝에 어떤 형태의 기도 경험을 계획하라. 또한 다양성을 가지고 설교의 이 시간에 청중들이 그저 흘러내려가 버리지 않도록 해야 한다. 다음에 소개하는 문단들은 사람들을 행동으로 부르는 6가지 방법이 담겨있다.

첫째, 당신은 단순하게 권하는 것을 고려할 수 있다.[6]

청중들에게 "가서 이렇게 하시오"라고 하는 것이다. 만약 설교가 복음 전파에 관한 것이었다면, 다가오는 주에 적어도 한 사람에게 복음을 나누도록 그들에게 권하라.

둘째, 사람들을 신체적으로 움직이도록 부르는 것이다.

이것은 19세기와 20세기의 설교자들에 의해 일반화되어진 것으로, 전통적으로 "앞으로 나오는" 것을 의미한다. 그러나 당신은 사람들로 자신들의 자리에서 무릎을 꿇게 하거나, 형제자매와 화해하게 하거나, 옆에 있는 사람에게 손을 얹게 하거나, 특별한 이유로 앞으로 걸어 나오게 부를 수 있다.

셋째, 예배 후 모임에 반응하도록 하는 것은 사려 깊고 좋은 방법이다.

나는 예배 후 모임을 가지도록 하는 것을 포함하지 않는 어떤 공적인 응답도 경계를 한다. 만약 우리 교회에서 강단으로의 부름을 하는 것으로 사람들에게 진정한 결정을 하는 것으로 주장하지 않는다. 우리는 추후 모임을 기다린다. 스펄전은 예배 후에 만나기를 원하는 사람들을 위해 질문하는 방을 두곤 했다.

넷째, 기록으로 하는 반응 또한 좋은 아이디어이다.

청중들이 그들의 영적인 삶에서 일어나는 것을 표시하면서 개인적

---

6   첫 번째부터 다섯 번째까지 예화는 Vines와 Shaddix, 213-215에서 인용에서 각색했다.

으로 응답하도록 하라. 그들에게 목사를 만나 질문할 수 있거나 요청을 할 수 있는 자유를 주라. 물론 기록으로 반응하도록 하는 다른 방법들도 있다. 청중들이 교회가 기도해 주기를 원하는 사람들을 기록하게 하거나, 설교에 대한 반응 일지를 쓰게 하라.

다섯째, 다중적 접근을 고려하라.

청중들에게 응답할 수 있는 여러 가지 방법을 주라. 기록하기, 신체적 이동, "가서 이렇게 하기," 그리고 예배 후 모임으로의 반응을 함께 이용하라.

여섯째, 응답의 시간에 성만찬(Lord's Supper)을 활용하라.

이것은 내가 선호하는 것이다. 성만찬의 자기점검부분을 반응에 통합하라. 성만찬을 다른 방법으로 해보라. 성도가 순서에 따라 앞으로 나아올 때, 목사는 기도하도록 고려하라.

3. 메시지 작성과 기도하기

설교자가 설교단에 무엇을 들고 가는지는 다양하다. 나는 그가 아무 것도 들고 가지 않거나, 또는 그 반대라고 하여서, 그가 더 영적이거나 더 은사가 있다고 생각하지는 않는다. 기억해야 할 중요한 것은 당신은 철저하게 준비해야 한다는 것이다. 분명 나의 5단계 과정을 통해서 서론과 결론에 도달 할 때까지 당신은 많은 노트들을 가졌을 것이다.

나는 매주 원고를 작성하기를(특별히 젊은 설교자들에게) 권한다. 원고는 메시지를 어떻게 커뮤니케이션하려고 하는지에 대한 각각의 단어들을 포함할 수 있다. 물론, 그것을 읽기 전에는 무엇이 그 앞에 있는지 정확히 알 수 없다. 나는 당신이 설교를 읽어야 한다고 주장하는 것은 아니다. 단지, 가능하다면, 완성된 원고 형태로 그것을 준비하라는 것이다. 당신이 설교단에서는 원고의 축약된 내용을 전해야 할 수도 있으나, 원고를 준비하면 두 가지 큰 이점이 있는데, 하나는 내용과 관련이 있고 다른 하나는 전달과 관련이 있다.

원고는 내용들이 어떻게 관련되어 있는지 당신이 정확하게 보도록 도와준다. 당신은 원고를 읽음으로, 그리고 무엇을 계속 유지하고 무엇을 버려야 하는지 분별하는 이로움을 누릴 것이다. 더욱이, 원고는 당신이 설교준비 시간을 통해서 높은 마일리지를 쌓도록 해 줄 것이다. 만약 당신이 설교를 준비하는 데 20시간을 보냈다면, 당신은 다른 프로젝트 또는 이후의 다른 설교를 위한 질 좋은 내용들을 갖게 될 것이다. 만약 당신이 기록한 모든 것이 성경공부 노트와 얼마간의 포스트 잇 노트라면, 당신은 생각의 훌륭한 결정체를 소유하지는 못할 것이다. 책을 쓰는 많은 목사들은 단순히 그들의 원고를 가지고 수정을 거쳐 책으로 만들어 낸다. 즉 원고는 이후의 작업을 위해 유용하다.

원고는 당신이 현명하게 단어를 선택하도록 함으로써 전달을 도와 줄 것이다. 조나단 에드워즈(Jonathan Edwards)와 다른 이들은 단어 선택과 이미지를 통해 사람들을 감동시켰다. 원고는 당신이 색다른 단어, 그림 단어, 그리고 강력한 단어를 사용하도록 돕는다. 또한 그것은 당신이 어려운 교리들, 정확함을 요구하는 가르침에 도움을 줄 것이다.

다른 옵션은 설교 요약본(sermon brief)이다.

요약본은 서론과 결론의 단어와 단어를 포함하지만, 설교의 본문에서는 각 포인트에서의 중요한 구문도 포함한다. 이 형태를 사용하는 바쁜 목회자는 그들의 예화는 적어두지 않을 수도 있다. 대신 그들은 잘 정리된 해석과 적용을 포함시키는 것을 선택할 수도 있다. 만약 당신이 한주에 많은 설교를 한다면, 요약본은 좋은 접근이다. 왜냐하면 당신이 원고를 준비하는 긴 시간을 들이지 않고 원고가 주는 이로움의 일부를 여전히 취할 수 있기 때문이다.

확장된 아웃라인(extended outline)은 요약본과 같다. 그것은 설교의 메인 포인트와 특별한 단어 연구와 같은 몇몇 중요한 문장과 생각들을 포함하지만, 완전하게 기록된 서론과 본문을 포함하지는 않는다. 전체 아웃라인을 사용하는 다른 설교자들은 스타일과 선호도에 따라 보통 다른 요소들을 기록한다. 원고를 쓰고 그것을 설교단에서 사용을 위한 확장된 아웃라인으로 바꾸는 것이 좋은 생각이다.

책의 전달부분에서, 나는 커뮤니케이션 아이디어에 관련한 내용을 토론할 것이다. 그러나 정말 말하고 싶은 마지막 말은 전체 설교 과정은 기도로 하는 작업임을 기억하는 것이다.

당신이 준비하기 전에 기도하고, 당신이 준비하면서 기도하고 당신이 노트들을 마친 후에 기도하라.

당신의 노트를 다시 살펴보고 하나님께서 당신의 메시지를 사용하시기를 기도하며 토요일 저녁 시간을 보내라.

주일 일찍 일어나 하나님의 은혜와 능력을 구하면서 충분한 시간을 보내라. 찬양하고 일어서서 하나님 말씀을 선포하면서 기도하라.

한 설교자는 "먼저 나는 나 자신이 충분히 읽고, 나 자신이 명확하도록 생각하고, 나 자신이 뜨겁도록 기도하고 전한다"[7]고 말한다. 당신이 전하기 전에 당신 자신이 뜨겁도록 기도하는 것을 잊지 마라!

4. 요약

서론과 결론은 강해설교를 준비하는 마지막 부분이다.

서론은 흥미를 일으키고 본문의 메인 포인트와 설교의 메인 포인트를 소개해야 한다. 이는 또한 구속의 특징과 설교자의 기대도 포함해야 한다. 당신은 이야기, 인용, 문제, 질문, 또는 멀티미디어 프리젠테이션과 같은 다양한 방법으로 설교에 들어갈 수 있다.

결론은 설교를 요약해야하고 청중의 반응으로 이끌어야 한다. 설교자는 메시지와 연관된 방법을 통해서 청중들이 진정성을 가지고 메시지에 응답하도록 청해야 한다. 응답을 위해서 권함, 신체적 이동, 기록으로 응답, 복합적 접근, 또는 성만찬의 사용과 같은 반응의 다양한 방법이 가능하다. 서론과 결론을 준비한 후에, 설교자는 설교를 원고의 형태로, 또는 설교의 주요 포인트를 강조하는 설교의 요약본의 형태로 기록할 수 있다. 노트를 마친 후에, 설교자는 하나님의 도우심을 기도해야 한다.

---

[7] J. Stott, *Between Two Worlds*, 258에서 인용.

◆ 디모데전후서 연구

디모데후서 2:22-25을 연구하라. 괄호의 지시를 따르며 설교의 다음 파트를 어떻게 완성해야 할지 그려보라.

1. 서론

　A. 도입 [두 문장으로 시작하라]
　B. 본문의 메인 포인트(M.P.T.) [본문의 메인 포인트가 무엇인지 말하라]
　C. 설교의 메인 포인트(M.P.S.) [당신의 설교의 메인 포인트가 무엇인지 말하라]
　D. 제목(Title)

2. 본론 [M.P.S.를 지지하는 아웃라인을 스케치하라, 각 포인트를 위한 각 기능적 요소를 2 문장씩 포함하라]

3. 결론

　A. 요약 [한 가지 방법으로 요약하라]
　B. 반응 [당신이 할 수 있는 반응의 형태를 기록하라]

제3부

하나님의 부르심에 충실한 설교
: 우리의 삶과 교리에 대한 교훈

10장. 경건을 위한 자기훈련
11장. 하나님의 사람이 지닌 표지
12장. 충실한 기도

10장
경건을 위한 자기훈련

네가 이것으로 형제를 깨우치면 그리스도 예수의 좋은 일꾼이 되어 믿음의 말씀과 네가 따르는 좋은 교훈으로 양육을 받으리라. 망령되고 허탄한 신화를 버리고 경건에 이르도록 네 자신을 연단하라. 육체의 연단은 약간의 유익이 있으나 경건은 범사에 유익하니 금생과 내생에 약속이 있느니라.

— 디모데전서 4:6-8

우리의 사역을 위한 첫 번째, 두 번째, 그리고 세 번째 모두 필수적인 것은 개인 경건이다.

그것 없이는, (우리가) 사람과 천사의 말을 가져도, (우리는) 소리 나는 구리처럼 거칠고 조화롭지 못하고, 울리는 꽹과리처럼 기괴하고 귀에 거슬린다….

십자가에 못 박힌 구세주를 설교하기 위해서는 십자가에 못 박힌 사람이 필요하다.[1]

— 알렉산더 맥클라렌(Alexander MacLaren)

---

1 S. F. Olford, *Anointed Expository Preaching* (Nashville: B&H, 1998), 44에 인용된 A.

목요일 밤 대학교 행사에서의 설교를 마친 후에, 나는 돌아가는 길에 마실 블랙커피를 사러 스타벅스에 갔다. 내가 문으로 들어갈 때, 젊은 아가씨가 나를 맞으며 문을 닫았다고 말했다.

나는 질문했다.

"왜 7시30분에 문을 닫습니까?"

젊은 직원은 말했다.

"모든 직원들이 안에서 '더 좋은 라떼를 만드는 훈련' 중 입니다. 하지 우리는 여기 바깥에서 무료커피를 드려요."

이에 나는 되물었다.

"내일도 역시 일찍 마감합니까?!"

나는 이후에 하워드 슐츠(Howard Schultz)가 그의 유명한 기업에서 만드는 라떼의 품질에 만족하지 못했다는 것을 알았다. 그래서 그는 상황을 개선시키기 위해서 전국적으로 세 시간 동안 문을 닫았다. 7,100개 점포의 바리스타들은 집중훈련(disciplined training)에 들어갔다. 그들은 더 좋은 커피원액을 만드는 법, 우유를 데우는 법, 커피를 태우지 않는 법, 그리고 채식주의자들을 행복한 고객으로 만들기 위해 우유에서 두유로 바꾸기 전에 스티머를 청소하는 법을 배웠다.

스타벅스만이 훈련의 중요성을 이해한 유일한 기업이 아니다. 야구도 훈련을 한다. 이를 스프링훈련(Spring Training)라 부른다. 사실, 레드 팀 (The Reds)은 그 훈련을 진짜 진지하게 받아들여서, 작년 봄 훈련 전에 그들은 과체중으로 훈련캠프에 들어온 투수 한 명을 방출했다. 다른 말로,

---

MacLaren의 말이다.

그는 스프링훈련에 대해 엄격히 준비하지 않았다! 스태프들은 이 특정 선수가 몸을 만드는 것에 진지했다는 것을 믿을 수가 없다고 했다. 그래서 그들은 그를 해고했다.

만약 스타벅스와 메이저 리그 야구가 훈련을 이렇게 진지하게 받아들인다면, 믿음의 말씀을 위해 일하는(딤전 4:7) 우리는 얼마나 많이 경건을 훈련해야 하겠는가?

우리는 이 땅의 영예와 재정의 이익을 추구하지 않고, 오직 영원한 가치를 추구한다. 개인적인 훈련은 기업 세계와 스포츠 세계만을 위해 있는 것이 아니다. 이는 예수님을 닮아 자라기를 원하는 모든 기독교인들을 위해서도 필수적인 것이다.

디모데는 분명히 그의 멘토가 주는 이런 권고가 필요했다. 이런 권고가 담긴 목회서신을 대충 훑으면, 디모데는 영적인 선수처럼 여겨진다. 하지만 우리는 그가 어리고, 경험이 부족하고, 허약하다는 것을 읽을 수 있다. 그리고 에베소서에 있는 이 큰 교회가 그를 지도자로 뽑았다거나 그를 좋아했다는 흔적은 없다. 더욱이 그는 거짓 가르침과 교사로 곤혹을 치르고 있는 교회를 이끌고 있다. 그러므로 디모데에게 영적으로 단련되어야 하는 것은 꼭 필요했다.

설교를 위한 부르심은 하나님의 영광을 위해 하나님의 체육관에 들어가도록 부르는 것과 같다. 우리는 개인적으로, 매일 같이, 그리고 충실하게 훈련해야만 한다. 건강하고 거룩한 훈련을 계속 하려는 두 가지 요건은 디모데전서 4:6-16에 나온다.

1. 거룩한 사역자는 건강한 음식을 섭취해야 한다.

바울은 디모데가 "그리스도 예수의 좋은 일꾼"(딤전 4:6)이 되기 위하여 "이것"으로 형제들을 깨우치라는 말을 하며 시작한다. "이것"은 디모데에게 한 바울의 가르침에 대한 전체적인 요약을 말한다. 그러나 바울은 다른 사람들을 깨우치지 전에, 디모데가 "믿음의 말씀"과 "좋은 교훈으로 양육을 받으리라"고 말한다(딤전 4:6).

"양육을 받으리라"는 말은 "영양분을 주다"로 보다 더 잘 번역될 수 있다. 디모데의 영적인 음식(diet)은 많은 양의 좋은 가르침으로 이루어진 것이다. 덧붙여서 그는 영적인 불량식품을 피해야 했다. 바울은 "망령되고 허탄한 신화를 버리고"(딤전 4:7)라고 말한다. 그리스 로마(The Greco-Roman world) 시대는 신과 여신에 대한 민간신앙으로 가득 차 있었다. 신화와 이야기들은 어디에나 있었다. 우리 시대의 인터넷처럼 많은 거짓말, 반은 거짓인 진실, 그리고 허탄한 생각들이 사람들을 먹여줄 수 있었다. 우리 역시 나쁜 가르침은 거절해야 하고 좋은 가르침을 마음껏 먹어야 한다.

그러므로 말씀에 대한 공적인 사역 뒤에는 말씀에 대한 개인적인 연구가 있어야 한다. 우리는 먼저 우리 자신이 그것을 소화시켜야 한다. "영양분을 주다"(nourish)라는 이 단어는 또한 현재 분사로 사용되어서, 계속적으로 영양분을 주는 것을 가리킨다. 존 스토트는 개인적인 연구를 위한 그들의 시간을 현명하게 사용하도록 바쁜 목사들에게 다음과 같은 도전을 준다.

그러나 적어도 (연구를 위해서) 이만큼은 해야 한다. 매일 적어도 한 시간, 매주 하루의 아침시간, 오후시간 또는 저녁시간, 매달 하루 종일, 매년 일 주일. 매우 적어 보이지만 이렇게 시작하라. 참으로 그것은 너무 적다. 그러나 그것을 시도하는 모든 사람들은 이런 훈련의 틀 안에서 얼마나 많이 읽게 되었는지 알고 놀라게 된다. 일 년 과정 안에서 거의 600시간이라는 합계에 이른다.[2]

만약 우리가 바른 교리를 가르치지 않으면, 우리 사역은 고통을 겪게 될 것이다. 대식가가 뷔페에서 먹듯이 읽으라. 만약 당신이 신발이 필요하면, 책을 사라. 설교를 위한 부르심은 연구를 위한 부르심이다.

독서는 내가 사역을 시작했을 당시에는 좋아한 훈련이 아니었다. 실제로 나는 어릴 때 읽는 것에 문제가 있어서 나머지 읽기 수업을 받았다. 그리고 나는 고등학교 시험에서 읽기 부분에서는 낙제를 했고, 대학에서는 개인 과외를 받았다. 나는 내가 읽은 어떤 것도 기억할 수가 없었다. 독서는 나에게 맞지 않는 것이었다. 그러나 내가 대학 2학년 때 하나님께서 죄의 삶으로부터 나를 구원해 주셨을 때, 나에게 하나님 말씀에 대한 깊은 갈증이 커져갔다. 이 경험 이후에 다른 책을 읽고 싶은 마음도 점점 커져 갔다.

나는 신학교에 가기 전에 대략 20권 정도의 책을 읽었다. 그리고 나는 첫 학기 시작과 함께 수업을 위해 얼마나 많은 책을 읽어야 하는 지 보았

---

[2] J. Stott, *Between Two Worlds*, 204.

을 때를 기억한다. 나는 놀라웠다! 한 과목의 수업을 위해 3권에서 5권씩, 그리고 나는 5과목을 들어야 했다. 그림이 그려지지 않았다! 나는 공립학교 학생이 그렇게 할 수 있다고 생각하지 않았다! 그러나 나는 나의 사역을 위해 절대적으로 필요한 읽기를 빨리 배웠다. 당신의 영혼을 먹이라. 경건함은 건강한 음식섭취와 함께 시작한다. 불량식품에는 가까이도 가지 마라.

1) 고단백 음식 섭취

우리 영양을 위한 고기는 성경을 기억하는 것과 묵상하는 것으로부터 온다. 이것은 항상 단백질일 것이다. 우리가 이 고기의 큰 덩어리 없이는 강한 영적 근육을 키울 수 없다. 슬프게도 나는 몇 년 동안 기억하는 훈련을 무시했다. 물론 특별한 구절들은 외웠다. 그러나 몇 년 전까지는 성경 각권 전체를 외우려는 시도는 하지 않았다. 나는 교회까지 30-45분 걸려 출퇴근하는데 에베소서를 외우기로 결정했다. 이 경험은 의미심장했고 획기적인 것이었다. 나는 지금 시편 119편을 외우는 중이다. 나는 이것을 보여주거나 개인적인 영광을 위해 하지 않는다. 단지 성경을 외우는 것과 묵상하는 것보다 더 나를 감동시키는 것이 없기 때문이다.

시편 119편은 성경의 가치에 대한 주목할 만한 장이다. 그것은 순수와 진리를 추구하는 젊은 남성이 썼다(시 119:9, 99-100). 실제적으로 모든 절에는 말씀에 대해 이야기하는 무언가가 있다. 그러나 시편저자는 책을 위한 책을 추구하는 것이 아니다. 그는 말씀을 주시는 이, 하나님 그 분을 추구한다. 사실 이 시편의 모든 절은 또한 성경의 저자를 언급한다.

성경은 우리를 하나님께 데려간다. 이것이 성경 말씀이 은보다 더 소중하고 금보다 더 가치 있는 이유이다.

성경의 비교할 수 없는 가치 때문에, 우리는 "주의 말씀을 내 마음에 두어"(시 119:11)야 한다. 물론 어떤 것을 단지 외우는 것으로 어떤 사람이 반드시 바뀌는 것은 아니다. 반역하는 많은 사람들도 "씨 가진 열매 맺는 나무를 내니 하나님이 보시기에 좋았더라"와 "비판을 받지 아니하려거든 비판하지 말라!"와 같은 구절을 인용하여 말할 수 있다.

다른 점이라면 우리는 "우리 마음에" 그 말씀을 보배처럼 둔다는 것이다. 구약에서는 마음은 생각하고 느끼는 곳이라고 한다. 하나님의 말씀을 마음에 두라. 그곳에서 당신은 진리에 대해 생각할 수 있고 그 기쁨을 맛볼 수 있다.

성경 말씀을 외우는 것은 많은 이유로 인해 꼭 필요한 것이다. 하나님은 근본적으로 말씀과 성령으로 우리를 거룩하게 하려는 의도가 가지고 계신다. 예수님은 말씀하셨다.

> 진리로 그들을 거룩하게 하옵소서. 아버지의 말씀은 진리니이다(요 17:17).

말씀 속에서 그리스도를 바라봄으로 우리는 그의 형상으로 변화한다(고후 3:18). 나아가 우리는 여호수아서에서 좋은 리더는 말씀을 묵상한다는 것을 배웠다(수 1:8). 게다가 성경 말씀을 외우는 것은 성령 충만하게 되는 많은 방법들 중의 하나이다.

만약 당신이 골로새서 3:16-17과 에베소서 5:18-19을 비교해보면,

당신은 그 긴밀한 관계를 알게 될 것이다. 에베소서 5:18-19에서 "성령으로 충만함을 받은" 결과와 골로새서 3:16에 나오는 말씀이 "풍성히 거하게 함으로" 나오는 결과는 비슷하다. 다른 말로, 말씀이 당신 안에 풍성히 거하면, 성령님은 당신 안에 거하는 말씀과 함께 하신다.

덧붙여서, 당신은 다른 사람과의 상담을 위해서라도 성경 말씀을 외워야 한다. 잠언의 저자는 말한다.

> 경우에 합당한 말은 아로새긴 은 쟁반에 금 사과니라(잠 25:11).

또한 성경 말씀을 통해 우리는 사탄(마 4:1-11)과 그의 영적 공격(엡 6:17)을 이길 수 있다. 루터는 말하였다.

> 사탄이 가득한 이 세상은 우리를 파멸시키려 협박하지만, 하나님께서 우리를 통해 그의 진리가 승리하도록 하시므로, 우리는 두려워 않는다. 어둠의 왕자의 무자비함, 우리는 그로 인해 떨지 않는다. 우리는 그의 광포를 견딜 수 있다. 왜냐하면 보라, 그의 파멸은 확실하다. 한 마디 말씀으로도 그를 쓰러뜨린다.[3]

이러한 유익과 또 다른 유익들은 복음 사역자가 그의 마음에 하나님의 말씀을 보배처럼 두어야 얻을 수 있다. 나는 척 스윈돌(Chuck Swindoll)의

---

3   M. Luther, "A Mighty Fortress Is Our God," trans. by Frederick H. Hedge in The Baptist Hymnal (Nashville: Convention Press, 1991), 8.

다음의 말에 동의한다.

> 실제적으로 말해서, 나는 기독교인의 삶에서 성경 말씀을 외우는 것보다 더 보상이 되는 어떠한 행함도 알지 못한다… 어떠한 다른 훈련도 이보다 더 큰 영적 배당금을 주지 못한다! 당신의 기도생활은 강해질 것이다. 당신의 증언은 더 날카로워지고 더욱 더 효과적일 것이다. 당신의 태도와 외모는 변하기 시작할 것이다. 당신의 마음은 빈틈이 없어지고 예리해질 것이다. 당신의 자신감과 확신은 높아질 것이다. 당신의 믿음은 견고해질 것이다.[4]

2) 변명하기를 그만두기

성경의 긴 부분을 외워야 할 때, 전형적인 여러 가지 변명이 떠오른다. 첫째 변명은 보통 "나는 시간이 없다"이다. 그러나 사실은 우리가 자신의 중요한 것을 위해서는 시간을 만든다는 것이다. 이것은 나에게 한 만화를 생각나게 한다. 거기에서 의사가 몸매가 엉망인 환자를 보며 이렇게 말한다.

"하루에 한 시간 운동하는 것과 하루 24시간 죽어 있는 것, 어떤 것이 당신의 바쁜 스케줄에 적당할까요?"

우리 역사에서 성경을 외웠던 바쁜 성인들을 생각해보라.

---

4 C. Swindoll, *Growing Strong in the Seasons of Life* (Grand Rapids: Zondervan, 1994), 61.

인도의 초기 선교사인 헨리 마틴(Henry Martin)은 극심한 스트레스와 사역의 부담을 가지고 성경을 인도의 방언으로 번역하는 중에, 시편 119편을 외웠다.[5] 1812년 극도의 피로로 인해 죽기 전, 그는 자신을 지탱해 주었던 것은 성경 말씀이었다고 말했다. 영국의 정치가로 나라 전체에 노예 매매를 금지시키는 데 중요한 역할을 담당했던 윌리엄 윌버포스(William Wilberforce)는 1819년 그의 일기에 이렇게 적었다.

"큰 위로 가운데 시편 119편을 되뇌면서, 하이드 파크의 모퉁이를 걸었다."[6]

바쁜 윌버포스는 시편 119편으로 자신을 먹였다. 슬픈 현실은 시간의 부족으로 "나는 너무 게으르다"는 사실을 덮어 버리는 것이다.

또 하나의 변명은 실용적인 것이다. 많은 사람들은 성경 암송의 즉각적이고 실제적인 유익을 찾는 것에 실패한다. 사실, 당신이 이러한 유형이라면, 당신은 아마도 내가 1700년대 사람처럼 말한다고 생각할 것이다. 그러나 여기에 말씀을 외워야 하는 실용적인 이유가 있다.

만약 당신이 선교여행 중에 납치되어 20년 동안 갇혀 있다면, 당신은 마음속에 있는 성경을 받아 적어서 그것을 다른 사람들에게 가르칠 수 있는가?

당신은 에베소서를 한 글자 한 글자 진심으로 가르칠 수 있는가?

다른 사람들은 영적인 변명을 선택한다.

"만약 내가 성경을 외우면, 나는 교만해질 것이다."

---

5 J. M. Boice, *Psalms,* vol.3 (Grand Rapids: Baker Books, 1998), 973에서 인용.
6 Ibid., 973.

만약 당신이 이것을 걱정한다면, 나는 제안하고 싶다.

겸손하게 외우라!

결국 이 개념을 가진 우리의 가장 큰 문제는 불신앙이다.

당신이 하나님의 말씀을 외우고 묵상할 때 하나님께서 성령님을 통해서 당신을 변화시키실 것을 참으로 믿는가?

당신은 성경 말씀을 외우는 영적인 유익이 돈보다 더 가치 있다고 여기는가?

당신 스스로 테스트하라.

만약에 내가 내년에 당신이 외우는 책마다 100달러씩을 당신에게 주기로 한다면, 당신은 한 두절만 외우겠는가?

성경 말씀을 기억하라.

> 내게는 천천 금은보다 좋으니이다(시 119:72).

마드라사스(Madrassas)에서는 어린이들도 다섯 살만 되면 코란을 외우는데, 많은 사역자들은 성령님의 도움으로도 우리의 성경책을 외우지 않는다니 참으로 슬픈 현실이다.

9살에 시편 119편을 외운 그 데이비드 리빙스톤(David Livingstones)은 어디에 있는가?[7]

당신과 내가 로마서를 외울 수 없는 이유란 없다. 단지 조금의 영적인

---

[7] 성경 암송에 대한 도움을 얻기 위해서는 에 있는 Andrew Davis목사의 "An Approach to Extended Memorization of Scripture"를 보라.

땀이 요구될 뿐이다!

그러므로 좋은 신학 책과 다른 유용한 기독교 문학책과 더불어 하나님 말씀의 풍성함을 섭취하라. 성경책 그리고 다른 책들과 함께하라. 그리고 금방이라도 흘러넘치려 할 때에 연구실에서 나아오라.

나는 당신이 교회로 부임하기 전에 도서비에 관해서 협의하도록 조언하고 싶다. 더 많은 급여보다 그들이 당신에게 바른 교리로 당신 자신을 먹이고 양육하기 위한 연구와 여가의 시간을 줄 수 있는지를 확인하라.

2. 거룩한 사역자는 영적훈련을 받아야만 한다

디모데전서 4:7에서 바울의 가르침은 음식에서 사역자의 훈련으로 나아간다.

> 경건에 이르도록 네 자신을 연단하라(딤전 4:7).

거룩함(*eusebeia*)과 거룩(*eusēbes*)이라는 단어는 신약성경에 15번 나온다. 이 중 13번이 목회서신에 있다. 13번 중에 9번이 디모데전서에 나온다. 이 단어는 기본적으로 "경건한" 또는 "존경" 또는 "경외"를 의미한다. 거룩한 사람은 하나님을 경외한다. 그들은 하나님께 열중해 있다. 그 삶의 마지막에 거룩함의 절대적인 필요를 강조했던 사도에게 이것은 가장 중요한 문제였다. 그는 많은 사람들이 믿음으로부터 떠나 방황하는 것을 보아왔기에, 매일 거룩한 습관의 훈련만이 전 생애에 이르는 충실함을 낳는다는 것을 이해하고 있다.

1) 영적인 땀

7절에서 다른 중요한 단어는 "훈련"(train)이다. 이 단어 "구마조"(gummazō)로부터 나온 것으로 우리가 사용하는 체육관(gymnasium) 또는 체육(gymnastics) 이라는 단어가 파생되었다. 이것은 땀과 노력을 나타낸다. 문자적으로는 "벗은 몸으로 훈련하는"이라는 의미가 있다.

그러나 이 의미를 설명할 때 확실히 해야 하는 것이 있다!

고대 그리스 경기에서는 참가자가 방해받지 않으려고 옷을 다 벗었다. 신약 시대까지 그 단어는 일반적으로 훈련을 뜻했다. 다른 말로 그것은 열정적인 훈련을 받는 것을 의미한다. 오늘날 우리는 "경기에 임하는 자세로" 거룩함을 훈련하라고 말할 수 있다.

이것은 진지한 임무이다.

만약 우리가 매일 영적으로 훈련하지 않으면, 우리는 거룩함에서 자라날 수 없다. 나의 부사역자 앤드류가 하루는 나에게 와서 그는 이제 완전히 세워졌다고 말했다. 4년 만에 처음이라고 그는 나에게 말했다.

나는 그에게 말했다.

"자네도 알다시피, 매 4년마다 대통령선거를 마쳤다고 홀가분해지지는 않는다네."

몸을 만들기 위해서는 시간과 집중이 필요하다. 우리는 "5분 성경"보다 그 이상이 필요하다.

물론 영적훈련은 율법주의(하나님께로부터 이익을 얻기 위해 목록을 만들어 그것을 지키려하는 것)에 관한 것이 아니다. 우리는 지금 하나님을 사랑하고 다른 어떤 것보다 그분 안에서 만족하는 마음으로부터 나오는 성령 충만하고 은혜로 작동하는 훈련에 관해서 이야기하고 있다. 영적훈련이 율법주의와 다른 점은 동기이다. 훈련은 하나님을 더 잘 알게 되는 은혜의 수단이기 때문에, 우리는 훈련을 한다. 영적훈련은 의무가 아닌, 기쁨이 동기가 되어 일어나는 것이다.

또한 바울도 우리에게 영적훈련과 율법주의의 차이를 보여주는데, 영적훈련은 다른 힘의 근원을 가져다준다는 것이다. 바울은 디모데전서 4:10에서 다음과 같이 말한다.

> 이를 위하여 우리가 수고하고 힘쓰는 것은 우리 소망을 살아 계신 하나님께 둠이니 곧 모든 사람 특히 믿는 자들의 구주시라 (딤전 4:10).

여기서 바울은 사람의 책임과 하나님의 주권을 함께 둔다.

이는 그가 빌립보서 2:12-13에서 거룩의 과정을 설명할 때와 유사하다. 그는 디모데에게 "수고"하라고 말하면서, 그의 소망은 "살아 계신 하나님"께 있다고 말한다. 살아계신 하나님께서 우리가 거룩하게 자라도록 힘을 주신다. 그리고 그 과정 속에 우리의 중보자로 그리고 돕는 자로 계시는 분이 바로 우리의 구주이신 예수님이시다(딤전 2:5). 우리가 거룩함을 위해 훈련할 때, 예수님께서 우리와 함께 서 계시고, 성령님께서 우리를 채우신다.

2) 영적 훈련

이 원리를 적용하기 위해서, 사역자가 거룩함을 위해 자신을 훈련해야 하는 방법들을 생각해 보는 것은 도움이 된다. 바울은 디모데가 어떤 훈련을 해야 하는지 구체적으로 말하지 않았지만, 나는 몇 가지 중요한 훈련을 제안하고 싶다.

(1) 성경 읽기

이 본문에서 암시한 연습은 이미 언급하였던 바른 교리 위에서 묵상하는 훈련이다. 성경 말씀을 외우는 것에 덧붙여, 설교자들이 일 년간 성경을 읽어나가는 훈련을 하는 것이 필요하다. 나는 로버트 머레이 맥체인(Robert Murray M'Cheyne)의 성경 읽기 계획 또는 D. A. 카슨(D. A. Carson)의 『하나님의 사랑으로』(*For the Love of God*)라는 묵상집들을 각색하여 사용하는 것을 좋아한다.

(2) 기도

물론 기도는 누구든지 그리스도인이라면 필수적인 훈련이다. 특별히 목사에게는 기도가 일순위이다(행 6:4). 그것은 우리 각자가 하나님과 함께하는 많은 시간을 차지한다. 우리가 사람들과 늘 함께 있다면, 우리는 사람들에게 유익을 끼칠 수 없다. 맥체인은 홀로 있어야 할 필요성을 강조한다.

> 나는 누군가를 만나기 전에 기도해야만 한다. 가끔 내가 많이 자

거나, 또는 다른 사람을 일찍 만날 때면, 혼자만의 기도는 11시나 12시에 시작한다. 이것은 비참한 것이다. 이는 성경적이지도 않다. 주님은 하루가 시작되기 전에 일어나 조용한 곳으로 가셨다. 다윗은 "아침에 주께서 나의 소리를 들으시리니, 아침에 내가 기도하고 주를 바라리이다"라고 고백했다. 가족기도는 기도의 힘과 달콤함의 많은 부분을 잃게 되고 나는 나를 찾아온 사람들에게 유익을 끼칠 수 없다. 양심은 죄책감을 느끼고, 영혼은 배부르지 못하고, 램프는 정리되지 않아 밝혀지지 못한다. 혼자만의 기도에서 간혹 영혼이 조화롭지 못할 때도, 나는 하나님과 함께 시작하는 것이 더 좋다는 것을 느낀다. 다른 이를 가까이 하기 전에 하나님의 얼굴을 먼저 보고, 내 영혼을 그에게 가까이 하는 것이 더 좋다.[8]

다른 사람에게 말하기 전에 하나님께 말하는 것을 당신의 우선순위로 두라. 가능하다면, 일주일 중에 하루 전체를 홀로, 기도로, 그리고 금식으로 보내라. 하나님과 함께하는 당신의 개인적인 시간을 보호하라. 당신이 전능자와 회의를 하고 있기 때문에 어떤 특정한 시간에는 당신을 만날 수 없음을 당신의 성도들에게 알게 하라.

(3) 교제

교제는 다른 사람들과 삶을 나누는 것이다. 그것은 믿을 수 없을 정도

---

[8] A. A. Bonar, *Robert Murray M'Cheyene* (reprint, London: Banner of Truth Trust, 1972), 182.

로 중요하다. 내가 다른 형제들과 함께할 때 평소와 달리 성화되어 간다. 붉은 색 고기를 먹으며 그리고 영혼에 유익이 되는 그루뎀(Grudem)의 조직신학을 공부하는 것에는 무언가가 있다! 나는 우리 교회의 젊은 청년들과 함께 이 모임을 정기적으로 한다. 그것을 "성경과 바비큐"라고 나는 부른다. 내 생각에 목사가 그의 배우자와 함께 교회의 소그룹에 소속되는 것도 또한 좋다. 평범한 기독교인처럼, 당신 교회의 기능들 속으로 참가하라.

(4) 모범

디모데전서 4:12에서, 바울은 그의 가르침을 따라 개인적으로 본이 되라고 디모데에게 말했다. 디모데는 그의 나이에 비해서 중요한 지위에 앉게 되었다. 그는 아마 삼십대 초반이었던 것 같다. 일반적인 사역의 유혹을 피하기 위해서는 영적인 훈련이 필요하다. 젊은 사역자로서 나는 그리스도를 닮지 않은 방법으로 답하려는 유혹에 매일같이 직면한다. 스토트는 디모데의 유혹과 관련하여 우리에게 도움을 준다.

> 아마도 어떤 이들은 디모데가 그들보다 높은 자리에 앉게 된 것을 질투했을 것이다. 다른 사람들은 이 자만하는 젊은이를, 골리앗이 어린 다윗을 멸시한 것처럼, 얕보았을 것이다. 연로한 사람들은 어린 사람을 리더는 고사하고 그들과 같은 권리를 가진 책임 있는 성인으로 받아들이기가 어렵다는 것을 늘 발견한다. 그리고 어린 사람들은 나이 많은 사람들이 자신들의 미성숙과 경험의 부족을 자신들에게 상기시킬 때 당연히 짜증나게 되고, 그

래서 나이 많은 사람들에게 모욕감을 가지고 대하게 된다.⁹

어떤 사람들이 우리의 젊음을 낮추어 대할 때, 우리는 어떻게 반응해야 할까?

과장되거나, 어리석거나, 또는 공격적인 행동은 안 된다. 훈련된 사역자는 항상 고상한 길을 선택한다. 12절에 나오는 "그러나"를 주목하라. 그것은 날카로운 대조이다.

믿는 자에게 본이 되어라 (딤전 4:12).

바울은 본이 되는 말씀, 행동, 사랑, 믿음, 그리고 깨끗함을 몸소 구체화하신 그리스도를 사람들에게 보여주라고 디모데에게 말한다. 많은 사람들은 본이 되는 당신을 존경할 때, 당신의 나이를 잊을 것이다.

(5) 정직

본이 되도록 밖으로 드러나는 훈련과 함께해야 하는 것은 개인적인 정직과 성실이라는 내면의 훈련이다. 디모데전서 3:1-7에서 바울은 내면과 외면을 모두 포함하는 "책망할 것이 없으며"(딤전 3:2)라는 말을 사용한다. 그는 디모데에게 감독은 그의 가정에서의 생활, 개인적인 생활, 영적인 생활, 그리고 사회적인 생활에 관해서 책망할 것이 없어야 한다고 말한다. 이러한 성실의 생활방식을 유지하기 위해서는 훈련이 필요

---

9   J. Stott, *Guard the Truth*, 119.

하다. 당신의 부인을 사랑하라. 당신의 성도를 사랑하라. 당신의 자녀를 사랑하라. 당신의 지역을 사랑하라. 그리고 그 사랑은 하나님을 사랑하는 정직한 마음으로부터 흘러나와야 한다.

(6) 개인적인 성장

디모데전서 4:15에서, 바울은 디모데가 "성숙함"을 나타내야 한다고 말한다. 훈련된 사역자는 말씀을 선언하는 그의 사역에서 자라가야 한다. 그렇게 때문에, 당신의 사역을 날카롭게 해 주는 훈련을 지속하는 것은 중요하다. 가장 좋은 방법들 중의 하나는 바른 신학교나 성경대학에 참가하는 것이다. 경건한 교수로부터의 배움과 동료들과 함께 하는 대화는 풍부한 경험이 될 것이다. 나는 신학교에 등록하기 전에는 "불타는 무지"를 억제하고만 있었다.

나는 하나님과 그 말씀에 대한 지식으로 자라가야만 했다. 그래서 나는 차를 팔고, 가방을 싸서 켄터키에 있는 미끼로 사용하던 것(메기)을 먹는 장소로 날아갔다. 이전에 내가 살아온 전체보다도 더 많이 자란 것은 이 3년의 기간을 통해서이다. 물론 정규 교육만이 개인적인 성장을 위한 수단은 아니지만 모든 사역자는 자신의 삶에서 (자신의 사역 안에서 자라가야 하는 목적을 위한) 어떤 훈련을 받아야만 한다. 도움이 되는 컨퍼런스를 찾고 당신의 메시지에 대한 피드백을 해 줄 것을 다른 사람들에게 요청하라.

(7) 멘토십

나는 훌륭한 멘토 짐 셰딕스(Jim Shaddix)에 의해 만들어진 산물이다. 그는 친절하게도 나를 그의 엠마오 길 그룹(Emmaus Road)에 초대했다.

그 엠마오 길 그룹은 지금 내가 스스로 이끌고 있다. 우리 엠마오 사역은 젊은 강해자들과 그 부인들을 배출하기 위해서 있다. 셰딕스 박사와 함께 한 이 경험으로부터, 나는 멘토십에 대한 사랑을 발전시켜 나갔다. 이 훈련은 증식을 위한 기본적인 수단이다. 바울은 말했다.

> 또 네가 많은 증인 앞에서 내게 들은 바를 충성된 사람들에게 부탁하라 그들이 또 다른 사람들을 가르칠 수 있으리라(딤후 2:2).

충실한 목사는 미래의 충실한 설교자에 투자해야 한다. 그러므로 나는 당신의 삶 속에 한 명의 바울과 한 명의 디모데를 가지는 것은 중요하다고 생각한다. 당신에게 쏟아 붓고 있는 한 명, 그리고 당신이 또한 투자하고 있는 한 명이 중요하다.

(8) 자기 점검

디모데전서 4:16에서, 바울은 우리의 생활과 교리를 지켜야 할 필요를 강조한다. 당신은 다른 이들을 먹이면서도, 신학의 깊이를 위한 당신 자신의 영혼과 성장에 대해서도 잊지 말아야 한다. 바울은 에베소 장로들에게 말했다.

> 여러분은 자신을 위하여 또는 온 양 떼를 위하여 삼가라(행 20:28).

디모데전서 4:16에는 실제로 세 가지 명령이 나온다.

① 당신의 삶을 살피라.
② 이 일을 계속하라.
③ 당신의 가르침을 살피라.

두 번째 명령, "이 일을 계속하라"는 본문에서 간과되기 쉽지만, 그것은 우리에게 필요한 신중하고 계속적인 집중을 강조한다.

나의 책상 선반에 목각 스펄전 상이 놓여 있다. 이것이 우상으로 보일 수도 있다는 것을 나는 안다–나는 그를 경배하지 않는다. 그러나 때때로 나는 그가 나에게 설교해 주기를 원한다. 그는 나의 죽은 영웅이다. 만약 스펄전이 여전히 설교한다면, 나는 그가 디모데전서 4:16을 나를 위해 선택할 것이라고 생각한다. 그것은 "사역자의 자기 성찰"(The Minister's Self-Watch)이라는 제목으로 한 [나의 학생에게 하는 강의 (Lectures to My students)]에서 첫 번째 강의를 위한 주제 구절이기 때문이다. 스펄전은 다음과 같이 말했다.

> 우리는 모두 어떤 사람의 이야기를 들어봤다. 그는 설교를 너무 잘 했지만, 삶은 엉망이었다. 그래서 그가 설교단에 서면 모든 사람들은 그가 다시 나와서는 안 된다고 말했다. 그리고 그가 내려오면 그들은 모두 말하기를 그는 절대 다시 설교해서는 안 된다… 우리의 인격은 우리의 말보다 더 설득력 있음이 틀림이 없다.[10]

---

10 Spurgeon, *Lectures to My Students*, 17.

그 중요성을 크게 깨닫게 위해서, 이 문제를 우리에게 말해 줄 사람으로 스펄전 만큼이나 영향력 있는 사람이 필요한 것은 아니다. 성령님을 통해서, (바울) 사도가 오늘 우리에게 말하고 있다. 만약에 당신이 당신 자신과 당신의 가르침을 계속 살펴나가면, 그는 "네 자신과 네게 듣는 자를 구원하리라"(딤전 4:16)고 말할 것이다. 이 사도가 하는 명령의 무게를 느끼라. 그 균형감에 걸린 것은 영원의 문제이다. 목회자여, 당신의 삶과 교리를 살피라.

우리 자신을 살피는 중요한 전략은 다른 사람을 자기 점검의 과정에 참여시키는 것이다. 어느 컨퍼런스에서 C. J. 마호니(C. J. Mahaney)는 나의 아내에게 나의 삶에서 예수님(거룩함의 사진)을 나타내지 못하는 세 가지 영역을 지적하라고 말함으로써, 나에게 높은 목표를 제시했다. 그것은 고통스러운 훈련이었다. 마호니는 때로 우리는 우리 자신을 축제의 거울처럼 본다는 것을 바르게 지적했다. 즉 진짜 모습은 보여주지 않는 거울인 것이다.[11]

우리 자신에 대해 우리가 가지는 이미지는 왜곡되기도 한다. 책임 있는 파트너가 우리에게 주는 피드백은 매우 도움이 된다. 만약 그들이 거룩하지 않은 방식을 발견하였다면, 당신에게 말하게 하라. 그렇게 하기 위해, 당신은 거룩한 사람들과 가까운 관계를 맺어야 한다.

마호니는 한 목사—다른 사람들이 그의 삶과 가르침을 살피는 것을 허락지 않은—의 비참한 예화를 말한 적이 있다.

---

11 C. J. Mahaney "The Pastor's Priorities: Watch Your Life and Doctrine" in *Preaching the Cross*, ed., Mark Dever, J. Ligon Duncan III, R. Albert Mohler Jr., and C. J. Mahaney (Wheaton: Crossway, 2007), 129.

내가 나의 가족과 시골의 아침식당에 앉아 있을 때, 가까운 테이블에 잘 차려입은 남자가 눈에 띄었다. 그의 알마니의 비싼 수트와 잘 다려진 셔츠는 멋진 넥타이와 완벽하게 조화를 이루었다. 그의 신발은 최근에 광을 내어 반짝이고 있었고, 머리카락들은 멋지게 다듬어진 콧수염과 함께 잘 정리되어 있었다. 그 남자는 미팅을 준비하며 혼자 베이글을 먹으며 앉아 있었다. 그의 앞에 놓인 신문을 보면서, 자주 그의 롤렉스 시계를 힐끗 거리고 있는 그는 불안해 보였다. 그가 중요한 미팅을 앞두고 있음은 분명했다. 그는 일어섰고 나는 그가 넥타이를 똑바로 만지며 나갈 준비를 하고 있는 것을 지켜보았다. 바로 그때 나는 그의 잘 다듬어진 콧수염에 붙은 크림치즈 얼룩을 보았다. 그는 가장 멋지게 차려입고, 그의 얼굴에는 크림치즈를 바르고, 밖으로 나가려 했다. 나는 그가 참석하려고 하는 비즈니스 미팅을 생각했다. 누가 그에게 말해 줄까? 내가 해야 하나? 만약에 아무도 안한다면?[12]

우리 모두는 얼굴에 크림치즈를 묻히고 있다. 다른 경건한 사람들이 당신 얼굴에 얼룩이 묻었을 때 당신에게 말할 수 있게 하라. 그리고 바른 변화를 취하라.

---

12 Mahaney, *Humility*, 125.

3. 지명수배 : 두 다리로 선 군사들

우리의 삶과 교리를 살피는 것은 훈련받고 있는 한 군사를 위한 두 명령이다. 당신에게 필요한 것은 오직 교리라거나, 또는 당신에게 필요한 것은 오직 영적훈련이라는 잘못된 생각을 버리라. 당신에게는 건강한 교리로 가득 찬 음식과 그리스도를 닮아가는 훈련의 양쪽 모두가 필요하다. B. B. 워필드(B. B. Warfield)는 신학생들에게 다음의 적절한 예화를 보여주었다.

> 사역자는 그의 사역에 완전히 무능해지는 고통을 배워야 한다. 그러나 배우기 전에 그리고 배우는 것 이상으로, 사역자는 경건해야 한다. 이 두 가지 중에 하나를 다른 것 위에 두는 것보다 더 치명적인 것은 아무것도 없다. 군사를 모집하는 사람은 왼쪽 다리를 가진 병사가 좋은지 또는 오른쪽 다리를 가진 병사가 좋은지 논쟁하지 않는다. 군사는 반드시 두 다리를 가져야만 한다.[13]

교회가 필요한 것은 어떤 것보다 두 다리를 가진 군사들이다. E. M. 바운즈(E. M. Bounds)는 말했다.

"교회는 더 좋은 방법들을 찾는다. 하나님은 더 좋은 사람들을 찾는다."[14]

---

13 B. B. Warfield, *The Religious Life of Theological Students* (reprint, Phillpsburg, NJ: P&R, 1992), 1-2.
14 E. M. Bounds, *Power Through Prayer* (Uhrichsville, OH: Barbour, 1984), 8.

하나님께서 삼위일체 하나님의 영광을 위해 당신을 두 다리의 군사로 만드시기를!

4. 요약

사도 바울은 젊은 설교자 디모데가 경건을 위해 자신을 훈련하는 것에 마음을 쏟았다. 그렇게 하기 위해서, 그는 바른 교리의 건강한 음식과 그리스도를 닮아가는 영적훈련을 유지해야 했다. 복음의 설교자인 우리 역시 신적 진리로 우리 영혼을 먹이고 우리를 거룩하게 자라도록 도와줄 훈련을 실행해야 한다. 이러한 훈련들은 풍부한 성경 말씀 외우기, 기도, 교제, 본이 되기, 정직, 개인적인 성장, 그리고 멘토십을 포함한다. 목사는 자신을 향한 하나님의 부르심의 영원한 실체의 빛 아래에서 끊임없이 자기를 점검을 하여 자신의 삶을 살펴야만 한다.

◆ 디모데전후서 연구

1) 디모데전서 4:6-16을 이번 주에 외우라. 반복하라. 쓰라. 그것을 통해 기도하라. 당신의 내면에 그것을 두라.

2) 당신이 사랑하고 신뢰하는(당신의 배우자?) 누군가에게 예수님의 인격을 나타내지 못하는 당신의 세 가지 영역을 말하도록 부탁하라.

3) 만약 당신이 독서계획을 가지고 있지 않다면, 실현가능한 목표를 세우는 시간을 가지라.

4) 이 장에서 언급한 훈련 중, 당신의 삶에서 가장 약한 영역은 어디인가? 이러한 훈련으로 성장하기 위해 당신은 어떤 실제적인 것들을 할 수 있는가?

11장
하나님의 사람이 지닌 표지

> 오직 너 하나님의 사람아 이것들을 피하고 의와 경건과 믿음과 사랑과 인내와 온유를 따르며 믿음의 선한 싸움을 싸우라 영생을 취하라 이를 위하여 네가 부르심을 받고 많은 증인 앞에서 선한 증언을 하였도다.
> — 딤전 6:11-12

> 나의 성도들이 가지는 가장 큰 필요는 나의 개인 경건이다.[1]
> — 로버트 머레이 맥체인(Robert Murray M'Cheyne)

미국에서 경건한 사람들의 감소는 가슴 아픈 일이다. 남성들, 특히 18-29세 사이의 젊은 싱글들은 공예배에 가장 적게 참가하는 사람들

---

1 R. Murray M'Cheyne, J. I. Packer, *Rediscovering Holiness* (Ann Arbor: Servant Publications, 1999), 33에서 인용.

이다.² 미국에서 90%의 남성들은 하나님을 믿지만, 여섯 명 중에 두 명만 주일날 교회에 간다.³

형제들은 어디에 있는가?

그들은 교회에 가는 것보다 풋볼을 보고, 그들의 차고에서 일하고, 술집에 가고, 돈을 벌고, 또는 동물을 죽이는 것을 좋아하는 것 같다. 내가 함께 이야기해본 몇몇 남성들에 따르면, 그들은 여자와 아이들이 교회에 가는 것은 좋다고 생각하지만, 지역교회에 "진짜 남자"는 없다고 생각한다.

그러나 성경에 나오는 남성들은 그들의 "남성 카드"를 내밀지 않는다. 나는 엘리야, 노아, 모세, 베드로, 또는 세례 요한과 싸우고 싶지 않다! 이 남성들은 하나님, 그의 말씀, 그리고 그의 사명을 사랑했다. 사실, 예수님은 세례 요한을 여자가 낳은 자 가운데 가장 큰 자라고 하셨다(마 11:11). 그는 남자 중의 남자였다. 그는 광야에서 살았고, 낙타의 털옷을 입었고, 곤충과 꿀을 먹었고 모든 사람들에게 회개하라고 말했다. 왜냐하면 그의 사촌이 하나님의 아들이기 때문이었다.

교회 내에서 성경적 남성(남성성을 보유하면서 경건을 추구하는)이 사라지고 있고, 그래서 교회와 가정을 변화시키기 위한 더욱 경건한 사람들에 대한 필요가 절실하다. 신체적으로 그리고 영적으로 이 모든 측면에서 이끌고, 보호하고 공급해야 할 남성들이 필요하다.

성경적 남성의 감소에 더하여, 설교단에 서는 경건한 사람들도 감소하

---

2   D. Murrow, *Why Men Hate Going to Church* (Nashville: Nelson, 2005), 18.
3   Ibid., 8.

고 있다. 우리는 그리스도의 신부를 가르치고 보호하고 이끌어 갈 남자들이 필요하다. 아마도 기독교인 남성들 가운데 성경적 남성상이 거의 없는 이유 가운데 하나는 목사로서 우리가 그들을 위해 세워 준 모범이 거의 없기 때문일 것이다. 그러므로 충실한 설교에 대한 필요성과 더불어 충실한 삶을 살아야 할 필요성이 있다. 스코트랜드 목사인 맥체인은 "나의 성도들이 가지는 가장 큰 필요는 나의 개인 경건이다"[4]라고 그것을 잘 말해 주었다.

1. 하나님의 사람

내가 처음 설교를 시작했을 때, 나는 시골에 있는 작은 교회에서 하는 밤새 예배를 드리는 행사에 참석했다. 이분들 (보통) 연로하신 설교자들은 설교단에 올라서서 성경에 대한 굉장한 열정과 사랑을 가지고 하나님의 말씀을 설교했다. 젊은 설교자였던 나에게 충격적이었던 것은 그 다음 사람이 설교해야 할 차례가 되었을 때, 인도하는 사람이 "나오시오, 하나님의 사람, 그리고 말씀을 전하시오"라고 말한 것이다.

"하나님의 사람"이라는 말이 나에게 일침을 주었다. 나는 20년 동안 결코 하나님의 사람이 아니었다. 나는 2년 동안 예수님을 따르는 사람이었으나 이제는 간절하게 하나님의 사람이 되고 싶었다.

4　J. Beeke, "The Utter Necessity of a Godly Life," in *Reforming Pastoral Ministry*, ed. John H. Armstrong (Wheaton: Crossway, 2001), 79에서 인용.

이후에 나는 디모데후서 3:17과 디모데전서 6:11을 우연히 만나게 되었다. 신약 중에서 바울은 오직 여기에서 이 하나님의 사람이란 타이틀을 사용했다. 특별히 디모데전서 6장에서, 바울은 "오직 너"라는 강한 대조를 이루며 시작한다. 디모데전서 6:3-6에 언급된 교만하고, 다투기 좋아하고, 타락한 마음을 가진, 그리고 진리를 빼앗긴 사악한 거짓교사와 대조적으로, 디모데는 다른 어떤 것을 추구해야 했다. 즉 "하나님의 사람"이라는 자질을 추구해야 했다. 하나님의 사람은 그 시대 부정한 사람과는 근본적으로 다르다.

디모데를 "하나님의 사람"이라 부름으로, 바울은 디모데를 구약에 나오는 경건한 사람들과 연결시켰다. 이 명예로운 이름은 모세(신 33:1), 사무엘(삼상 9:6), 다윗(느 12:24), 스마야(왕상 12:22), 엘리야(왕상 17:18), 레갑 사람 익다랴(렘 35:4), 그리고 무명의 선지자 3인(삼상 2:27; 왕상 13:1; 대하 25:7)과 같은 사람들에게 사용되었다. 이러한 사람들은 하나님의 말씀을 선포하는 리더들이었다.

얼마나 귀한 타이틀인가!

당신이 그것을 원하는가?

이름을 위해서가 아니고, 하나님을 위해서 말이다.

경건과 공적인 선포는 연결되어 있다. 당신은 메시지를 그 사람으로부터 떼어낼 수 없다. 그러므로 우리는 성화되어 가야한다. 위대한 청교도 목사인 리처드 박스터(Richard Baxter)는 그의 고전과 같은 책『참된 목자』(*The Reformed Pastor*)에서 이렇게 말했다.

> 옷을 만드는 많은 사람은 다른 사람을 위한 비싼 옷을 만들고 남

> 은 누더기를 입는다. 그리고 많은 요리사는 다른 사람을 위해 비싼 요리를 준비하면서 그는 겨우 손가락을 빨며 살아간다… 그러므로 당신이 당신의 청중에게 되라고 설득하는 그것은 당신이 먼저 되어야 하고, 당신이 그들에게 믿으라고 설득하는 그것을 당신이 먼저 믿어야 한다… 성화되지 않은 교사는 두려운 것이다. 그러나 성화되지 않은 목사는 더욱 더 그렇다.[5]

하나님의 이름을 위하여, 리더가 되는 경건한 사람들을 위하여, 그리고 교회를 위하여, 우리는 "성화되지 못한 설교자"(unsanctified preachers)가 되어서는 안 된다.

존 칼빈(John Calvin)은 위선자에 대해서 이렇게 비난했다.

> 만약 그(설교자)가 하나님을 가장 우선으로 따르는 것으로 받는 고통을 감당하지 않을 거라면, 그(설교자)는 설교단에 오르며 목이 부러지는 것이 낫다.[6]

우리가 설교자로서 똑같은 은사를 받은 것은 아니다. 그러나 우리는 모두 거룩함을 추구해야만 한다. 바울은 11절에서 하나님의 사람이 가지는 표시를 강조하며 도전해야할 항목들을 나열한다. 이 명령들은 육체를 가진 우리가 거룩함을 추구하도록 도와준다.

---

5 R. Baxter, *The Reformed Pastor*, ed. William Brown, first published in 1656 (reprint, Carlisle: The Banner of Truth Trust, 1996), 54.
6 T. H .L. Parker, *Calvin's Preaching* (Edinburgh: T&T Clark, 1992), 40에서 인용.

2. 죄를 피하기

하나님의 사람은 먼저 "이것들을 피하는"(딤전 6:11) 것으로 표시가 난다. "피하고"(flee)단어는 헬라어는 "포이고"(*pheugō*)인데, 그 단어로부터 우리가 쓰는 도망자(fugitive)라는 말이 나온다.

바울은 말한다.

"이러한 모든 것으로부터 달아나라!"

그 명령은 또한 계속적인 행동을 가리키는 현재형이다. 하나님의 사람은 일평생에 걸친 도망자이다. 우리는 계속해서 죄로부터 달아나야 한다.

1) 성적인 죄로부터 달아나기

비록 바울이 디모데전후서에서 이 악(this vice)에 대해 언급하지 않았지만, 그는 다른 곳에서는 언급했다. 고린도전서 6:18에서, 바울은 "음행을 피하라!"고 말한다. "피하라"(flee)라는 같은 단어가 여기서 사용되었다. 음행에 대한 헬리어 뿌리언어는 "포르네이아"(*porneia*)인데, 거기서 파생된 단어가 포르노그라피(pornography)이다. 그것은 "성적인 죄의 모든 형태"를 다 포함하는 단어이다. 바울은 데살로니가전서 4:3에서 말한다.

> 하나님의 뜻은 이것이니 너희의 거룩함이라 곧 음란을 버리고
> (살전 4:3).

이 본문에서(살전 4:3-8), 성적인 죄는 간통(결혼하지 않은 두 이성 간의 죄), 간음(결혼 후의 성적인 죄), 또는 욕망(당신의 눈과 마음으로 행한 죄)을 포함한다. 바울이 설명한 과정은 간단하다. 죄에 노출되면 절제를 잃게 되고, 그것은 부끄러운 범법 행위로 이어진다. 그러므로 우리는 성적인 죄에 대한 어떠한 노출에서든지 야생동물처럼 달아나야만 한다.

오늘날의 이러한 잘못된 성적인 신들은 외설적인 웹 사이트라고 생각한다. 컴퓨터가 있는 사무실 또는 침실은 사원이라 불린다. 보고에 의하면, 미국인들은 프로야구, 농구, 그리고 풋볼을 합한 것보다 더 많은 돈을 포르노그래피에 사용한다.[7] 그것은 많은 사람들에게 전국적인 오락거리가 되어가고 있다.

가장 곤혹스러운 것은 목사들 사이에 나타나는 경향이다. 한 연구는 목사의 많은 수가 인터넷 포르노그래피에 어느 정도 관여하고 있다는 것을 보여준다. 반 이상이 그것은 매우 강한 유혹이라고 자백한다. 5명중에 2명(43%)은 적어도 한 번 빠져든 경험이 있었다. 목회자의 3분의 1이상은 그들이 지난 한 해 동안 한 번은 포르노그래피 사이트에 방문했다고 말했다(36%).[8] 포르노그래피에의 노출은 자주 더욱 부끄러운 죄로 이끌어 간다. 사역을 시작한 후, 12%의 사역자는 그들의 배우자 이외의 다른 사람과 성적관계를 가졌다고 전했다.[9]

---

[7]   Mark Driscoll and Gerry Breshears, *Vintage Jesus* (Wheaton: Crossway, 2007), 170에서 인용.
[8]   John LaRue Jr.,"The Internet: Blessing or Curse for Pastors?" March2001[article on line]; available from 28 July, 2008.
[9]   K. Miller,"Can Pastors Really Be Happy?" December 2001 [article online]; available from; Internet;accessed 28 July, 2008.

2) 청년의 욕망으로부터 달아나기

디모데후서 2:21에서, 바울은 디모데에게 "귀히 쓰는 그릇"에 대해 말함으로 거룩함에 대한 예화를 보여준다. 그는 명령문으로 이 비유를 이어간다.

> 청년의 정욕을 피하고(딤후 2:22).

이러한 청년의 정욕은 무엇인가?

정황을 통해서 보면, 그것은 디모데가 젊은 리더의 특징이 되는 태도들에서 벗어나야한다는 것이다. 이러한 태도란 조급함, 거침, 불건전한 야망, 질투, 시기, 그리고 논쟁적인 것을 포함한다.

성숙은 하나님의 사람이 되는 열쇠이다. 그것은 나이의 문제가 아니다. 사실, 많은 하나님의 사람들은 몇 해 동안 교회를 이끌고 하나님의 왕국을 위해 놀라운 일들을 젊은 나이에 했다. 스펄전은 스무 살의 나이에 영향력 있는 교회의 목사였다. 조나단 에드워즈(Jonathan Edwards)는 13세에 예일대학교(Yale University)에 갔고, 20세쯤에 유명한 고백서를 썼다. 윌리엄 퍼킨스(William Perkins)는 대략 14세에 영어로서는 첫 번째 설교 서적(라틴어로부터 번역한 후에) 가운데 하나를 썼다. 위대한 강해자인 존 칼빈은 14세에 파리대학교(Université de Paris)에 등록했고, 19세에 석사학위를 받았다. 더 소개할 많은 사람들은 많다. 모든 젊은 사역자처럼 디모데는 성장해야 한다. 그들은 참을성 있게 사랑하고, 먹이고 보호하는 목자처럼 성도들을 사랑하는 법을 배워야만 한다. 그들은 끝없이 논쟁하지 말고, 그들의 생각대로 일이 진행되지 않을 때 토라지지 말아야 한다.

3) 돈을 사랑함에서 달아나기

디모데전서 6:11에서 진행되고 있는 정황은 물질적 소유를 추구하는 것이다. 많은 사람들과 다르게, 하나님의 사람은 하나님 안에서 만족을 찾아야 한다(딤전 6:6). 그가 이 세상에 올 때 벗고 아무것도 가지고 오지 않은 것과 같이, 세상을 떠나야 한다는 것을 기억해야 한다(딤전 6:7). 그는 생활의 기본적인 필요들을 채워주심에 하나님께 감사해야 한다(딤전 6:8). 그리고 그는 더 많은 소유를 갈망하는 사람들은 믿음에서 떨어져 방황하게 되고 그 삶은 파괴된다는 것을 기억해야만 한다(딤전 6:9-10). 왜냐하면 돈을 사랑하는 것은 다른 종류의 악으로 이끌기 때문이다(딤전 6:10).

목사가 거지처럼 살아야 할 필요는 없지만, 돈이 제일 중요한 동기가 되도록 해서도 안 된다. 캐딜락 에스칼라데(Escalade)대신 현대 차를 타는 것도 괜찮다. 당신에게 몇 대의 대형 스크린이 있는 큰 집은 필요하지 않다. 당신의 TV가 평면이 아니어도 괜찮다.

존 파이퍼(John Piper)는 다음과 같이 말하며 우리에게 돈을 사랑함에서 달아나는 예를 보여준다.

> 형제여, 우리는 리더이고 변화하여야 하는 부담은 우리 위에 매우 무겁게 놓여 있다. 시작점은 우리자신의 삶이다. 다른 어떤

것도 아닌 하나님 그분이 당신의 보물이라는 것을 모두가 볼 수 있는 그런 희생의 방법으로 당신의 삶을 살아가는 것이 감격스럽지 않은가? 당신의 집과 옷과 차와 여가는 전쟁 중에 있는 삶의 모습인가? 당신의 나누어 주는 삶은 교회에 모범이 되고 있는가(당신이 나누는 삶을 산다는 것을 당신의 성도들이 아니라, 오직 하나님만이 아시는가)? 소외되고 가난한 사람들을 위해 당신이 가지는 부담이 성도들의 편안함과 화려함을 사랑하는 마음을 찔러 아프게 하는가?[10]

하나님의 사람으로, 우리는 돈을 사랑하는 것에서 달아나야 한다. 왜냐하면 만약 우리가 달아나지 않으면(눅 12:13-21), 다른 사람들까지 똑같은 파멸의 어리석음으로 이끌게 되는 어리석은 자가 되기 때문이다. 만약 당신이 돈을 사랑한다면, 당신은 하나님의 사람이 아니다. 우리는 오직 한 분 주인만 섬길 수 있다.

그러므로, 하나님의 사람이여, 양떼에게 모범이 되라.

나는 릭 워렌(Rick Warren) 목사가 목사는 교회의 어느 누구보다 더 많이 나누어 주어야 한다고 말하는 것을 어느 컨퍼런스에서 들었다.

세상의 필요를 생각해 보라.

세계 인구에서 5명 중에 1명이 하루에 1달러 이하로 살아간다. 대략 8억 명이 매일 굶주린다. 20억이 만성적인 영양실조로 고통 받고 있다. 매년 1억 8천 명이 굶주림과 관련된 질병으로 죽는다. 5살이 안되어 죽

---

10   J. Piper, *Brothers, We Are Not Professionals*, 170.

는 어린이들의 약 절반이(1천 명) 영양실조로 죽는다. 그러나 우리는 세계 모든 사람을 먹일 수 있는 충분한 음식이 있다고 연구자들은 말한다. 그러나 가난한 사람들은 단지 그것을 살 돈이 없다.[11]

미국 소비자가 되지 말라. 주시는 분이신 하나님처럼 되라. 그는 우리에게 생명을, 그의 아들을, 그의 성령을, 그의 말씀을, 그리고 모든 좋은 것과 완벽한 선물을 주셨다. 당신이 쌓아 둘 때가 아니라, 줄 때 당신은 하나님을 본받는 것이다. 예수님은 자신의 남은 양식을 위하여 더 큰 창고를 짓는 사람을 "어리석은 자"라고 부르셨다(눅 12:20). 우리에게 남을 때, 예수님은 필요한 사람들에게 주어야한다고 말씀하신다(눅 12:33). 우리에게 더 큰 창고는 필요없다. 우리에게는 더 큰 관대함이 필요하다.

당신의 성도들에게 소비주의(consumerism)의 어리석음을 보여주라. 그리고 모든 것보다 예수님을 소중하게 여기는 새로운 마음으로부터 솟아나는 아낌없이 주는 기쁨을 보여주라.

3. 하나님을 따르기

다음으로, 바울은 하나님의 사람이 따라야 할 6가지 미덕을 제시한다. 그것은 의, 경건, 믿음, 사랑, 인내, 그리고 온유(딤전 6:11)이다. 동사인 "따르며"는 또한 현재시제의 명령이다. 우리는 매일 그리스도와의 연합으로부터 흘러나오는 위에 언급한 미덕들을 따라야 한다.

---

[11] J. Williams, *Fifty Facts That Should Change the World 2.0* (New York: Disinformation, 2007).

그러므로 경건은 어떤 행동들을 금하는 것만이 아니다. 사슴이 물을 찾아 헐떡임 같이 그것은 하나님을 추구하는 것을 말한다(시 42:1). 죄에 대해서 아니오! 만 할 것이 아니라, 하나님께 예! 라고 해야 한다.

1) 의

의라는 말은 하나님과 그리고 사람과 바른 관계를 갖는 것을 의미한다. 바울은 하나님께로부터 부여받은 의(우리가 의롭다고 인정받을 때의 의)에 대해서 이야기하는 것이 아니다. 그는 실행할 수 있는 의(practical righteousness)를 말하고 있다. 하나님의 사람은 의에 주리고 목말라야 한다(마 5:6). 그는 하나님 앞에서 그리고 사람 앞에서 정직하게 살 것이다. 하나님과 바른 관계를 가지고 사람과의 관계에서도 올바르고 의로워야 한다.

2) 경건

이 미덕은 의와 밀접한 관계가 있다. 경건은 예배드리는 마음으로 시작한다.[12] 하나님의 사람들은 하나님을 사랑하고 경외감을 가지고 그를 섬긴다(히 12:28). 따라서 하나님의 사람들은 죄 근처에 머무르지 않는다. 그들은 죄를 죽인다. 다시 말하면, 설교자는 설교하기 전에 먼저 경건

---

12 J. MacArthur, "The Man of God and Expository Preaching" in *Rediscovering Expository Preaching*, 90.

(holiness)을 추구해야 한다. 존 플라벨(John Flavel)는 "형제여, 다른 사람이 저지른 천 가지의 죄를 비난하는 것이 우리 자신에게 한 가지 죄를 억제하도록 하는 것보다 쉬운 것이다"[13]라고 말했다. 당신은 깨끗한 그릇이 되도록 하라.

맥체인(M'Cheyne)의 말은 도전이 된다.

> 내면에 있는 사람—마음—을 훈육해야 함을 잊지 말라. 기병대원은 얼마나 부지런히 그의 칼을 갈고 닦는가. 굉장한 조심성을 가지고 모든 얼룩을 닦아 낸다. 당신은 하나님의 검이며 그의 악기임을 기억하라—나는 하나님께 속한 선택된 그릇은 하나님의 이름을 몸에 지닌다고 믿는다. 대부분 악기의 깨끗함과 완전함으로 좋은 결과가 있게 된다. 예수님을 더욱 많이 닮아가는 것보다 하나님이 주시는 더 큰 은사는 없다. 경건한 사역자는 하나님 손에 들린 놀라운 무기이다.[14]

3) 믿음

하나님의 사람은 하나님을 신뢰해야 한다. 우리는 믿음으로 산다. 맥아더(J. McArther)는 이렇게 말한다.

---

13 I. D. E. Thomas, *A Puritan Golden Treasury* (Edinburgh: Banner of Truth, 1977), 191에서 인용.
14 A. A. Bonar, ed., *Memoirs of McCheyne* (reprint, Chicago: Moody, 1978), 95.

> 믿음의 삶을 사는 것은 … 편안한 절망의 상태에서 살아가는 것이다. 하나님의 사람은 그의 사역이 수반하는 책임감의 엄청난 무게 때문에 절망한다. 그러나 그는 하나님의 주권 안에서 그가 가지는 확신으로 편안하다.[15]

하나님에 대한 바른 인식은 사역에서의 충실함과 지속성을 위해서 절대적으로 필요하다.

4) 사랑

말다툼, 참을성 없음, 그리고 논쟁적인 모습이라는 젊음 특유의 표시 대신 하나님의 사람은 사랑해야만 한다. 만약 당신이 성도들을 목회하려 한다면, 분명히 당신은 그들을 진심으로 돌보아야 할 것이다. 물론 당신이 일침을 놓아야 할 때도 있지만, 당신은 삼가서 당신이 사랑받을 수 없을 때 당신을 위하셨던 하나님의 사랑을 기억해야 한다.

당신의 성도들에게 그리스도의 몸을 위한 진정한 사랑의 본을 보이라. 그들의 발을 씻을 수 있을 만큼 그들을 사랑하고 진리를 그들에게 말할 수 있을 만큼 그들을 사랑하라.

또한 세상에서 소외된 사람들과 가난한 사람들을 위한 깊은 염려를 표현하라.

15　J. MacArthur, "The Man of God and Expository Preaching," in *Rediscovering Expository Preaching*, 95.

5) 인내

하나님의 사람은 끝까지 참는다. 그 단어는 "그 아래에서 참고 남는 것"을 뜻한다. 사역의 무게는 너무나 벅차다. 그러나 성령님의 도움으로 우리는 견디어내야만 한다. 우리 사역의 목표는 이따금 충실한 것이 아니라, 일평생에 걸친 충실해야 하는 것이다. 분명히 우리가 쓰러질 때도 있겠지만, 하나님의 은혜로 다시 일어설 것이다. 그러나 우리는 긴 안목을 가져야한다.

장기적인 사역을 추구하라.
주말 동안 진행되는 큰 이벤트에 도취되지 말라.
끝까지 인내하신 예수님처럼 결승선에 주목하라.

6) 온유함

목사가 되기 위해 바울이 생각하는 요건으로 그는 감독은 다투지 않고 온유함을 나타내야(딤전 3:3) 한다고 말했다. 이 개념은 절제 가운데 강함의 의미를 가진다. 그것은 "약함"을 의미하지 않는다.

그러므로 설교 10분 전에 나이 많으신 여성이 당신에게 와서 "왜 게시판에 홈커밍 소식이 없지요?"라고 물을 때, 답하기 전에 생각하라. 또한 설교단을 화내어 꾸중하기 위한 곳으로 사용하지 말라.

겸손과 온화함과 더불어 권위와 강함을 가지셨던 예수님을 기억하라. 그는 경건 바로 그 자체셨다.

4. 선한 싸움을 싸우라

막내인 나는 WWF 레슬링 경기를 보곤 했다. 3학년이었던 나의 누나는 두꺼운 종이로 반짝이는 레슬링 벨트를 만들곤 했는데, 챔피언은 그것을 하고 학교를 다닐 수 있었다! 나는 파트너와 함께 팀 챔피언이었다. 어느 날 나의 상대가 나의 목을 그림같이 차서 나를 병원에 보내기 전까지 말이다! 그때부터 우리는 엄지 레슬링이라는 새로운 시즌을 시작했다.

나는 레슬링을 정말 좋아한다. 사실, 나는 권투, 피구, 풋볼, 그리고 신체적인 접촉을 가지는 어떤 스포츠(롤러브레이딩!)건 좋아한다. 우리는 심지어 페인트 볼 하기 전날 옥수수 대로 싸움을 하기도 했다! 대부분 어린 소년들은 트럭, 공, 총, 흙, 도구, 그리고 싸움을 좋아한다. 사역에 임하는 남성들을 위한 좋은 소식은 당신은 싸움을 멈출 필요가 없다는 것이다. 당신은 싸워야만 한다! 우리는 다른 무기를 가지고 오는 새로운 상대에 대항하여 그렇게 싸우면 된다.

12절에 나오는 이 세 번째 명령에서, 바울은 말 그대로 "선한 고통을 고민하라"고 말한다. "싸우다"(fight)라는 단어는 "고통"(agony)이라는 단어와 같은 뿌리를 가진다. 이 단어는 운동경기에서의 노력과 인내에 사용되어졌다. 나중에 디모데후서에서, 바울은 다시 군인의 이미지를 사용하여 말한다.

> 너는 그리스도 예수의 좋은 병사로 나와 함께 고난을 받으라
> 병사로 복무하는 자는 자기 생활에 얽매이는 자가 하나도 없나

니 이는 병사로 모집한 자를 기쁘게 하려 함이라(딤후 2:3-4).

다른 곳에서 바울은 믿음의 삶에 대한 은유로 권투, 레슬링, 그리고 달리기를 사용한다(고전 9:27; 엡 6:12; 딤후 4:7). 바울의 시대에 많은 사람들이 선한 싸움을 싸우는 데 실패해서, 그들은 카운트다운으로 끝나 버렸다(딤전 1:20).

많은 사람들에게는 놀랍겠지만, 사역은 쉬운 일이 아니다. 많은 시간 실내에서 그리고 무거운 것을 많이 들어 올릴 필요는 없지만, 그것은 확실히 전쟁이다. 그 전쟁은 육체로 하는 것이 아니다. 그것은 영적이고 신학적인 것이다. 많은 기독교인과 목사들은 전쟁에 대해서는 생각조차 않고 그들의 일상을 보낸다.

파이퍼는 우리를 일깨운다.

> 삶은 전쟁이다. 그러나 대부분 사람들은 그들의 마음으로 이것을 믿지 않는다. 많은 사람들은 우리가 지금 전쟁 중에 있지 않고 평화의 시기에 있다는 믿음을 영적인 것에 대한 그들의 우선순위와 그들의 무심한 접근으로 보여준다. 전시에 신문은 군대가 어떻게 하고 있는지 헤드라인에 싣는다. 전시에 가족들은 전선에 나가 있는 아들과 딸들에 대해 이야기하고, 그들에게 편지를 쓰며, 그들의 안전에 대한 가슴에 사무치는 염려로 그들을 위해 기도한다. 전시에 우리는 경계한다. 우리는 무장한다. 우리는 방심하지 않는다. 전시에 우리는 돈을 다르게 사용한다― 긴축, 그 자체를 위해서가 아니라, 새 타이어와 집보다 돈을 쓰는

더 전략적인 방법들이 있기 때문이다. 전쟁효과는 모든 사람에게 영향을 미친다. 우리 모두는 지출을 줄인다. 호화로운 정기선은 군대 수송선이 된다. 극히 적은 수의 사람만이 우리가 지금 2차 세계대전보다 그리고 어떤 상상 속의 핵전쟁보다 더 큰 전쟁에 놓여있다고 생각한다. 아무도 사탄이 이 땅의 어떤 적보다 더 나쁘다는 것을 생각지 못하고, 그 대립이 어느 한 지역의 극장에 제한된 것이 아니라, 세계에 있는 모든 마을과 도시에서 일어나고 있다는 것을 깨닫지 못한다. 누가 이 전쟁의 재난이 단순히 한 팔 또는 한 눈 또는 하나뿐인 이 땅에서의 생명을 잃는 것이 아니라, 모든 것 심지어 그들의 영혼을 잃고 영원히 고통뿐인 지옥에 들어가는 것이라고 생각할까?[16]

그러므로 선한 싸움을 싸우기 위해서는 먼저 전쟁이 지금 실제로 진행되고 있다는 것을 아는 것이다. 우리는 평화의 시기에 있는 것이 아니라, 전쟁의 시기에 있다.

다음으로 우리가 무엇을 위해 싸우고 있는지를 알아야만 한다. 진리, 경건, 그리고 영혼들. 하나님의 사람은 진리를 지키기 위해 싸워야 하고 이단에 맞서서 싸워야 한다. 다른 종교지도자들이 라떼를 맛보며 "그냥 쉬고만" 있지 않다.

이슬람이 세계에서 가장 빠르게 성장하는데 우리는 한가롭게 있어서는 안 된다. 우리는 새로운 무신론자들이 모든 책을 써내게 해서는 안

---

16   J. Piper, *Let the Nations Be Glad!* (Grand Rapids: Baker, 1993), 44.

된다. 더 많은 사람들이 뛰어난 신학자들보다 오프라의 말을 듣는다는 사실을 우리가 그냥 받아들이기만 해서는 안 된다.

지금은 싸워야할 때다.

진리는 중요하다.

영원은 지속된다.

예수는 영광이다. 디모데처럼 우리는 투구를 쓰고, 검을 쥐고 팀을 위해 나아가야 한다.

진정한 하나님의 사람은 "믿음"이 가치가 있다는 것을 알기에 싸운다. 로버트 페라(Robert Ferrar), 존 브래드포드(John Bradford), 니콜라스 리들리(Nicholas Ridley), 휴 라티머(Hugh Latimer), 토마스 크랜머(Thomas Cranmer), 얀 후스(John Hus) 같은 순교자의 피는 진리를 싫어하는 세상에서 진리를 선포해야함을 우리 모두에게 외친다. 그리고 우리의 보호아래 맡겨진 양들을 이리로부터 우리가 보호해야 한다고 외친다. 나는 나의 아내를 위해 싸울 것이다. 그녀를 사랑하기 때문이다. 그리고 하나님의 사람은 믿음을 위해 싸울 것이다. 그가 그것을 사랑한다면 말이다.

그것이 우리의 생명을 담보하더라도, 우리는 우리의 주를 따라야 하고, 그분의 진리를 외쳐야 한다.

그러므로 문제의 첫 번째 싸인 때문에 도망하지 말라.

모든 사람들이 당신을 좋아하기를 기대하지 말라.

반대를 예상하라.

십자가에 달리신 메시야처럼 그냥 사람들을 사랑하라.

아타나시우스, 루터, 또는 연로한 어거스틴처럼 소리 높여 말하라.

선한 사역을 위해 당신의 마음, 생각, 그리고 몸을 바치라.

그리고 하나님을 영화롭게 하기 위해 싸우라.

하나님의 사람은 진리를 위해 싸울 뿐만 아니라, 경건을 유지하기 위해서도 싸운다. 악은 진리, 복음, 그리고 예수님을 높이는 어떤 것도 싫어한다. 사탄은 우리를 밀 까부르듯 하기를 원한다(눅 22:31). 그는 살인자요 거짓말쟁이다(요 8:44). 그는 도둑질하고, 죽이고 멸망시키려 왔다(10:10). 그는 우는 사자(벧전 5:8-9)이다. 광명의 천사(고후 11:14)이다. 이 세상의 통치자(요12:31)이자, 살인자 그리고 거짓의 아비(요 8:44)이다. 나는 한 교회의 목사를 공격하는 기도를 하기 위해 실제로 철야기도회를 개최하는 한 지역의 사탄교 모임을 알고 있다. 이 사이비 교도들은 교회 바로 뒤에 위치한 집에서 모였다. 심지어 그들은 교회에게 자신들이 하는 악한 행동을 알리는 편지도 보냈다. 대단한 설교자인 그 교회 목사는 곧 그의 부인을 떠났다. 그러자 그 사탄 숭배자들도 그 지역을 떠났다.

그러므로 목사여 당신의 방패를 튼튼히 유지하라.

그리고 당신은 무능하지 않음을 기억하라.

사탄은 지고 있다. 유일한 주권자이신 하나님을 바라보라.

십자가에서 사탄을 이기신 예수님을 기억하라.

그리고 그리스도를 통해 우리도 이길 수 있음(요일 4:4)을 기억하라.

지금 바로 예수님은 우리 필요의 때에 돕는 은혜를 베푸시며 우리 연약함을 동정하시는 대제사장으로 계신다(히 4:14-16).

영적 승리 후에 사탄이 당신을 공격할 때, 당신이 혼자일 때, 또한 당신이 약해 있을 때, 당신 자신에게 복음을 설교함으로 반격하라.

당신은 예수님의 완전한 율법의 성취로 오는 의를 옷 입고, 그리스도를 통해서 의롭게 되었다고 자신에게 선포하라.

아무 것도 당신을 하나님의 사랑으로부터 분리할 수 없음을 자신에게 선포하라.

당신의 삶은 하나님 안에서 그리스도와 함께 숨겨져 있음을 자신에게 선포하라.

오 하나님의 사람이여! 우리의 승리자 되신 그리스도의 강함으로 선한 싸움을 싸우라. 그리고 당신의 성도들에게도 싸우는 법을 가르치라.

5. 영생을 붙들기

이 다음 명령은 흥미롭다.

> 영생을 취하라 이를 위하여 네가 부르심을 받았고 많은 증인 앞에서 선한 증언을 하였도다(딤전 6:12).

분명 디모데는 예수님을 믿음으로(딤전 1:5) 영원한 생명을 이미 가졌다. 그러면 이 "영생을 취하라"는 무엇을 뜻하는가?

나는 바울이 우리의 구원이 가져오는 삶의 질에 대해 이야기하고 있다고 생각한다. 그는 당신의 구원으로부터 가져올 수 있는 모든 것을 취하라고 말한다.

당신을 부르신 그리스도 안에서 당신이 가지는 특권에 집중하라.

그 안에서 당신의 기쁨을 찾으라.

영원한 생명은 미래의 소망이면서 또한 현재 경험하는 것이다. 우리는 지금 풍성한 삶을 누리고 나중에 하나님의 은혜 안에서 기쁨이 끝없는 삶을 누릴 것이다. 이 충고에 따르면 지금 영생을 소유하고 있으면서도 그것을 깨닫지 못하고 그것을 누리지 못할 수도 있다는 것이다.

하나님의 사람으로서 당신의 구원으로부터 나오는 모든 것을 꼭 붙들라.

영원하지 않은 것들은 느슨히 잡으라.

그리고 영원한 것들은 꼭 붙들라.

예수님은 영생에 대하여 다음과 같이 말씀하셨다.

> 영생은 곧 유일하신 참 하나님과 그가 보내신 자 예수 그리스도를 아는 것이니이다(요 17:3).

영원한 생명은 그리스도를 아는 것에 기초한다.

그러므로 그리스도와 그의 능력(빌 3:10-11)을 알아가기를 열망하라. 골퍼가 새 드라이버를 잡고, 기수가 빠른 말의 고삐를 잡고, 또는 부모가 신생아를 안듯이―예수님을 통해 하나님을 알고자하는 당신의 갈망을 느슨하게 하지 말라.

당신이 처음 그분께 고백했을 때처럼, 당신 영혼의 보물처럼 그를 찾으라.

이것은 경건함을 위한 최고의 수단이다. 만약 당신이 그리스도를 붙잡고 있다면, 당신은 죄를 붙잡을 수 없다. 당신은 포르노그래피를 보면서 동시에 기도할 수 없다.

속이는 죄의 즐거움으로가 아니라, 예수님의 풍성함으로 채우라.

하나님께서 내가 누릴 수 있는 빌 게이츠의 큰 집을 주셨는데, 너무나 많은 시간 나는 내 구원의 문지방에서만 살고 있다.
  물속에 한 발가락만 담그고 만족하지 말라.
  돌고래와 함께 수영하라.
  예수님을 붙들라.
  사역의 고통과 어려움이 당신과 예수님과의 친밀함을 박살내지 못하게 하라.
  사역의 성공과 사역 그 자체가 당신 기쁨의 근원이 되어서는 안 된다. 그리스도를 붙잡으라.

6. 충실함에 집중하기

여기서 언급할 하나님의 사람의 마지막 표시는 하나님과 그의 말씀에 충실함이다. 바울은 이 마지막 직무를 말하면서 놀라운 도입을 사용한다.

> 만물을 살게 하신 하나님 앞과 본디오 빌라도를 향하여 선한 증언을 하신 그리스도 예수 앞에서 내가 너를 명하노니(딤전 6:13).

얼마나 놀라운 도입인가!
바울은 디모데에게 하나님의 본성을 상기시킨다. 하나님은 살게 하시는 분이다. 그는 만물을 살게 하신 분이다. 그리고 그는 그리스도 안에서 구원을 주신다. 그는 또한 그의 말씀을 우리에게 주신다. 그러므로 우리는 그의 자비로운 선물을 맡은 청지기이다. 특별히 바울은 말한다.

> 흠도 없고 책망 받을 것도 없이 이 명령을 지키라(딤전 6:14).

그러므로 하나님의 사람은 명령에 충실한 청지기가 되어야 한다.

그러면 명령은 무엇인가?

명령은 "복음"(the gospel), "보증," 또는 "믿음"을 말한다. 사실 나는 우리가 흠이 없고 책망 받을 것도 없는 말씀의 완전함을 지켜야 한다는 말도 일리 있다고 생각한다. 물론, 당신이 성경의 영감 받음을 믿는다면, 그것은 이미 "흠이 없는" 것이다. 그러나 바울은 성경의 본성에 대해서 이야기하는 것이 아니다. 그는 설교의 본성에 대해서 이야기하는 것이다. 흠도 없고 책망 받을 것도 없이 이 명령을 지키는 것은 성경의 위대한 진리를 지키고 다음세대에 전달하는 사역을 뜻한다. 다른 말로, 하나님의 사람은 충실한 설교자이다. 그의 해야 할 일은 하나님의 말씀을 어지럽히는 것이 아니라, 하나님의 말씀을 전하는 것이다. 그는 소중한 보배처럼 진리를 지키고 그것을 사람들에게 전해 준다.

얼마나 오랫동안 하나님의 사람은 하나님의 말씀을 책임 있게 다루는 데 충실해야 하는가?

바울은 이렇게 대답한다.

> 우리 주 예수 그리스도께서 나타나실 때까지(딤전 6:14).

당신이 예수님을 뵐 때까지 하나님의 말씀을 지키고 선포해야 한다.

바울은 디모데에게 예수님이 오실 때까지 성경에 충실하라고 촉구만 하는 것이 아니라, 왜 그렇게 해야 하는지에 대해서도 말한다. 마지막 두 절에서 바울은 디모데에게 하나님의 광대하심을 상기시킨다. 이것은 사역에 있어서 하나 뿐인 제일 큰 동기이다. 하나님의 영광이 그것이다. 흥미롭게도 디모데전서는 하나님의 놀라운 본성을 높이는 장엄한 칭송의 노래로 시작하고 또한 마친다(딤전 1:17; 6:15-16). 영광의 찬가가 없는 사역은 고되고 힘들뿐이다. 사역이 힘들어 지는 때에 당신이 누구를 섬기고 있는지 잊지 말라.

디모데가 겪은 시험을 생각해보라. 그는 주변인이었다. 거짓교사들은 그를 반대했다. 그는 청년의 죄들과 싸워야 했다. 그는 낙담에 직면했다. 그는 그 모든 상황을 포기하려고 했을지도 모른다. 그의 육체는 약했다. 디모데는 희망과 용기가 필요했다.

이 편지에서 바울은 디모데를 어디로 이끌고 있는가?

그는 구약 시대 하나님의 사람들이 바라보았던 동일한 희망의 원천을 가리킨다. 삼위일체 하나님. 하나님의 사람이여! 눈을 들어 어디서부터 당신의 도움이 오는지 살펴보라. 당신은 당신 자신의 힘에만 맡겨져 있지 않다.

디모데와 비슷한 시험에 처했을 때 하나님의 본성을 생각하라. 바울은 디모데에게 하나님은 모든 것을 주시는 분이라 말할 뿐만 아니라, 우리도 잘 기억하는 하나님의 세 가지 본성을 지적한다.

첫째, 하나님은 "복되시고 유일하신 주권자"(딤전 6:15)이심을 기억하라.

오직 하나님이 주권자이시다. 누군가가 두었으니, 스스로 존재하는 존재란 없다! 하나님은 모든 것의 주권자이시다. 그것은 하나님이심을 뜻하는 것이다.

당신은 주권자가 아니다. 그러므로 당신 사역의 성공은 쉽게 말해 인간의 지혜와 똑똑함에 놓여있지 않다. 그것은 하나님께 놓여있다.

하나님의 통치권이 경건을 추구하는 당신에게 그리고 사역의 시험 속에 있는 당신에게 평안과 용기를 가져다주도록 하라.

하나님의 통치권에 대한 바른 시각은 당신이 디모데가 직면했던 문제들에 대해 인내할 수 있도록 할 것이고, 밤에 잠을 줄 것이다.

둘째, 하나님의 불멸성(딤전 6:16)을 기억하라.

이 본성은 하나님의 영원성을 언급한다. 이 얼마나 놀라운 진리인가! 하나님의 사람 모세는 다음과 같이 기록했다.

> 산이 생기기 전, 땅과 세계도 주께서 조성하시기 전 곧 영원부터 영원까지 주는 하나님이시니이다(시 90:2).

오직 하나님만이 시간을 초월하시고 역사를 다스리신다는 것을 앎에서 오는 평안을 찾으라.

사역이 얼마나 힘들어지든지 상관없이, 시작도 끝도 없으신 하나님 안에 있는 이 땅의 평화를 찾으라.

마지막으로, 바울은 디모데가 집중하도록 하나님의 거룩함(딤전 6:16)을 가리킨다.

하나님은 "가까이 가지 못할 빛에 거하시고"라고 바울은 말한다. 빛의 심상은 하나님의 거룩함의 밝은 영광을 표현한다. 하나님은 우리와 다르시다. 그는 완벽하게 깨끗하시고 흠이 없으시다. 그러므로 당신이 실수할 때, 우리 모두 그러듯이, 완전하신 분은 오직 한 분밖에 없음을 기억하라. 그리고 우리가 하나님 앞에 의롭게 설 수 있는 것은 하나님의 아들, 예수 그리스도의 피 때문이다. 이 이유로 인해서 우리는 바울과 함께 말할 수 있다.

> 그에게 존귀와 영원한 권능을 돌릴지어다 아멘(딤전 6:16).

오 하나님의 사람이여! 하나님의 광대하심을 묵상하라. 그것은 부상당한 군사를 위한 가장 좋은 약이다.

7. 요약

바울이 디모데에게 그의 마지막 말을 기록했을 때, 그는 경건을 위한 부르심을 강조했다. 복음의 설교자로서, 우리는 우리의 성도들이 성경에 대한 설교만이 아니라 개인적 경건함의 모범도 필요함을 기억해야 한다. 우리의 설교와 우리의 삶은 사람에게 영향력이 있다. 하나님의 사람이 되기 위해서, 바울은 디모데에게 죄로부터 달아나라고, 경건을 추구하고, 선한 싸움을 싸우고, 영생을 꼭 붙들고, 충실함에 집중하라고 말한다. 부디 다음 세대의 설교자들이 "하나님의 사람들"로 불리기를.

◆ 디모데전후서 연구

1) 개인적인 경건과 어울리지 않는 것으로부터 달아나기 위해서 당신은 무엇이 필요한가?

2) 현재 문화의 배경을 생각해보라. 무엇을 위해 싸워야 할까? 어떻게 우리가 이것을 하여야 할까?

3) 개인 경건과 관련하여 어떻게 "영생을 붙들 수" 있는가?

4) 사역에서 하나님의 본성이 어떻게 당신을 격려하는가?

12장
충실한 기도

> 내가 밤낮 간구하는 가운데 쉬지 않고 너를 생각하여 청결한 양심으로 조상 적부터 섬겨 오는 하나님께 감사하고
>
> — 딤후 1:3

> 물론 설교자는 다른 무엇보다도 기도의 사람이어야 한다…. 그의 사역을 두고 진실하게 기도하지 않는 사역자는 무익하고 자만심에 찬 사람임에 틀림없다. 그는 자기 자신으로 충분하다고 생각하는 것처럼 행한다. 그러므로 하나님께 호소할 필요가 없다…. 그는 잠언에 나오는 절름발이처럼 그의 삶에서 절뚝거린다. 왜냐하면 절름발이의 두 다리 길이가 같지 않듯, 그의 기도는 그의 설교보다 짧기 때문이다.[1]
>
> — 스펄전(C. H. Spurgeon)

---

1 C. H. Spurgeon, *Lectures to My Students* (Grand Rapids: Zondervan, 1954), 42, 48.

이번 장의 목적은 충분한 기도를 하지 않은 것에 대한 전통적인 죄책감을 당신에게 주려는 것이 아니다. 나 자신을 포함해서 내가 아는 대부분의 기독교인들은 자신들의 기도생활은 향상될 여지가 있을 뿐 아니라 그렇게 되어야 한다고 인정한다. 그러므로 기도의 경기장에서 메이저리그급 기도를 나로서는 선보여 주지 못하더라도, 나는 목사이며 설교자로서 기도의 우선순위를 당신에게 상기시키기고 싶고, 또한 경험 많은 베테랑들의 방법에서 얻어 온 성경적이고 실제적인 통찰력을 가지고 당신을 격려하고 싶다.

그 핵심은 기도란 성령에 의한 성자를 통한 성부와의 대화라는 것이다(엡 2:18). 우리는 현명하시고 좋으신 성부 아버지께 나아간다(마 6:9; 7:11). 우리는 우리 자신의 장점 때문이 아니라 예수님 때문에 성부 하나님께 기도할 수 있다(딤전 2:5; 히 10:19). 우리는 우리의 약함 중에도 기도하도록 도우시는(롬 8:26) 성령님 때문에 언제든지 기도할 수 있다(엡 6:18).

성경에 따르면, 우리는 매일 하나님을 찾아야 한다(막 1:35). 개인적으로(마 6:6), 끊임없이(살전 5:17), 충실하게(약 5:13-18), 그리고 공개적으로(딤전 2:1-8) 기도해야 한다. 목사로서, 우리는 연구와 설교함이 우리가 해야 할 모든 것이 아님을 항상 우리자신에게 일깨워야한다. 사도들처럼 우리도 "오로지 기도하는 일과 말씀 사역에 힘써"(행 6:4)야 한다.

충실한 설교자는 충실한 기도자이다. 이 두 행동은 우리 업무의 의무사항이다.

1. 충실한 기도의 예들

신학교의 첫 번째 설교수업에서, 우리 반은 E. M. 바운즈(E. M. Bound)의 기도에 대한 책을 읽는 숙제가 있었다. 나는 바운즈에 대해 들어본 적이 없었다. 그러나 이 책은 매혹적이었다. 바운즈는 기독교인과 설교자들이 이른 시간에 그리고 자주 하나님을 찾는 것의 중요성을 깨닫도록 도전하는 여러 권의 기도에 대한 영감 있는 책을 썼다. 바운즈는 다음과 같이 적고 있다.

> 성경 설교자는 기도로 살아가고, 기도로 사랑하고 기도로 설교한다. 아무도 안보는 곳에서 꿇은 그의 무릎은 그가 어떤 설교자인지를 보여준다.[2]

어느 날 그룹 토론 중에, 나는 그 주제에 대하여 문제를 제기했다. 우리는 어떻게 이전에 사람들이 기도하기 위해 새벽 3시 4시에 일어나는지에 대해 이야기하고 있었다. 나는 셰딕스 박사에게 질문했다.

> 이 사람들은 그들에게 전기가 없었기 때문에 일찍 일어났던 게 아닐까요? 만약 내가 저녁 8시에 잠자리에 들면 나는 새벽 4시에 일어날 수 있다는 이야기입니다.

---

2 E. M. Bounds, *E. M. Bounds on Prayer*, comp. (New Kensington: Whitaker House, 1997), 585.

그리고 누군가가 샤딕스 박사에게 그는 기도를 위해 몇 시에 일어나는지 질문했다. 그는 부드럽게 대답했다.

> 여러분, 나는 지난 12년 동안 새벽 4시 30분에 일어나고 있습니다. 하나님과 서두르지 않고 방해받지 않고 2시간을 보내기 위해서지요… 나도 일찍 일어나는 것을 좋아하지 않아요. 그러나 아이들이 태어나고 나서부터는 만약 내가 방해받지 않고 서두르지 않고 기도하고 싶다면, 그들이 일어나기 전에 일어나야할 필요가 있다고 깨달았지요.

나는 그날 아침 8시 수업을 위해서 7시 54분에 일어났기에, 의자에 털썩 주저앉고 말았다! 나는 생각했다.

"4시 30분! 하나님은 4시 30분에 깨어 계시나?"

내가 존경하는 모든 설교자와 예수님의 참된 종들은 뜨거운 기도의 중요성을 강조한다. 신학자인 J. I. 패커(J. I. Packer)는 말한다.

> 나는 기도는 다른 어떤 것도 아닌 어느 정도 그 사람의 영적 분량이라고 생각한다. 그러므로 우리가 어떻게 기도하느냐는 우리가 직면하는 중요한 질문이다.³

---

3 J. I. Packer, *in My Path of Prayer*, ed. David Hanes (Worthing, West Sussex: Henry E. Walter, 1981), 56.

스코트랜드 목사인 맥체인은 "하나님 앞에서 무릎으로 홀로 그 사람만이 진정한 그 자신이지 그 이상은 아니다"[4]라고 말하였다.

만약 우리가 우리의 영적 성숙도를 우리의 위치, 인기, 그리고 교회규모가 아니라, 우리의 기도로 측정한다면 어떻게 될까?

아무도 없는 곳에서 당신은 누구인가?

기도는 자주 무시되어지지만, 설교학의 중요한 부분이다. 스펄전은 그의 학생들에게 말했다.

> 모든 우리의 책들과 연구들은 우리의 기도실과 비교하면 아무것도 아니다. 우리는 자기 혼자만의 기도를 통해서 자라고, 힘차게 이기고, 승리한다.[5]

비범한 설교학 교수인 데이비드 라슨(David Larsen)은 이렇게 말하였다.

> 설교에 대한 토론들이 기도를 신뢰하는 맥락 밖에서 일어나는 것은 이상하다. 우리가 기도하기 전까지 우리는 준비된 것이 아니다… 만약 우리가 하나님 앞에 서 있지 않다면, 우리는 하나님을 나타낼 수 없다. 그러므로 나에게는 학생에게 기도를 가르치는 것이 설교를 가르치는 것보다 더 중요하다.[6]

---

4 A. Azurdia, "Reforming the Church Through Prayer," in *Reforming Pastoral Ministry*, ed John H. Armstrong (Wheaton: Crossway, 2001), 167에서 인용.
5 C. H. Spurgeon, *Lectures to My Students*, 43.
6 D. Larsen, *The Anatomy of Preaching* (Grand Rapids: Kregel, 1980), 54.

바인즈 교수와 셰딕스 교수는 말하기를, "어떤 설교자라도 하나님과 가지는 매일의 시간 없이는 효과적으로 사용되어질 수 없다."[7]

그러므로, 설교자로서 우리는 홀로 하나님과 함께 하는 매일의 습관을 가져야만 한다. 마가복음 1:35에, 젊은 복음기자는 말한다.

> 새벽 아직도 밝기 전에 예수께서 일어나 나가 한적한 곳으로 가사 거기서 기도하시더니(막 1:35).

하루 종일의 사역 후에(막 1:32-34), 예수님은 아버지와 함께하는 고독의 중요성을 이해했다. 누가는 우리 주님이 보여주신 패턴의 특별한 예를 기록한다. 그는 말한다.

> 예수는 물러 가사 한적한 곳에서 기도하시니라(눅 5:16).

> 이 때에 예수께서 기도하시러 산으로 가사 밤이 새도록 하나님께 기도하시고(눅 6:12).

> 예수께서 따로 기도하실 때에(눅 9:18).

논리는 명확하다. 만약에 사람으로 오신 말씀이신 예수님께서 아버지와 고독한 시간을 보내야만 했다면, 우리는 얼마나 더 많이 그렇

---

7 Vines and Shaddix, 68.

게 해야 할까?

　물론, 아침이 기도할 수 있는 유일한 시간은 아니다. 로이드 존스(M. Lloyd Jones)는 설교자가 해야 할 프로그램을 세우기 전에 자기 자신을 알아야 한다고 상기시켰다. 그는 모든 사람들은 다른 것들 가운데서도 생리학적인 요인별로 다르다고 말한다. 그는 말하기를, "나는 아침을 기도로 시작하는 것이 어렵다는 것을 자주 느껴왔다"고 거리낌 없이 고백한다.[8] 로이드 존스는 아침에 하는 기도의 중요성을 부인하는 것이 아니라, 단지 설교자가 개인적인 차이를 살펴 아침에 영을 깨우기 위한 방법들을 어떻게 고려해야 하는지를 강조하려는 것이고(예를 들면, 독서) 그리고는 하루를 통하여 기도해 나가야 한다. 우리 모두가 꼭 추구해야 할 것은 서두르지 않고 방해받지 않는 하나님과 함께하는 시간이다. 로이드 존스는 우리의 삶이 그러한 고독을 유지하도록 싸워야만 한다고 말했다.[9]

　그러므로 기도의 골방에서 하나님을 찾는 시간을 만들라. 이른 시간에 그를 찾으라. 늦은 시간에 그를 찾으라. 끊임없이 그를 찾으라.

　목사이며 미국남북전쟁(Civil War)의 군목이었던 바운즈(E. M. Bounds)는 아침 4시에서 7시까지 습관적으로 기도했다. 장기간 달라스의 제일침례교회 목사였던 조지 W. 트루엣(George W. Truett)은 저녁 7시부터 자정까지 기도와 연구를 위해 그의 서재에 칩거했다.[10]

　성삼위(Holy Trinity)교회의 영향력 있는 목사였던 찰스 시므온(Charles

8　D. M. Lloyd-Jones, *Preaching and Preachers*, 170.
9　Ibid., 167.
10　J. W. Burton, *Prince of the Pulpit* (Grand Rapids: Zondervan, 1946), 23-24.

Simeon)은 이른 시간 하나님과 함께 함으로 하나님의 은혜를 경험했다. 한 친구가 그에 대해 말하였다.

> 시몬은 매일 아침 변함없이, 겨울이라도 4시에 일어난다. 그리고 그는 불을 밝힌 후에, 하루의 처음 네 시간을 개인적인 기도와 성경 연구를 위해 보낸다… 이것이 그의 놀라운 은혜와 그리고 영적인 강인함의 비밀이 있다.[11]

나는 주중에 특정한 필요를 위해 구체적으로 기도하는 다른 목사들을 보며 멋지다는 생각을 한다. 메인(Maine) 지역에서 목사였던 에드워드 페이슨(Edward Payson)은 12시간 연구, 2시간 묵상, 2시간 휴식, 2시간 식사와 가족과의 묵상, 그리고 6시간 수면이라는 훈련을 지속했다.[12]

이것이 훈련이다!

영국의 목사였던 F. W. 로버슨(F. W. Robertson)은 주일날에는 교회와 성령님의 넘치는 은혜를 위해 기도했다. 월요일은 특별 묵상, 화요일은 복음전파, 수요일은 그리스도의 왕국, 목요일은 자기부인, 금요일은 특별한 점검과 고백, 그리고 토요일은 중보기도[13]를 했다.

현대적인 예들 또한 우리에게 항상 성령님 안에서 기도하면서 설교를

---

11 H. C. G. Moule, *Charles Simeon* (London: InterVarsity, 1948), 66.
12 A. Cummings, *A Memoir of the Rev. Edward Payson* (New York: America Tract Society, 1830), 13-14. James E. Rosscup's "The Priority of Prayer and Expository Preaching" in John MacArthur Jr. and the Master's Seminary Faculty, *Rediscovering Expository Preaching* (Dallas: Word, 1992), 63-84는 내가 이와 같은 내용을 알도록 한 점에서 도움을 주었다.
13 S. A. Brooke, *Life and Letters of Frederick W. Robertson* (New York: Harper and Brothers, 1865), 60-61.

준비할 것을 일깨운다. 스코틀랜드 목사이며 신학교수인 싱크레어 퍼거슨(Sinclair Ferguson)은 말한다.

> 주를 바라보며 그리고 성령님의 조명하시고 생기를 주시는 은혜에 의지하여…기도하는 마음으로 내가 할 수 있는 모든 준비를 해 두는 것은 나에게 있어 가장 중요한 것이다.[14]

그는 덧붙이기를 그의 연구는 설교의 설명과 적용을 위한 간절한 기도 시간으로 중단된다고 말한다.[15]

존 맥아더(John MacArthur)는 기도로 채워진 그의 연구에 대해 이렇게 설명했다.

> 그 주 동안… 책과 함께 칩거하며… 연구하고… 나의 주해와 강해의 도구들과 성찬을 베풀며… 주님과 함께 연합한다. 나는 주님의 인도를 구하고, 내가 알게 된 것에 대해 주님께 감사드리고, 지혜와 지각을 구하고 내가 배우고 설교한 대로 살아갈 수 있도록 주님께서 도우시길 열망한다… 토요일 밤 기도에 대한 특별한 부담이 나의 마음을 죄어오기 시작한다. 잠자리에 들기 전 나는… 나의 노트를 마지막으로 한번 훑어간다. 그것은 주의 승인을 위해 정제와 명료함을 위해 묵상하며 의식적으로 나의

14　S. Ferguson, *Inside the Sermon*, ed. R. A. Bodey (Grand Rapids: Baker, 1990), 82–83.
15　Ibid.

노트를 올려드림으로 하나님과 커뮤니케이션을 시작하는 것이 포함된다. 주일 아침 나는 여전히 기도하는 마음으로 깨어난다. 일찍 교회에 도착하여 기도하며 시간을 보내다…그리고 메시지를 위해 나와 기도하는 장로들과 함께한다. 주일 오후 저녁 메시지를 준비하며 기도하는 마음으로 같은 시간을 보낸다.[16]

기도로 준비하는 이러한 예들은 앤드류 블랙우드(Andrew Blackwood)의 "기도로 시작하고, 진행하고 마쳐라"는 말을 예증하고 있다.[17]

2. 충실한 기도의 내용

목사의 기도에는 무엇이 담겨 있어야 하나?

한편으로, 목사도 예수님의 피로 구원받은 사람이다. 우리는 여느 다른 기독교인처럼 기도해야 한다. 그러나 다른 한편으로, 우리에게는 기도해야 할 성도들이 있다. 스펄전은 말한다.

> 그는 (설교자는) 여느 기독교인처럼 기도해야 한다. 그렇지 않으면 그는 위선자이다. 그는 여느 그리스도인보다 더욱 기도해야

---

[16] James E. Rosscup's "The Priority of Prayer and Expository preaching," in *Rediscovering Expository Preaching*, 79에서 인용.
[17] A. W. Blackwood, *The Preparation of Sermons* (New York: Abingdon, 1948), 36.

한다. 그렇지 않으면 그는 맡은 직책에 자격미달이다.[18]

중요한 기도의 관심으로 두드러지는 것은 조명하심(illumination)을 구하는 기도이다. 성경의 강해자인 우리에게는 하나님께서 우리 눈을 열어 그의 놀라운 진리를 보여주심이 필요하다(시 119:18). 아줄디아(Azurdia)는 말한다.

> 설교자가 통찰력 있는 열정으로 본문의 적실성을 깨닫기 위해서는 성경 본문의 핵심에 닿도록 기도해야만 한다. 뜨거운 기도로 얻게 되는 성령님의 조명하심은 차가운 분석적 파헤침보다 설교를 심오하게 만들 것이다.[19]

당신은 성령의 조명하심을 구하며 은혜의 왕좌에서 설교를 준비하라. 조명하심과 더불어 다른 사람들을 위한 중보가 필요하다. 사도 바울의 삶과 편지에는 중보의 중요성이 크게 나타나있다. 에베소서 6:12-17에서 기독교인의 전신갑주에 대해 설명한 후에, 바울은 성도를 위해 기도하는 것에 대해서 에베소 교회에 가르친다.

> 모든 기도와 간구를 하되 항상 성령 안에서 기도하고 이를 위하여 깨어 하기를 항상 힘쓰며 여러 성도를 위하여 구하라. 또 나

---

18 Spurgeon, *Lectures to My Students*, 42.
19 Azurdia, "Reforming the Church Through Prayer," in *Reforming Pastoral Ministry*, ed. John H. Armstrong, 174.

> 를 위하여 구할 것은 내게 말씀을 주사 나로 입을 열어 복음의 비밀을 담대히 알리게 하옵소서 할 것이니 이 일을 위하여 내가 쇠사슬에 매인 사신이 된 것은 나로 이 일에 당연히 할 말을 담대히 하게 하려 하심이라(엡 6:18-20).

18절에서, 바울은 우리에게 중보의 포괄적인 특성을 보여준다. 그는 언제 우리가 기도해야 하는지("항상"), 어떻게 기도해야 하는지("성령 안에서," "깨어"), 얼마나 오랫동안 기도해야 하는지("항상 힘쓰며"), 누구를 위하여 기도해야 하는지("여러 성도를 위하여"), 그리고 어떤 형식으로 기도해야 하는지("모든 기도와 간구를 하되")를 설명한다. 바울은 이러한 가르침 뒤에 "나를 위하여 구할 것은"(엡 6:19) 이라고 말하며 자신의 필요에 대한 간구를 더한다.

아마도 생존했던 가장 위대한 신학자—선교사—설교자인 사도 바울은 중보기도의 중요성을 알았다. 그는 자신의 강함과 능력에 의지하지 않았고, 또한 다른 사람들에게도 그렇게 말하지 않았다. 모든 목사가 해야 하듯이, 바울은 중보기도를 훈련하는 그 길로 우리를 인도한다. 이는 그리스도와 떨어져서는 우리가 아무것도 할 수 없기 때문이다(요 15:5).

하나님이 실제로 응답하신다는 믿음 없이는 우리는 결코 중보기도의 힘을 완전히 알 수 없을 것이다. 당신 교회의 문제들을 생각해보라.

당신은 어떻게 그것들을 다룰 수 있겠는가?

바울은 어떻게 고린도의 부도덕, 에베소의 거짓 교사들, 빌립보의 불평을 품은 사람들, 골로새의 신비주의자들, 데살로니가의 이상한 종말론자들, 그리고 디모데의 약함을 다루었는가?

개인적인 가르침과 함께, 바울은 이러한 사람들을 위해서 중보기도 했다. 바울의 편지에 기록된 기도에 헌신한 시간들을 생각해보라. 그는 빈 시간을 채우려 했던 것이 아니다. 그는 어떤 문제들은 기도로만 해결되고, 어떤 문제들은 기도를 통해 피해가게 됨을 알았다.

목회자들이여 기억하라!

하나님은 우리가 하는 100년간의 계획과 준비보다 한 번의 기도에 더 응답하실 수 있다.

바울은 목사가 선지자와 제사장이라는 두 가지 역할을 해야 한다고 설명한다. 이러한 모범이 되는 훌륭한 탄원을 고려하라.

> 이로 말미암아 주 예수 안에서 너희 믿음과 모든 성도를 향한 사랑을 나도 듣고 내가 기도할 때에 기억하며 너희로 말미암아 감사하기를 그치지 아니하고(엡 1:15-16).

> 내가 너희를 생각할 때마다 나의 하나님께 감사하며 간구할 때마다 너희 무리를 위하여 기쁨으로 항상 간구함은 너희가 첫날부터 이제까지 복음을 위한 일에 참여하고 있기 때문이라 (빌 1:3-5).

> 이로써 우리도 듣던 날부터 너희를 위하여 기도하기를 그치지 아니하고 구하노니 너희로 하여금 모든 신령한 지혜와 총명에 하나님의 뜻을 아는 것으로 채우게 하시고 주께 합당하게 행하여 범사에 기쁘시게 하고 모든 선한 일에 열매를 맺게 하시며 하

나님을 아는 것에 자라게 하시고(골1:9-10).

우리가 너희 모두로 말미암아 항상 하나님께 감사하며 기도할 때에 너희를 기억함은 너희의 믿음의 역사와 사랑의 수고와 우리 주 예수 그리스도에 대한 소망의 인내를 우리 하나님 아버지 앞에서 끊임없이 기억함이니(살전 1:2-3).

내가 밤낮 간구하는 가운데 쉬지 않고 너를 생각하여 청결한 양심으로 조상적부터 섬겨 오는 하나님께 감사하고(딤후 1:3).

사무엘 선지자도 비슷하게 말했다.

나는 너희를 위하여 기도하기를 쉬는 죄를 여호와 앞에 결단코 범하지 아니하고 선하고 의로운 길을 너희에게 가르칠 것인즉 (삼상 12:23).

당신의 가르침과 정기적인 중보기도가 짝을 이루도록 하라. 당신의 보이지 않는 사역에 대해 당신의 공적인 사역만큼이나 충실하라. 존 스토트(John Stott)는 보이지 않는 것을 무시하는 경향을 우리에게 일깨워 준다.

기도는 어려운 일이고 보이지 않는 사역이기 때문에, 오직 사랑이 우리를 이처럼 부지런하게 만들 수 있다… 그것은 비밀스러워 사람들로부터 보상이 없기 때문에, 우리는 그들의 감사보다 더욱 그들의 영적인 축복을 갈망해야지만 그 일을 감당할 수 있다.[20]

경건한 목사는 자신의 성도들을 중보하기 위해 실제적인 방법들을 생각해 나갈 것이다. 너무나 많은 소식들이 쏟아지기 때문에, 기도 리스트를 작성하는 것은 좋은 생각이다. 기도 리스트는 우리가 구체적 필요들을 기억할 수 있도록 해 준다.

숙련된 목회자인 켄트 휴즈(Kent Hughes)는 다음과 같은 항목을 가진 매일의 기도 리스트를 지니고 있다고 했다. 가족, 동료, 비서와 관리인, 병, 슬픔, 중요한 행사, 현재 문제들, 사역들, 주간 예배, 새 신자, 그리고 선교리스트(Missions list).[21] 이 일간 리스트 외에도, 그는 일주일에 한 번씩 기도하려고 애쓰는 4개의 다른 리스트에 대해서도 기도했다.[22] 우리가 성도들을 위해 기도하겠다고 말하고 실제로는 중보하지 않아 죄책감을 갖는 일이 절대 없어야 한다. 중보 하는 습관을 만들어가는 것은 어려운 일이다. 우리는 "기도하고 싶은 때"를 기다려서는 안 된다.

하나님의 은혜로 당신 자신을 중보기도로 훈련시키라.

워싱턴 D. C.에 있는 캐피털힐침례교회(Capitol Hill Baptist Church) 목사인 마크 데버(Mark Dever)는 목사들이 사진이 있는 교인 명부를 손에 놓고 양떼를 위해 기도하도록 격려한다. 그는 교인명부를 통한 중보기

---

20 J. Stott, *The Preacher's Portrait* (London: Tyndale Press, 1961), 88.
21 R. K. Hughes, *Disciplines of a Godly Man* (revised, Wheaton: Crossway, 2005), 36.
22 Ibid.

도와 매일의 성경 읽기를 함께 한다고 말한다. 장로들의 모임에서, 상당한 시간을 교회의 각 멤버를 위해 기도하는 데 할애한다. 교인들 또한 인명부를 활용해 그들의 개인적인 시간동안 보통 하루에 한 페이지씩 기도하도록 한다.[23]

당신 스스로의 기도훈련과 더불어 다른 사람들에게 당신을 위한 기도를 요청하라. 모든 강한 설교자와 모든 강한 교회의 뒤에는 중보기도하는 그룹이 있다. 내가 사역을 하고자 주님께 항복했을 때, 클릭(Mrs. Click) 부인이라는 연로한 분은 40년 동안 자신은 하나님께 우리 모임에서 사역자가 나오기를 기도해왔다고 말했다.

그 다음 5년 동안, 그녀는 내가 아내를 찾도록 기도했다! 나는 클릭 부인을 사랑한다! 인도에서 수고한 선교의 영웅 윌리엄 케리(William Carey)는 누워서만 지내는 자신의 여동생의 기도가 그의 사역을 지원했다고 말했다. 우리가 성도들을 위해 기도하는 것보다 그들을 위해 더 중요한 일이란 없다. 그리고 그들은 우리를 위해 기도하는 것보다 더 큰 일을 할 수 없다.

스펄전은 모든 사람들에게 그의 사역의 힘이 어디서 오는지 다음과 같이 상기시켰다.

> 여러분의 기도가 없이 우리가 무엇을 할 수 있을까요? 그 기도는 우리를 하나님의 전능하심에 연결시킵니다. 피뢰침같이, 그 기도는 구름을 뚫고 높은 곳으로부터 오는 굉장하고 신비한 힘

---

23 M. Dever and P. Alexander, *The Deliberate Church* (Wheaton: Crossway, 2005), 36.

을 가져다줍니다… 주님은 나에게 귀찮게 졸라대는 탄원자와 영혼을 사랑하는 기도하는 사람 12명을 주셨습니다. 그리고 그 분을 은혜로, 우리는 런던 이쪽에서 저쪽까지 흔들 것입니다.[24]

하나님의 능력을 경험하는 수단으로서, 기도에 대한 스펄전의 고견은 또한 그가 다음과 같이 말하도록 했다.

교회의 상황은 그 교회의 기도모임에 의해 정확하게 평가될 수 있다. 그래서 기도모임은 은혜측정기이며, 그것을 통해 우리는 사람들 가운데서 하나님의 일하시는 양을 판단해도 된다. 만약 하나님이 교회 가까이에 계신다면, 기도해야만 할 것이다. 그리고 만약 하나님이 거기에 계시지 않다면, 그의 부재에 대한 첫 번째 징후는 기도에 대한 나태함일 것이다.[25]

사도행전 12:5에서, 누가는 기록한다.

이에 베드로는 옥에 갇혔고 교회는 그를 위하여 간절히 하나님께 기도하더라(행 12:5).

초대교회는 인적 자원이 매우 부족했다. 그러나 그 상황이 그들로 세

24　C. H. Spurgeon, *The Metropolitan Tabernacle Pulpit*, vol. 25 (reprint, Pasadena: Pilgrim Publications, 1980), 445.
25　C. Spurgeon, *Spurgeon at His Best,* comp. Tom Carter (Grand Rapids: Baker, 1988), 155.

상을 흔들어 놓는 것을 막지는 못했다. 그들은 사도행전 전체를 통해서 참된 중보기도에 열심이었다(예를 들면, 행 1:14,24; 2:42; 4:29-31; 13:1-3).

중보기도는 깨어나게 하는 열쇠이다. 초기 대각성운동(1740-1742년에 최고조에 달했던)에 대한 흥미로운 기록은 그 각성운동이 영국에서 있었던 투옥사건에 뒤따라 일어났다는 것이다. 조지 윗필드(George Whitefield)에 대한 전기에서, 아놀드 델리모어(Arnold Dallimore)는 다음과 같은 훌륭한 관찰을 했다.

> 청교도의 양심을 고통스럽게 하는 법안이 제정되었다. 그리고 모든 영국 역사에서 가장 어두웠던 날들 가운데 하나인 1662년 어느 날, 통일령(the Act of Uniformity)를 따르지 않는 거의 2,000명의 사역자들은 그들의 삶에서 축출되었다. 이 사람들 중 수백 명이 남은 삶 가운데 고통 받았고, 많은 수가 감옥에서 목숨을 잃었다. 그러나 이러한 끔찍한 상황이 엄청난 양의 기도를 불러일으키는 기회가 되었다. 혹독한 처벌의 위협으로 설교가 금지되었을 때–존 번연의 베드포드 투옥이 보여주듯이–그들은 아직 기도할 수 있었고 오직 영원만이 이 간절한 간구의 무게와 뒤따른 부흥의 관계성을 드러낼 것이다.[26]

부흥은 간절한 간구를 뒤따른다. 목회자들이여, 중보기도의 훈련을 간과하지 말며, 당신의 성도들이 당신의 사역을 위해 하나님의 능력을 구

---

26 A. Dallimore, *George Whitefield*, vol.1 (Edinburgh: The Banner of Truth Trust, 2001), 19-20.

하는 시간을 갖도록 격려하는 것에도 실패하지 말라.

우리 기도의 삶을 채워야 하는 마지막 문제는 개인적 공격에 대한 승리이다. 목사로서 우리는 교회 안에 있는 문제들만이 아니라, 우리 마음 안에 있는 문제도 다루어야 한다. 사역의 피할 수 없는 시련에는 조금만 이야기한다고 해도 질투, 괴로움, 두려움, 낙담/우울, 좌절, 의심이 포함된다.

이러한 매주 내면의 분투 속에서, 우리는 로이드 존스가 말한 것처럼 "우리의 삶을 위해 싸워야 한다." 그리고 이겨내기 위해 조용한 곳에서 하나님의 도움을 구해야 한다. 나는 매일 아침 그날의 성경 읽기와 함께 시편과 잠언을 통해 기도하기를 좋아한다. 또한 나는 바울의 기도로 기도하고 암송하는 것을 정말 좋아한다.

나의 이상적인 사역훈련은 월요일의 반을 따로 떼어둠으로 시작한다. 오후에 교회 직원들과의 몇몇 회의만을 계획한다. 월요일 아침은 힘들다. 일요일은 아드레날린으로 가득 채워진 날이다. 나는 월요일 아침이 읽고, 운동하고 나의 부인과 한 주를 계획하기 좋은 시간임을 알고 있다. 월요일 아침 내가 하려는 마지막 일은 사무실로 가서 이메일, 보고서, 그리고 전날의 질문들과 마주하는 것이다. 나는 이러한 문제들은 맨 나중에 다루고자 노력한다.

화요일은 회의가 많은 날이다. 수요일에, 나는 기도, 성경연구, 그리고 금식하면서, 늦은 오후시간까지는 아무도 만나지 않으려 한다. 목요일은 기도와 함께 연구와 글을 쓰는 날이다. 나는 오후 2시까지는 아무도 만나지 않으려 한다. 금요일 밤은 주님과 데이트하는 밤이며 토요일은 가족과 함께 쉬는 날이다. 기도와 연구로 아침 시간을 지켜나가기는 세상에서 가장 힘들지만, 우리는 해야만 한다. 당신의 성도들이 특정 시간에는 만날 수 없다는 것을 알도록 하라. 당신이 그들을 충실하게 먹이고 그들을 정성을 다해 돌본다면, 그들은 이해할 것이다.

3. 충실한 기도의 걸림돌

우리는 충실한 기도로부터 우리를 방해하는 두 개의 걸림돌을 극복해야만 한다.

첫째, 우리는 일반적인 핑계들을 죽여야 한다.

둘째, 우리는 죄악된 행위들을 죽여야 한다.

이 두 방해물은 물론 서로 연관되어 있다.

1) 일반적인 핑계들

D. A. 카슨(D. A. Carson)이 쓴 도전이 되는 책 『영적 개혁을 위한 부름』(*A Call to Spiritual Reformation*)에서, 그는 기독교인들이 기도하지 않음을 정당화하기 위해 자주 사용하는 몇 가지 변명을 기록하고 있다.[27] 성경도 그 각각에 대해서 말한다.

---

27   D. A. Carson, *A Call to Spiritual Reformation* (Grand Rapids: Baker, 1992), 113–14.

(1) 나는 너무 바빠서 기도할 수 없다.

대부분의 영적인 사람들이 이 변명을 한다. 그들이 하는 사역에 너무 많은 시간을 요구되기에, 방해받지 않고 서두르지 않는 기도를 위한 시간을 낼 수 없다는 것이다. 루터는 하루 첫 세 시간을 기도하는 데 보내야하기에 너무 바쁘다고 말했다! 예수님은 마르다의 일에 대해 그에게 이렇게 말씀하셨다.

> 마리아는 이 좋은 편을 택하였으니 빼앗기지 아니하리라
> (눅 10:42).

좋은 것은 커다란 손해가 될 수 있다. 당신은 컴퓨터를 켜기 전에, 일을 시작하기 전에, 무엇이 최상인지를 선택해야 함을 기억하라. 어떤 것은 과감히 버려라. 그러나 예수님 발 앞에서의 시간을 무시해서는 안 된다.

(2) 나는 너무 메말라서 기도할 수 없다.

이 변명 뒤에는 우리 기도의 근거가 우리의 감정이라는 미심쩍은 생각이 있다.

기도하기 위해 기쁠 때까지 기다리지 말라.

그리스도 안에서의 기쁨으로 기도하라.

조지 물러(George Muller)처럼 당신의 영혼이 "하나님 안에서 기뻐"하기를 구하라. 메마른 시간에도 우리가 기도할 수 있는 이유는 모든 충분함이 되시는 구세주를 우리가 만나고 있다는 거기에 있다. 우리의 감정이

아니라, 그리스도가 우리 기도의 동기이다. 나아가 예수님은 간구하고, 계속 기도하라고 말씀하시며 지속적인 기도에 대해 우리에게 많이 말씀하셨다(눅 11:9-10; 18:1-8). 분명히 우리의 영이 기진할 때가 있을 것이다. 그러나 바울의 말을 잊지 말자.

> 소망 중에 즐거워하며 환난 중에 참으며 기도에 항상 힘쓰며
> (롬 12:12).

(3) 나는 기도할 필요를 못 느낀다.

비록 말하지는 않지만, 이 변명은 사람의 재주와 재능이 성공과 행복의 근거라고 생각하는 많은 서구 기독교인들에게 나타난다. 우리는 여호수아 9장에 나오는 이야기를 잘 안다. 이스라엘 자손들은 "어떻게 할지를 여호와께 묻지 아니"(수 9:14)해서 기브온 주민들에게 속임을 당한다. 주님을 찾지 않는 것은 자신감과 오만한 자기 의에 대한 명백한 표시이다.

(4) 나는 기도하기 너무 부끄럽다.

힘든 밤을 지나고 어떻게 기도하는가?

우리 기도의 근거는 예수님의 은혜임을 기억해야만 한다. 우리는 사역의 보좌나 행위의 보좌가 아니라, 오직 은혜의 보좌 앞에 나아간다(히 4:14-16).

(5) 그것은 나의 은사가 아니다.

많은 기독교인들은 기도와 복음전파와 같은 불편한 명령에 대한 책임을 피하기 위해 이 변명을 편리하게 사용한다. 확실히 어떤 사람들은 기도의 은사가 있지만, 모든 기독교인들은 기도하도록 명령을 받았다(엡 6:18-20).

(6) 나는 하나님의 주권을 믿는다(I believe in God's Sovereinty)

이 변명은 하나님이 주권자이시므로 기도할 필요가 없다는 극단적 칼빈주의자(hyper- Calvinist)들이 자주 한다. 칼빈주의자(not hyper-Calvinist)인 스펄전은 다음과 같이 말했다.

> 하나님 말씀은 우리에게 반복적으로 기도하기를 명령한다. 하나님의 제도는 어리석지 않다. 무한히 지혜로운 하나님께서 효과적이지 않고 아이들 장난에 지나지 않는 과제를 수행토록 나를 임명하셨다고 생각할 수 있을까? 기도는 내가 바람에게 속삭이거나 가로수 숲길을 향해 노래를 부르는 것보다 더 나은 결과가 없는데, 그가 나에게 기도하라 하실까? 만약 기도에 응답이 없다면, 기도는 엄청나게 어리석은 것이다. 그리고 하나님은 그것의 저자가 되시니, 이는 신성모독이다.[28]

나로서는 하나님의 예비하심과 기도의 신비를 이해하지 못한다. 그러

---

[28] C. Spurgeon, *The Power in Prayer* (New Kensington: Whitaker House, 1996), 9.

나 나는 "하나님의 제도는 어리석지 않다"는 스펄전에 동의한다. 하나님은 기도하고 계속 기도하라고 하셨다. 그것이 우리가 해야 하는 것이다. 그리고 그 결과는 그 분의 주권에 맡기라.

2) 죄악된 행위들

기도와 성경 읽기는 죄가 두 가지 실천에 영향을 준다는 점에서 유사하다.

"죄는 당신이 성경을 못 읽게 하고 성경은 당신이 죄를 못 짓게 한다"라고 자주 듣는다. 기도에 대해서도 똑같이 말할 수 있다. 열심 있는 기도는 당신을 죄로부터 지킬 것이다. 예수님은 "유혹에 빠지지 않게 기도하라"(눅 22:40)고 말씀하신다. 반면에 죄는 당신이 기도하지 못하게 할 것이다.

이러한 죄는 구체적으로 무엇일까?

베드로는 우리에게 기도의 세 가지 방해물을 가르친다.

베드로전서 3:7에서 다음과 같이 말한다.

> 남편들아 이와 같이 지식을 따라 너희 아내와 동거하고 그를 더 연약한 그릇이요 또 생명의 은혜를 함께 이어받을 자로 알아 귀히 여기라 이는 너희 기도가 막히지 아니하게 하려 함이라(벧전 3:7).

그러므로 당신의 배우자와의 관계는 당신의 기도에 영향을 준다. 다음으로 베드로전서 3:8에서 하나 됨에 대해서 말할 때, 베드로는 하나님은 사악한 자가 아니라 의로운 자의 기도를 들으신다고 말하며 시편 34편을 언급한다.

마지막으로 베드로는 건강하지 못한 관계와 의롭지 못함과 더불어 "만물의 마지막이 가까이 왔으니 그러므로 너희는 정신을 차리고 근신하여 기도하라"(벧전 4:7)고 말하며 또 다른 방해물을 언급한다. 자기 절제가 부족한 것은 기도 커뮤니케이션에 혼선을 일으킨다. 핵심 아이디어는 기도에 방해가 되지 않도록, 당신이 할 수 있는 모든 것을 하는 것이다. 바르게 사는 것이 바르게 기도하도록 만든다.

더불어 야고보는 이기적인 목적을 위해 기도하는 것은 기도를 방해한다고 우리에게 가르친다. 그는

> 구하여도 받지 못함은 정욕으로 쓰려고 잘못 구하기 때문이요
> (약 4:3).

이사야는 죄와 불의가 기도를 막는다고 우리에게 보여준다. 그는 하나님께 반역하는 사람들에게 말한다.

> 오직 너희 죄악이 너희와 너희 하나님 사이를 갈라놓았고 너희 죄가 그의 얼굴을 가리어서 너희에게서 듣지 않으시게 함이니라
> (사 59:2).

두 가지 매우 실제적인 문제들이 하나님과 우리의 커뮤니케이션을 막

는다. 가난한 자를 돌보지 않는 것과 용서하지 않는 마음이 그것이다. 나는 때때로 세상에 있는 가난한 사람들을 돕는 것과 그들에게 주는 것에 대한 인색함이 이 땅의 영적인 침체를 일으키는 것은 아닌가 생각한다. 잠언의 저자는 말한다.

> 귀를 막고 가난한 자가 부르짖는 소리를 듣지 아니하면 자기가 부르짖을 때에도 들을 자가 없으리라(잠 21:13).

하나님은 가난한 자에게 베푸는 자의 기도를 들으신다.

아마도 힘 있는 기도의 가장 큰 장벽은 용서의 부족이다. 이 세상에서 가지는 우리의 관계는 하나님과의 관계에 영향을 끼친다. 이 진리는 성경전체에 표현되어 있다. 다음을 생각해 보라.

> 서서 기도할 때에 아무에게나 혐의가 있거든 용서하라 그리하여야 하늘에 계신 너희 아버지께서도 너희 허물을 사하여 주시리라 하시니라(막 11:25).

예수님은 주기도문에서 이렇게 말씀하셨다.

> 우리가 우리에게 죄 지은 자를 사하여 준 것같이 우리 죄를 사하여 주시옵고(마 6:12).

> 너희가 사람의 잘못을 용서하면 너희 하늘 아버지께서도 너희

> 잘못을 용서하시려니와 너희가 사람의 잘못을 용서하지 아니하면 너희 아버지께서도 너희 잘못을 용서하지 아니하시리라
>
> (마 6:12, 14-15).

예수님은 후에 이 원리를(우리가 용서하지 않고는 우리는 용서를 기대해서는 안 된다) 은혜 베풀지 않는 종의 예화(마 18:21-35)를 통해 보여주셨다. 그러므로 우리가 하나님의 은혜를 바란다면, 우리의 형제와 자매에게도 바로 그렇게 해야만 한다(참고 엡 4:32).

나는 전기난로가 작동이 멈추었고 아무도 그 이유를 알지 못하는 교회에 대한 이야기를 들었다. 조사결과 그들은 난로와 전원 공급원에 연결된 파이프에 엄청나게 쳐진 거미줄에 의해서 막혔다는 것을 발견했다! 조그만 거미 한 마리가 굉장한 피해를 끼치는 것처럼, 죄 된 자세와 행동도 그럴 수 있다. 그것은 우리 기도생활을 막아버리고 우리를 전원 공급원으로부터 떨어뜨린다. 하나님의 은혜로 죄가 당신이 충실하게 기도하는 것을 막지 못하도록 하라.

4. 기도에 대한 더 실제적인 조언들

나는 앞서 이야기한 것처럼 당신만의 기도 습관을 찾아보도록 권유하면서, 나에게 도움이 되었던 10가지 아이디어를 당신이 고려해보도록

제안하고 싶다.[29]

1) 기도 계획을 세우라.

만약 당신이 좋은 체격을 갖기를 원한다면, 당신에게는 계획이 필요하다. 당신은 그 분야의 전문가와 상의하고, 책을 읽고, 또는 도움이 되는 훈련들을 기록할 것이다. 영적인 영역에서도 마찬가지이다. 생각해보라.

기도를 위한 당신의 훈련을 늘리기 위해 무엇을 할 것인가?

어디에서 기도할 것인가?

언제 기도할 것인가?

무엇을 위해 기도할 것인가?

바울이 언급하는 그의 많은 "기도"(예를 들어, 롬1:10; 엡 1:16; 살전 1:2; 딤후 1:3)에 대해서 카슨(Carson)은 기도를 위한 정해진 시간을 따로 떼어 두는 제안-예수님이 하셨던 것처럼(눅 5:16)-을 첨부하는 것 같다.[30] 당신이 먹거나 운동하거나 또는 누군가를 만나기 위해 계획하듯이 기도하기를 계획하라.

---

29   D. A. Carson, *A Call to Spiritual Reformation*, 19-38에서 몇몇의 아이디어들을 가지고 온 것이다.
30   Ibid., 20.

2) 당신의 마음이 방황하지 않도록 어떤 방법들을 찾으라

기도할 때 소리를 내어 하거나, 성경 말씀을 통해 기도하거나, 또는 기도 산책을 선택하는 것도 좋다. 다시 말하지만, 모든 사람은 다르다. 당신이 깨어있도록 하는 그 어떤 것이든 하라.

3) 성경 읽기와 기도를 함께하라

나는 하나님께서 그렇게 하도록 우리에게 한 권의 책-시편-을 주셨다고 생각한다. 성경은 우리에게 말하고 있는 반면에, 시편은 우리를 위해 말하는 방법을 보여주고 있다. 우리는 시편에서 우리 자신을 찾는다. 우리의 감정과 열망들은 시편 저자의 부르짖음과 닮아있다. 솔직히 나는 매일 아침 기도할 준비가 되어 일어나지는 않는다. 그러나 시편을 읽고나면, 나의 열정이 깨어난다. 시편에 덧붙여 본문을 통해 간단히 기도하는 것은 매우 유용하다. 그 이유는 다음과 같다.

① 당신이 하나님의 뜻(요 15:7)안에서 기도하고 있음을 보장해 준다.
② 당신의 요청들에 다양성을 가져온다.
③ 당신의 성경 읽기에 더 많은 영적 역동성을 가져다 주기 때문이다.

4) 기도와 기록을 함께하라

이 실천은 성도들을 위한 기도, 어려운 기도 목록을 세워가고, 또는 기도 일기를 쓰는 것으로도 할 수 있다. 골로새서 1:9-14에 기초한 기도를 나에게 보낸 한 숙녀가 있다. 그리고 그것은 나를 매우 고무시켰다. 본문을 이용해서 누군가를 위한 기도를 쓴다는 것은 당신이 기도 시간에 집중할 수 있는 얼마나 훌륭한 방법인가!

5) 기도와 찬양을 함께하라

나는 목사이면서, 찬양 사역자가 되는 것이 꿈이기도 하다. 나는 음악을 좋아한다. 나는 아침에 마음을 일깨우려고 음악을 듣는다. 당신이 차에서, 산책 중에, 또는 당신의 책상 앞에서 하나님을 찬양하면서, 당신의 예배에 간구가 함께 하도록 하라.

6) 공적인 기도에 힘쓰라

나는 공적인 기도를 위한 일반적 규칙은 그것은 형식이 있어야 하고 또한 자유로워야 한다는 것이다. 당신이 기도하려는 것에 대한 어떤 아이디어가 있어야 하지만, 다소 자연스럽게 기도할 정도로 자유로워야 한다. 만약 당신의 성도들로 하여금 다른 교회들, 선교사들, 정부 지도자들, 기타 다른 분들을 위해서 기도하기를 원한다면, 그들이 다른 사람들을 위해 중보기도하도록 공적으로 그들을 가르치라.

7) 기도파트너 관계를 발전시키라.

목사로서, 당신이 가까운 친구들과 함께 기도를 말로 표현하는 것이 중요하다. 물론 이것은 교회의 장로/목사들과 함께 해야 한다. 그러나 바라기는 주중에 함께 기도할 다른 형제들을 찾아야 한다.

8) 당신이 기도를 할 때까지 일어나지 말라

기도 중에는 성실과 끈덕짐으로 하나님의 임재 속으로 들어가려 애써야 한다. 카슨은 말한다.

> 기도의 마음으로 들어가기 위해서, 우리는 얼마동안 그것에 집중해야만 한다. 만약 우리가 '기도하기 위해서 기도'한다면, 우리는 결국 하나님의 임재 안에서 즐거워하고, 그의 사랑 안에서 쉼을 누리고, 그의 뜻을 소중히 여기게 될 것이다. 심지어 암흑 가운데 또는 고통스런 기도이더라도, 우리는 어찌되었든 하나님과 함께 일하고 있음을 안다.[31]

하나님과 함께 일하라. 당신이 전능자와 교제하고 있음을 알 때까지 멈추지 말라.

31　Ibid., 36.

9) 규칙적으로 금식과 기도를 하라

금식은 예수님께서 그의 제자들을 훈련시키려 한 놀라운 은혜의 수단이다(마6:16).

화요일 한 끼 식사를 하나님과 함께 하는 시간으로 바꾸라.

형편에 따라서는 금식과 기도를 위해 주중에 하루를 정하라.

만약 가능하다면, 더 긴 시간 동안 해보라.

음식이 기도를 위해 희생해야 하는 유일한 것은 아니다. 그러나 하나님께 "예" 하기 위해서, 다른 것에 "아니오"라고 말하는 것은 보상이 가장 큰 것이라고 생각한다. 금식은 하나님을 대신하는 것을 제거하고, 그것은 우리를 지배하는 것이 무엇인지 밝히며, 겸손과 하나님에 대한 신뢰를 높이며, 유혹과 싸울 때 도와주며, 그리고 기도할 수 있는 더 많은 시간을 우리에게 준다.

이런 실천을 개인적으로, 현명하게, 점진적으로, 그리고 충실하게-영적 교만을 피하며-하라.

10) 당신이 설교하기 바로 전에 기도하는 일상의 순서를 만들어두라

나는 파이퍼의 "A.P.T.A.T"를 사용하는데 그것은 간단하고 성경적이다.[32]

"A"는 고백(Admit)을 나타낸다. 우리는 그리스도를 떠나서는 무력하다는 사실을 고백하라(요15:5).

---

[32] J. Piper, *The Supremacy of God in Preaching*, 48-49.

"P"는 기도(Pray)를 나타낸다. 성경에 나오는 약속들을 기도하라.

"T"는 신뢰(Trust)를 나타낸다. 하나님께서 그의 말씀에 따라 응답하실 것을 신뢰하라.

"A"는 행동(Act)을 말한다. 하나님은 충실하시기에, 설교하기 위해 올라가며 자신 있게 행동하라.

"T"는 하나님께 감사(Thank God)를 나타낸다.

설교 후에 하나님께서 당신이 그의 말씀을 설교하도록 도우셨고 힘주셨음에 감사하라. 아마도 당신은 설교 전에 당신의 절박함을 기도할 수 있는 다른 방법을 찾을 수도 있을 것이다. 그러나 나는 당신이 서서 "주님은 이렇게 말씀하십니다"라고 말하려면, 당신에게 하나님의 도우심이 필요하다는 것을 절실히 인식해야 함을 다시금 당부한다.

5. 요약

성경의 예와 기독교 역사는 기도하는 목사의 중요성을 증대시킨다. 충실한 설교자들은 강연자 이상이다. 그들은 기도실에서 방해받지 않고 서두르지 않는 시간을 하나님과 보내는 사람들이다. 설교자들은 성경을 공부하면서 하나님의 조명하심을 추구해야만 한다. 그들은 성도들에게 기도하기를 요청하면서, 또한 다른 사람들을 위해서 중보기도를 해야 한다. 목사가 교회를 이끌어가는 영적 싸움을 극복해가면서, 개인적인 공격에 대해 승리하는 일 또한 기도의 문제이다. 기도에 대한 많은 변명이 있지만, 설교자는 하나님과의 교통을 저지하는 기도를 방해하는 모든 죄와 변명들을 버려야 한다. 마지막으로 목사는 그의 기도생활이 신선하고 일관되도록 하기 위해 다양한 실제적인 방법들을 실행해야만 한다.

> ### ◆ 디모데전후서 연구
>
> 1) 디모데전서 2:1-7을 읽으라. 이 본문에서 무엇이 중요한가?
>   당신의 교회는 이러한 가르침을 실행하는가?
>   당신은 목사가 어떻게 교회가 더욱 광범위하게 그리고 전 세계를 위해 기도하도록 도울 수 있다고 생각하는가?
>
> 2) 왜 바울은 정부 지도자들을 위해 기도하는 것이 중요하다고 말하는가?
>
> 3) 왜 디모데전서 2:5이 기도의 핵심 절인가?
>
> 4) 당신이 기도회에서 사용할 수 있는 설교 아웃라인을 이 본문으로부터 만들어보라.

제4부

하나님의 사명에 충실한 설교
: 우리 세대를 향한 복음 설교

13장. 말씀 선포하기
14장. 설교와 상황화
15장. 바통 넘겨주기

13장
말씀 선포하기

> 하나님 앞과 살아 있는 자와 죽은 자를 심판하실 그리스도 예수 앞에서 그가 나타나실 것과 그의 나라를 두고 엄히 명하노니 너는 말씀을 전파하라 때를 얻든지 못 얻든지 항상 힘쓰라 범사에 오래 참음과 가르침으로 경책하며 경계하며 권하라.
>
> — 딤후 4:1-2

> 강해는 설교문이 설교가 선포되어 질 때까지는 완성된 것이 아니다. 설교는 강해가 실제로 표현해 낼 때 최고점에 다다른다.[1]
>
> — 제리 바인스와 짐 셰딕스(Jerry Vines and Jim Shaddix)

---

1   J. Vines and Shaddix, *Power in the Pulpit* (Chicago: Mood, 1999), 313.

이 장의 목적은 스타일과 설득의 주제에 대한 이야기이다. 이를 위해서 나는 말씀을 분명하고 눈에 띄게 설교하기 위해 필요한 몇 가지 자질들을 지적하고 싶다. 물론 나는 당신의 성격에 맞지 않는 어떤 것을 하거나 "연출"하게 하려는 것이 아니다.

만약 하나님께서 당신이 그래함(Graham)이나 웨렌(Warren)과 같이 설교하기를 원하셨다면, 그들을 부르셨을 거고 당신을 현재 교회에 부르지 않았을 것이다. 우리는 우리자신의 처지에 만족해야 한다. 우리의 목표는 사람과 연결되어져서 확실하게 그리고 열정적으로 말씀을 전하는 것이다. 브라이언 채플은 이것을 다음과 같이 잘 설명하고 있다.

> 가장 존경받는 설교자들은 그들이 그 주제에 깊이 빠져있을 때, 자기 자신답게 들려질 수 있는 사람들이다. 과장된 말과 웅변가적인 화려함은 설교단에 대한 풍자만화의 한 장면을 떠오르게 한다. 그들은 목회적 존경심을 일으키지 못한다. 동시에 근엄하고 열의 없는 무게감은 진지한 심각성보다는 부적절한 지루함을 일으킨다. 청중은 목사에게 자신의 인격과 일관된 태도로 진리를 전해 주는 것과 메시지의 중요성을 반영하는 것 그 이상과 그 이하도 기대하지도 않는다… 당신의 일반적 스피치를 발전시키는 것은 (변화가 아니라) 중요한 문제를 가장 자연스럽고 효과적인 방법으로 전달하는 것이다.[2]

---

[2] B. Chapell, *Christ-Centered Preaching*, 329–30.

나는 나만의 성격으로 설교해야한다는 이 개념에서 개인적으로 엄청난 자유를 발견한다. 나는 전설적인 설교자들을 닮아가고 싶었기 때문에 이 자유를 찾는데 긴 시간이 걸렸다.

전달과 스타일의 문제는 공적인 발언을 위한 전통적인 이름인 수사학의 범주에 해당한다. 수사학은 기본적으로 다른 사람을 설득하고 영향을 미치기 위해서 효과적으로 이야기하는 기술을 뜻한다.[3] 고대에 있어서 수사학은 수학과 과학처럼 높이 평가받는 학문들과 함께 중요한 학문이었다. 분명하고 매력적으로 말하는 방법을 알 필요가 있었던 것은 리더뿐만 아니라 평범한 시민들도 마찬가지였다.

예를 들면, 사람들은 많은 경우 자신을 법정에서 변호해야만 했다. 논리적이고 설득력 있는 주장을 하는 것은 그러한 경우에 필수적이었다. 게다가 고대에는 수사학을 높게 평가했다. 우리가 선호하는 영화를 보고 좋아하는 팀을 응원하는 것을 즐기는 것처럼, 그들은 그들이 좋아하는 연설가의 말을 듣는 것을 매우 즐겼다.

초기 설교책 들 중의 하나는 어거스틴의 『기독교 수사학』(*On Christian Rhetoric*)이었다. 어거스틴의 작품은 퀸틸리안의 『연설법』(*Institutes of Oratory*)과 아리스토텔레스의 『수사학』(*On Rhetoric*)과 같은 책들을 반영한 것이었다. 어거스틴은 특정한 주제에 맞는 다양한 스타일과 함께, 설교를 위한 해석 원리에 대해서도 말했다. 그는 말하는 사람은 가르치고(teach), 만족시키고(please), 그리고 설득해야만(persuade) 한다고 가르

---

[3] Vines and Shaddix, *Power in the Pulpit*, 229.

쳤다.[4] 어거스틴에 따르면, 전달하는 자세는 전달되고 있는 내용과 관련이 있어야한다. 그는 행동하기를 꺼리는 사람을 행동하도록 움직이려 할 때는, 말하는 사람이 당당한 태도로 말해야 하고, 가르치려 할 때는 조용한 자세로, 그리고 어떤 것을 칭찬하려 할 때는 부드러운 자세로 말해야만 한다고 말한다.[5]

오늘날 수사학은 일반적으로 "커뮤니케이션" 또는 공적인 연설로 알려져 있다. 가끔 설교자들은 "세속적인 커뮤니케이션 아이디어로 그들의 설교를 향상시킨다"는 생각으로 싫어한다. 그러나 당신의 말하는 기술을 향상시켜야 하는 몇 가지 이유가 있다.

바울은 효과적인 커뮤니케이션의 중요성을 알고 있었다. 그는 자신이 그리스도의 비밀을 분명하게 전할 수 있도록 자신을 위해 기도하기를 골로새 교회에 부탁했다(골 4:2-4). 우리는 멋진 인상을 남기기 위해서가 아니라, 오직 복음이 이해되도록 하기 위해서 분명히 전달하기를 원한다.

나의 시각에서 설교는 보다 고상한 내용과 능력을 가지기 때문에 커뮤니케이션의 가장 위대한 형태이다. 능력은 말씀과 성령님께 있으므로, 우리의 감동을 주며 말하는 기술을 가지고 설교의 능력을 더할 수는 없지만, 우리는 초라하고 혼란스럽게 말하는 습관 때문에 우리로부터 나오는 말씀의 능력을 방해할 수 있다는 것을 기억하는 것은 중요하다. 그러므로 스타일과 설득에 대한 토론의 목적은 피해야 할 어떤 연습과 고

---

[4] Augustine, *On Christian Doctrine*, trans. D. W. Robertson Jr. (Upper Saddle River, NJ: Prentice Hall, 1997), 143.

[5] Ibid.

려해야 할 어떤 연습에 대해 생각하는 것이다. 그리하여 말씀이 방해받지 않고 나아가게 될 것이다.

물론 요즈음의 포스트 에브리팅(post-everything) 세계에서 많은 사람들은 "설득"이라는 말이 권위, 오만, 그리고 교묘히 다루기(manipulation)의 냄새가 난다고 생각하기 때문에 "설득"(persuasion)이란 것에 관심을 갖지 않는다. 그러나 설교에서는 꼭 필요한 요소이므로 우리는 설득을 피하지 말아야 한다. 우리는 교묘히 조작하는 사람이 아니라, 우리는 믿음을 권하는 자이다(유 1:3). 진리에 대해서는 누군가를 설득해야 한다. 그렇다고 하더라도 성령님이 궁극적이고 최종적으로 설득하시는 분이시다.

그러나 이 사실이 바울 그 자신이 회당과 시장에서 한 것과 같이 복음 안에 있는 믿음에 대한 바른 이유를 주려는 우리의 노력을 배제하지는 않는다(행 17:1-4; 18:4). 바울이 피하려 했던 것은 그의 시대에 많았던 과시하려는 연설가의 자세였다. 이를 잘못 이해해서는 안 되는데, 바울은 분명하고 설득력 있게 말하기를 추구했다.

1. 설교 스타일

성령님은 다양한 전달 스타일을 사용하는 설교자를 통해서 일하신다. 성경의 선지자들과 설교자들은 이 실제를 잘 보여준다. 각각은 그들만의 커뮤니케이션 방식을 가지고 있었다. 당신의 생각(스타일)을 표현하여야 할 때, 당신이 누구인가에 맞는 태도를 선택하라. 산만함과 혼동을 피하기 위해서 당신 스타일의 다양한 요소들을 향상시키도록 연구해야 하는 것을 꼭 기억하라.

1) 피해야 할 것

마틴 루터(Martin Luther)의 말과 가르침의 모음집인 강단 대화(Table Talk)에서, 편집자는 루터가 말하는 좋은 설교자의 열 가지 요건을 다음과 같이 기록하고 있다.

① 사람들이 당신을 따르도록 가르칠 수 있을 것
② 유머를 가질 것
③ 잘 말할 수 있을 것
④ 좋은 목소리를 가질 것
⑤ 좋은 기억력을 가질 것
⑥ 멈추어야 할 때를 아는 것
⑦ 자신의 교리에 확신할 것
⑧ 하나님의 말씀을 위해, 부와 명예, 몸과 피를 내걸 준비가 될 것
⑨ 모든 사람에게 놀림 받고 조롱당하는 자신을 감내하는 것
⑩ 설교자의 잘못들 보다 더 잘 보이는 것은 없다는 사실을 참을성 있게 받아들일 준비가 된 것[6]

이러한 열 가지 포인트는 독일 음료를 마시면서 루터가 말했다. 그러

---

6   F. W. Meuser, *Luther the Preacher*, 40에서 인용.

므로 우리는 이러한 점들이 루터가 설교에 대해서 생각하는 모든 것을 포함한다고 생각해서는 안 된다. 그러나 이러한 커뮤니케이션 원리들은 여전히 적절하다. 우리가 사는 포스트에브리팅(post-everything) 세계는 루터의 시기와는 다르고 문화적 상황화(다음 장에서 다룰)를 필요로 하지만, 커뮤니케이션의 원리들은 많이 다르지 않다고 나는 생각한다. 이러한 10가지 포인트는 말하는 습관에 대해 재고하는 것이 여전히 유용하다.

설교에 있어서 어느 시대나 문제가 되는 것은 장황함(verbosity)이다.

설교자들은 단어들을 낭비하고 필요한 것 이상을 말하는 경향이 있다. 장황함은 지루함으로 이어지고 코를 골게도 한다!

당신의 설교 준비시간에 불필요한 내용을 잘라내는 것에 노력하라.

나는 때로는 원고를 인쇄하기 전에 세 번 또는 네 번씩 잘라낸다.

모든 단어들이 의미를 갖도록 하라.

루터의 포인트를 기억하라.

"멈출 때를 알라."

설교 기술의 다른 리스트에서 루터는 설교자는 "일어서라, 말하라, 그리고 멈추라"[7]고 말한다.

지루함(Dullness)은 의사소통의 또 다른 문제이다.

설교를 준비한 후, 나는 어떻게 설교가 춤추도록 할 수 있을까!에 대해 생각한다. 쇼맨십으로 보이지 않으면서, 어떻게 식사에 그 따끈한 소스를 가져다줄지를 생각한다. 효과적인 교사는 개성과 다양성을 유지

---

7 Ibid., 40.

한다. 루터는 우리에게 "준비된 재치" 또는 "유머 감각"이 있어야 한다고 말했다.

청중을 읽는 법을 배우고, 필요할 때 구술의 양념을 추가하는 것을 배우라. 성경을 가지고 아무도 지루하게 만들지 말라.

세 번째 위험은 리듬과 속도의 부재이다.

젊은 강연자는 거칠고 고르지 않게 말하는 경향이 있다.

청중들이 따라오기 좋도록 듣기 쉬운 운율과 부드러운 속도를 발전시키도록 노력하라.

루터는 이것을 "잘 말할 수 있을 것"이라고 말했다. 당신이 말하는 기술을 연습하는 것은 좋은 것이다. 글 쓰는 작가가 그들의 글을 발전시키려 노력하는 것처럼, 연설자도 똑같이 해야 한다. 다시 한 번 말하지만, 우리의 목표는 청중을 감탄시키는 것이 아니다. 분명하게 의사소통을 하는 것이다.

마지막 문제는 "완곡한 표현"이라는 것이다.

이 실수는 "많은 말을 하지만 우리가 하려고 했던 말은 실제로 하지 못하는 것"[8]을 포함한다. 우리는 우리가 의도한 것을 말해야만 한다!

당신이 말하려고 한 것에 대해서 생각하고, 그것을 분명히 말하라.

정치가들은 그들의 입지가 정해지는 것을 피하기 위해서 애매하게 표현하기도 한다. 그러나 목사로서 우리의 일은 하나님의 메시지를 분명하게 전하고, 그 파편들이 떨어져야 할 곳에 떨어지도록 하는 것이다.

---

8   Vines and Shaddix, *Power in the Pulpit*, 232.

2) 추구해야 할 것

간단함과 명료함은 말씀을 효과적으로 설교하기 위해 꼭 필요한 것이다. 만약에 어린이들과 어른들이 메시지를 이해할 수 있다면(그것이 이해될 가치가 있는 것이라 생각할 때), 당신은 커뮤니케이터로 성공을 거둔 것이다. 간단함은 당신이 짧은 단어, 적은 단어들, 명확한 단어들, 그리고 쉬운 단어들을 사용하는 것을 의미한다. 그러나 이것이 단순히 당신이 신학적인 단어들을 피해야 한다는 것을 의미하는 것은 아니다. 당신이 "속죄"를 말할 때, 모든 사람이 그것을 이해할 수 있도록 그 뜻을 설명해야하는 것을 의미한다. 당신의 모호한 표현에는 어떤 점수도 얻을 수 없다. 당신의 표현이 늘 구체적이도록 하라.

루터와 청교도들은 쉽고 단순한 스타일을 주장했다. 일주일 동안 수없이 설교 했던 루터는 다음과 같이 말한다.

> 쉽고 단순하게 설교하는 것은 굉장한 예술이다. 그리스도 자신도 땅을 경작하는 것, 겨자씨에 대한 것 등에 대한 이야기를 한다. 그는 전혀 꾸밈없고 쉬운 비유들을 사용한다. 교회에서 고상하고 어려운 것을 말하고, 교육받지 못한 불쌍한 사람들의 구원을 무시하고, 그들 자신의 명예와 높임을 구하는 모든 목사에게 저주 있으라! 나는 설교할 때, 나 자신을 깊이 낮춘다. 나는 이 교회에 있는 40명 이상 되는 의사들과 행정장관들을 주목하지 않는다. 오직 2000명 이상 되는 젊은 사람들, 아이들, 그리고

하인들 그 다수에 나의 시선을 둔다. 나는 그들에게 설교한다.⁹

루터는 또한 설교단에서 헬라어나 히브리어를 인용하지 않는 사람이었다. 그 대신 이해할 수 있는 언어로 그들에게 설명한다. 물론 그는 교리를 설교했다. 그러나 그는 사람들이 이해하도록 교리를 설교해야 한다는 것을 이해했다. 또한 칼빈은 다음과 같은 간단한 접근법을 주장했다.

"나는 성경의 단 한 구문도 손상시키지 않았고, 내가 아는 한 왜곡하지 않았다…나는 단순하고 명쾌하게 전하려고 항상 연구해왔다."¹⁰

청교도인 윌리엄 퍼킨스(William Perkins)의 설교본문은 조나단 에드워즈와 같은 수천의 설교자들에게 영향을 주었다. 그는 말하기를 효과적인 설교는 본문을 정확하게 읽는 것, 본문의 뜻을 설명하는 것, 구문의 자연스런 이해로부터 여러 적합한 포인트를 모으는 것, 그리고는 그 교리를 "직접적이고, 평범한 스피치"로 적용하는 것을 포함한다고 했다.¹¹ 다시 말하지만, 쉬운 스피치는 지루하거나 재미없는 스피치를 의미하는 것이 아니다. 그것은 직접적이고, 분명하고, 오해의 소지 없이 말하는 것을 뜻한다.

다음으로, 우리는 성령님이 주신 담대함을 가지고 말씀을 전해야 한다. 초기 기독교 설교자들의 담대한 설교를 생각해보라.

9　M. Luther, *The Table Talk of Martin Luther*, ed. Thomas S. Kepler (Grand Rapids: Baker Books, 1979), 253-54.
10　J. Calvin cited in Stott, *Between Two Worlds*, 128에서 인용.
11　W. Perkins, *The Art of Prophesying*, 79.

그들이 베드로와 요한이 담대하게 말함을 보고 그들을 본래 학문 없는 범인으로 알았다가 이상히 여기며 또 전에 예수와 함께 있던 줄도 알고(행 4:13).

빌기를 다하매 모인 곳이 진동하더니 무리가 다 성령이 충만하여 담대히 하나님의 말씀을 전하니라(행 4:31).

사울이 제자들과 함께 있어 예루살렘에 출입하며 또 주 예수의 이름으로 담대히 말하고(행 9:28).

두 사도가 오래 있어 주를 힘입어 담대히 말하니 주께서 그들의 손으로 표적과 기사를 행하게 하여 주사 자기 은혜의 말씀을 증언하시니(행 14:3).

바울이 회당에 들어가 석 달 동안 담대히 하나님 나라에 관하여 강론하며 권면하되(행 19:8).

왕께서는 이 일을 아시기로 내가 왕께 담대히 말하노니 이 일에 하나라도 아시지 못함이 없는 줄 믿나이다. 이 일은 한쪽 구석에서 행한 것이 아니니이다(행 26:26).

(바울은) 하나님의 나라를 전파하며 주 예수 그리스도에 관한 모든 것을 담대하게 거침없이 가르치더라(행 28:31).

> 너희가 아는 바와 같이 우리가 먼저 빌립보에서 고난과 능욕을 당하였으나 우리 하나님을 힘입어 많은 싸움 중에 하나님의 복음을 너희에게 전하였노라(살전 2:2).

> 또 나를 위하여 구할 것은 내게 말씀을 주사 나로 입을 열어 복음의 비밀을 담대히 알리게 하옵소서 할 것이니 이 일을 위하여 내가 쇠사슬에 매인 사신이 된 것은 나로 이 일에 당연히 할 말을 담대히 하게 하려 하심이라(엡 6:19-20).

담대함은 성령님이 함께 하심에 대한 표시이다. 초기 기독교인들은 박해를 없애 달라는 기도 대신에 담대함을 위해 기도했다. 바울은 마땅히 할 말로 설교할(골 4:4)뿐만 아니라 거룩한 담대함(엡 6:18-20)을 위한 기도를 부탁했다. 우리 또한 담대하게 그리스도의 풍성함을 선언하도록 성령 충만함을 추구해야만 한다.

힘 있는 선포를 하기 위한 세 번째 자질은, 다음 장에서 살펴보겠지만, 상황화이다.

나는 이를 통해 복음을 명료하게 하고 특정한 사람들에게 연결되고자 한다. 우리는 설교가 선교적 측면이 있다는 것을 잊지 말아야 한다. "모든 민족"을 제자 삼기 위해서(마 28:18-20), 우리는 다양한 청중들에게 전한다. 물론 오늘날 글로벌 세계에서는 거리를 건널 필요가 있는 것만큼이나 바다를 가로지를 필요가 있다. 바울이 몇 사람이라도 그리스도께로 구원하기 위해서 다른 그룹의 사람들에게 말한 것을(고전 9:22) 우리는 배워야만 한다. 바울이 유대인들에게 말할 때 그는 성경으로 시작했고,

그가 헬라사람들에게 말할 때 그는 그들의 철학자들을 언급했다. 양쪽 청중들에게 그는 부활하신 그리스도를 전했다(행 17:3-5; 17:22-34).

다음으로 우리는 다양하게 말씀을 전해야 한다.

다양함이란, 먼저 우리에게는 설교자로서 다양한 역할이 있음을 뜻한다. 바울은 골로새 사람들에게 말한다.

> 우리가 그를 전파하여 각 사람을 권하고 모든 지혜로 각 사람을 가르침은 각 사람을 그리스도 안에서 완전한 자로 세우려 함이니 이를 위하여 나도 내 속에서 능력으로 역사하시는 이의 역사를 따라 힘을 다하여 수고하노라(골 1:28-29).

"우리가 그를 전파하여," 언제나 그리스도가 중심임을 주의하라. "각 사람을 그리스도 안에서 완전한 자로 세우려 함이니," 또한 그리스도가 목표이다. "내 속에서 능력으로 역사하시는 이의 역사를 따라," 그리스도가 힘을 주신다.

그러나 그리스도를 닮아가고자 그리스도를 통해서 그리스도를 설교하는 바울의 방법은 "선지자의 모자," "교사의 모자," 그리고 "현자의 모자"를 쓰는 것이다.[12] 때때로 바울은 선지자처럼 경고한다고 말한다. 다른 때는 신학자처럼 가르친다. 그러나 또한 현자처럼 실제적인 지혜도 가르친다.

---

12   이 내용에 대해서는 Z. Eswine, *Preaching to a Post-everything World* (Grand Rapids: Baker, 2008), 105-63을 보라.

목사는 경우에 따라 각각의 자세를 자연스럽게 여겨야 한다. 능력 있는 목사-설교자는 주일마다 그들의 설교에 이런 요소들을 조화롭게 사용한다. 보통 설교자는 다른 것보다 어떤 하나에 더 뛰어나다. 그러므로 우리는 그리스도를 설교하기 위해서 뛰어나지 못한 다른 수단들을 연구해야 한다.

다양함은 또한 귀를 기울이게 만든다. 청중들을 경청하게 하는 방법들에는 다음이 있다. 비율(적당한 속도를 유지하는), 속도(일관된 흐름을 가지는), 성량(전체 청중을 유념하는), 강조(포인트를 강조하는), 음높이(당신 자신의 것을 찾아), 음조의 변화(당신의 말하는 방법으로 당신이 무엇을 말하고자 하는지 나타내는), 그리고 멈춤(의도된 침묵으로 말하는 것). 이 모든 것들이 뛰어난 자질임은 명백하다.

그러나 나는 "멈춤"(pause)의 목적에 대해 생각하는 사람이 실제 거의 없음을 알고 있다. 멈춤은 우리의 목소리에 다양성을 허락한다. 이는 우리가 속도를 줄일 수 있도록 도와준다. 그것은 우리가 마치 사춘기를 거치지 않는 소리를 내도록 흥분의 영역으로 가지 않도록 한다. 멈춤은 우리가 자연스럽게 다음 포인트로 넘어가도록 해 준다. 그것은 또한 청중들이 무거운 주제에 대해서 생각하도록 한다.[13] 그러므로 메시지를 전하기 전에, 당신의 노트를 읽고 당신의 속도와 멈춤에 대해서 생각해두라.

덧붙여, 우리는 말씀을 신체언어와 열정을 가지고 전해야한다.

설교는 "불붙은 신학"이라고 묘사하는 로이드 존스 목사가 한번은 어떤 목사의 선지자 예레미야에 대한 설교를 들었다고 말했다. 그는 선지

---

13   Vines and Shaddix, *Power in the Pulpit*, 321–22.

자의 뼈 안에 있는 불에 대해서 이야기하고 있었다. 그러나 로이드 존스는 이에 대해 다음과 같이 말했다.

"그 사람은 자신이 빙산에 앉아 있는 듯이 불에 대해서 말하고 있었다."[14]

형제여, 우리는 결코 열정 없이 설교할 수는 없다. "지루한 설교자"는 "자기모순"[15]이라고 말한 로이드 존스에 나는 동감한다.

흥미롭게도, 유명한 뉴스 해설가인 빌 오레일리(Bill O'Reilly)는 유행하는 연설과 인터뷰를 분석하기 위해 가끔 몸짓 언어의 전문가인 토냐 레이먼(Tonya Reiman)을 초대한다. 이 숙녀는 항상 나를 사로잡는다. 그녀는 연설자가 하는 주장의 신뢰성을 분석하기 위해서 연설자의 비언어적 특징에 대한 많은 뉘앙스를 짚어낸다.

다양한 설문조사들은 몸짓언어의 중요성에 대해서 다른 결과를 보여주지만, 누구나가 우리의 태도는 많은 부분 의사소통하고 있다는 것을 알고 있다. 이 이유 때문에 우리는 우리의 몸짓언어에 대한 특정한 표현들을 향상시키려 노력해야한다. 눈을 마주치는 것(Eye Contact)은 언제나 매우 중요하다. 당신이 원고를 봐야한다면, 그 원고를 가끔씩 흘끗 보는 식으로 사용할 수 있도록 노력해야 한다. 원고를 가지고 설교하는 것을 아무도 알지 못하도록 해야 한다는 것이다. 또한 당신의 몸짓에 대해서도 생각해보라.

당신의 손은 사람들에게 무엇을 말하고 있는가?

---

14 Lloyd-Jones, *Preaching and Preachers*, 88.
15 Ibid., 87.

열쇠를 흔드는 것과 불필요한 손짓을 피하라.

당신의 얼굴이 가지는 표현에 대해서 생각해보라. 어떤 연구조사에서 당신이 20,000개나 되는 얼굴 표현을 가지고 있다고 어림잡는다.[16] 내가 본 어떤 이들은 그들이 늘 화난 것처럼 설교한다. 나는 때때로 생각해 본다.

"늘 주먹을 꽉 쥐고 화난 표정으로 하나님의 사랑을 전해야만 하는가?"

자세 또한 점검을 꾸준히 해야 하는 것이다.

강단에 들어가고, 그 위에 서고 커뮤니케이션을 위해 강단 주위를 걸어 다니는 방법. 확신에 차 있지만 관대함을, 담대하지만 겸손함을, 진지하지만 무겁지 않음을 유지하라.

긴장 때문에 몸을 좌우로 흔들지 않도록 늘 주의 하라.

친구나 당신의 배우자로부터 당신이 방해되지 않고, 자연스러워서 눈에 드러나지 않는 그 자세를 유지하도록 도움을 받으라.

고려해야 하는 또 다른 자질은 사용하는 언어의 타입이다.

철학적이고, 정형적이고, 부자연스러운 언어를 배제하라.

당신이 보통 다른 사람에게 말하는 것 같은 대화체로 말하라.

설교문을 보고문 형식이 아닌 구어체로 준비하라. 앞서 말한 아이디어들을 마음에 두라.

그러나 자신다워야 함을 잊지 말라.

그리고 당신은 사람들에게 설교하고 있음을 기억하라.

---

16   L. Reid, *Speaking Well* (New York: McGraw-Hill, 1977), 243.

물론 대화체라는 것이 파토스(pathos)없이 말하는 것을 의미하지 않는다. 심지어 일대일 대화에서도 당신은 강조점, 열정, 그리고 다양성을 가지고 말한다. 당신은 일대일 대화 또는 큰 집단과의 대화에서도 누군가를 잠재울 수 있다!

설교할 때 다른 종류의 사람으로 변형되지 말라.

성도를 사랑하는 목사로서 분명하게 그리고 어울리게 말하라.

우리가 효과적으로 말하기 위해 고려해야 할 마지막 내용은 유머이다.

추측컨대, 복음주의 설교자들은 여기까지 내가 이야기한 대부분에 동의한다. 그러나 설교에서 유머의 위치에 대해서는 다른 관점들이 있다. 나는 양측의 영웅들을 알고 있다. 한 쪽에 있는 조나단 에드워즈는 유머를 완전히 삼갔다. 그는 말한다.

"마음을 정했으니, 주의 날에 웃음과 장난기 있는 것은 어떤 것도 말하지 않으리라."[17]

반면에 스펄전은 유머를 사용함에 대하여 그를 비판하는 한 여성에게 다음과 같이 말했다고 한다.

"만약 당신이 내가 얼마만큼 자제하고 있는지를 안다면 당신은 나를 비난하지 못할 것입니다."

분명 설교에는 유머를 위한 자리가 있다. 예수님은 유머를 사용하셨다. 엘톤 트루블러드(Elton Trueblood)는 예수님의 유머(The Humor of Christ)에서 이점을 지적한다. 그러나 예수님이 사용하신 유머의 형태는

17　J. Edward, *Resolutions*, ed. by Stephen J. Nichols (Philipsburg: P&R Publishing, 2001), 21-22.

말장난이나 농담이 아니다. 그는 포인트를 지적하기 위해 아이러니와 풍자를 사용했다.

"하루살이는 걸러 내고 낙타는 삼키는" 인도자들(마 23:24)에 대한 예수님의 표현은 재미있고 날카롭다. 그는 위선을 설명하기 위해서 "그 눈 속에 들보"를 가진 사람에 대해서도 이야기했다. 예수님의 유머에 대해서 존 스토트는 말한다.

"유머는 위대한 선생의 병기고에 있는 무기들 중 하나라는 점에 일반적으로 동감하는 것 같다."[18]

유머에 대한 잘못된 생각은 그것이 농담 또는 누군가를 웃게 만들려는 어떤 것만을 포함한다는 것이다. 그러나 농담은 유머의 많은 다른 형식 중 하나이다. 사실 모든 유머가 당신을 웃게 만들지는 않는다. 유머의 타입은 일화, 격언, 풍자, 과장, 반어법, 경구, 예화, 우화, 풍자, 성화된 상상력, 줄잡아 말함, 은유, 점강법, 교훈적 이야기, 다르게 말함, 말 바꾸기, 혹은 두음전환 등이 있다.

충실한 설교자가 피해야할 유머의 타입은 "내가 말하는 것은 매우 중요한 것은 아니다"라고 들려지는 유머이다. 이렇게 다가감은 너무나 가볍고 경박스럽다. 그것은 의미 없는 유머이다. 여기에는 설교본문과 아무런 연관성 없는 도입 유머가 포함된다. 관련성 없는 농담으로 유머를 잘못 사용하지 말라.

그런 것은 버리라.

스펄전은 다음과 같이 말한다.

---

18 J. Stott, *Between Two Worlds*, 287.

> 기분 좋음은 경박함과는 다른 것이다. 대화의 진지한 행복감으
> 로 침울함의 어두운 바위들과 경박함의 위험들 사이를 조종해가
> 는 그는 지혜로운 사람이다.[19]

달리 표현한다면, 유머가 기분 좋은 마음에서 자연스럽게 나오도록 하라.

만약 당신이 재미있는 사람이 아니라면, 그렇게 되려고 노력하지 말라. 당신의 개성을 유지하라.

소통하며 교훈을 줄 수 있는 유머의 타입은 "지적인 유머"이다. 지적인 유머란 반어법, 위트, 풍자, 비유, 혹은 과장을 뜻한다고 생각한다. 이것은 루터가 "좋은 유머"를 말할 때 그의 마음속에 있던 것들이라고 나는 생각한다. 나는 그 종교개혁자가 설교하기 전에 유머 책을 읽을 거라고는 생각하지 않는다. 그는 메시지와 연계시키려고 단지 그의 개성을 사용했다.

유머는 포인트를 가슴에 사무치게 하는 훌륭한 도구이다. 당신이 청중의 주의를 집중시키고 있다면, 진리를 그들에게 찔러 넣어라. 유머는 또한 긴장한 사람들을 무장 해제시킨다. 답답한 회의에서 유머의 유용함을 나는 안다. 유머는 또한 벽을 무너뜨리기도 한다. 그것은 또한 상업적으로도 쓰인다. 나는 유머를 효과적으로 사용하는 사람들은 주의를 집중시키며, 또한 적합한 포인트에 그것을 사용할 줄 안다고 생각한다. 다른 장소에서는 다른 형식을 사용하라. 그러면 주의를 집중시키고, 포인

---

19   C. Spurgeon, *Lectures to My Students*, 151.

트를 지적하는 데 도움이 될 것이다.

3) 커뮤니케이션 도구들

구두로 하는 커뮤니케이션과 함께, 우리가 성도들에게 메시지를 전하는 데 도움을 줄 수 있는 다른 요소들이 있다. 당신은 비언어적 요소들(non-verbal elements)에 대한 자신의 생각을 발전시켜야 할 것이다. 다음에 나오는 커뮤니케이션 아이디어들은 나 스스로가 이들 중 일부를 사용하도록 노력해 왔던 것인데, 당신도 여기에 대해서 생각해 볼 수 있는 질문으로 제시하고 싶다. 핵심은 당신의 정황, 성격, 그리고 다음에 나오는 아이디어들의 정당성에 대해 고려해 보는 것이다.

교회에서 당신의 미적 감각이 당신의 메시지에 도움을 주는가 아니면 방해가 되는가?

요즈음 우리는 강단을 둘 것인지 말 것인지에 대한 많은 논쟁을 한다.

만일 교회에 강단이 없다면 이는 무슨 의미를 전달하게 되는 것일까?

당신 교회의 회중과 상황에는 무엇이 적합한가?

선교지나 다른 대체공간에서와 같이 강단 없이 당신이 설교해야하는 때가 당연히 있다.

매주 자신의 교회에서도 그렇게 해야 하는가?

나는 강단(적어도 요새는 아닌)이 있는 것을 좋아하지만, 강단을 가지지 않는 사람들이 성경의 권위를 조금 덜 믿는다고 생각하지는 않는다. 많은 설교자가 강단을 가지지만, 말씀을 강해하지는 않기 때문이다. 다른 이들은 강단은 없지만 하나님의 말씀을 책임 있게 다룬다. 나는 설교자들이 중요한 한 가지를 실행하도록 격려한다. 하나님의 말씀이 보이도록 하라. 강단이 없이 설교할 때, 나는 내 손에 성경책을 놓아두는 것을 좋아한다. 사람들이 당신의 메시지가 어디서 오는지를 알도록 하라.

당신의 설교 무대에 대해서도 관련된 질문을 해야 한다.

당신의 설교 무대는 무슨 의미를 전달하는가?

당신이 주제에 맞는 무대 조성을 하면 메시지를 더 잘 전할 수 있는가?

당신이 전하고 있는 진리를 강조할 수 있는 예술적인 사람들이 당신 교회에 있는가?

그것이 뛰어나다면 이러한 요소들과 통합하는 것은 상당한 장점이 있다고 생각한다.

어떤 무대 조성은 너무 과하다. 만약 당신이 그것을 잘 할 수 없다면, 하지 않는 것이 좋다.

또 다른 고려해야 할 질문은 멀티미디어의 사용이다.

당신이 사용하는 파워포인트는 메시지에 도움이 되는가 아니면 방해가 되는가?

어떤 연구는 너무 많은 노트들이 메시지를 기억하는 것을 방해한다고 말한다. 멀티미디어는 그림, 챠트, 또는 다른 이미지들을 위해서는 좋다고 생각한다. 스크린 위에 있는 너무 많은 노트들은 사람들을 방해하고 메시지를 왜곡한다. 어떤 사람들은 그런 도구들의 사용이 설교를 교실에서의 수업처럼 느끼게 만든다고 주장하면서 다른 목적을 위해 그것을 사용하는 편이 낫다고 말한다. 당신은 이 문제를 가지고 고민해야 할 것이다. 물론 그것이 필수적인 것은 아니다. 나는 바울이 아레오바고(Mars Hill) 언덕에서 파워포인트를 사용했다고는 생각지 않는다! 그러나 그는 그곳의 사물을 가지고 주목을 끌었다!

내가 생각하기에 양보할 수 없는 커뮤니케이션 도구 하나는 음성을 통한 강조이다.

당신은 좋은 음성을 지니고 있는가?

만약 내가 교회를 짓는다면, 나는 아마 다른 많은 지출 이전에 좋은 시스템에 투자할 것이다. 당신의 성도들이 들을 수 있도록 하고, 당신은 자신의 목소리의 조화를 잃지 않도록 하라. 우리가 목소리를 가지고 있지 않다면 우리는 할 일도 없다!

교회 청중에게 폭탄을 던지기 위해서는 옷차림의 철학을 길러야 한다. 현대 교회에서 옷차림의 범위에 대해 생각해 보는 것은 매우 즐거운 것이다.

당신이 설교할 때 무엇을 입을 것인가?

사제복? 가운? 꽃무늬 셔츠? 양복? 골프 셔츠? 드레스 셔츠? 슬리퍼에 청바지?

이것은 쉬운 답이 아니다. 내 말은, 이사야는 벗은 몸으로 설교했다는 것이다!(참고 사 20:1-4)[20] 그것은 내가 허락하지 않는 한 방식이다. 그렇게 하면 실제로 감옥에 가게 될 것이다.

목회에서의 지혜와 분별은 이 문제에서 매우 중요하다. 당신의 옷차림이 커뮤니케이션을 한다. 그러므로 그것이 무관한 것이 아니다. 그러나 그것의 상당부분은 개성이고, 문화이고 선호도이다. 나의 아내가 허락

---

[20] 이 구문에서 "벗은"으로 번역된 용어는 아무것도 입지 않은 것이 아니라, 거의 옷을 입지 않음을 나타낼 수도 있다. 참고 G. W. Smith, *Isaiah 1-39* (New American Commentary 15A; Nashville: B&H Academic, 2007), 366, n. 240.

한다면 나는 매주 검정색을 입을 것이다. 나는 결코 바다색 그린이나 레몬색의 노랑이나 핑크는 입지 않을 것이다. 사실 안 입는다. 그러나 색깔은 사람들이 보통 고집하는 부분이 아니다. 옷의 형태를 고집한다. 그러므로 당신은 그것에 대해서 생각해봐야한다. 당신이 젊고 세련되고 멋진 사람이기 때문에, 새로운 교회에 갈 때 이 문제를 제시하려는 것이 아니다. 상황에 맞게 그리고 삼가서 해야 한다.

당신의 상황에서 무엇이 적절한가?
무엇이 메시지를 흩트리지 않는가?
그것은 단정하고 적당한가?

이것들이 당신이 생각해야할 질문들이다. 그리스도 안에서 당신의 자유는 남용되어서는 안 된다는 것을 기억하라. 복음의 길에 걸려 넘어질 돌을 두지 마라.

2. 설교와 설득

우리가 사람을 변화시키려 설득한다는 점에서 설교는 강의와 다르다. 강의는 때로 정보를 전달하기만 하는 것이다. 모든 설교는 목표를 가져야 한다. 본문은 반응을 요구한다. 이러한 반응들은 다를 수 있지만, 거기에는 항상 그리스도 중심의 반응은 있어야 한다.

그렇다면 당신은 어떻게 청중들을 설득하는가?

우리는 늘 우리가 말하고 있는 진리를 아는 것에서 시작해야만 한다. 우리는 성경에 근거하지 않는 어떤 것을 하도록 누군가를 설득해서는 안

된다. 바리새인들은 성경외의 다른 규칙들을 더하고 사람들에게 불필요한 짐을 지운다고 알려져 있다. 우리는 바리새인이 아니다. 우리는 진리를 말하는 사람들이다. 그러므로 우리가 사람들에게 진리, 오직 진리 위에서 행하도록 사람들에게 호소하는 것은 하나님의 명령이다. 하나님 우리를 도우소서!

나아가, 우리는 완전한 진리를 사람들에게 주어야만 한다. 죄의 문제가 빠진 복음은 전혀 복음이 아니다. 우리는 그리스도를 훌륭한 해결자로 소개하며 문제 속에 진리를 가져가야 한다. 성경적 신실함은 우리로 전체 이야기를 해 줄 것을 요구한다. 교묘히 속이는 것은 우리가 전체 이야기를 주지 않을 때 생긴다. 우리는 이것을 항상 피해야만 한다.

아리스토텔레스는 설득력 있는 메시지를 분석하는 유용한 방법을 제공했다. 그는 세 가지 필수적인 것들을 로고스(logos), 파토스(pathos), 그리고 에토스(ethos)라고 하였다. 로고스는 논리와 성경에 포함되어 있는 설교의 내용들을 말한다. 파토스는 말하는 사람이 청중과 관련되어 있는 설교에서의 열정 또는 감정을 말한다. 효과적인 설교자는 강렬함을 드러내고 중요한 것을 전달한다. 에토스는 말하는 사람의 신뢰도와 인격을 뜻한다. 설교자는 그의 삶과 그의 메시지로 설득하여야 한다.

뛰어난 설교자들은 이 세 가지 전통적인 요소들의 각각을 잘 사용한다. 사실 바울은 그들에게(비록 그들을 정확하게 말하고 있지는 않지만) 이렇게 말하며 지시했다.

> 하나님의 사랑하심을 받은 형제들아 너희를 택하심을 아노라 이는 우리 복음이 너희에게 말로만 이른 것이 아니라 또한 능력

과 성령과 큰 확신으로 된 것임이라 우리가 너희 가운데서 너희를 위하여 어떤 사람이 된 것은 너희가 아는 바와 같으니라(살전 1:4-5, 저자 강조).

로고스의 모습은 "복음"과 "말"로 나타남을 주의해서 보라. 파토스는 "능력과 성령의 큰 확신" 구문에 암시되어 있다. 에토스는 바울이 그의 증명된 인격을 표현하는 마지막 문장에 나타난다.

1) 로고스

분명 로고스는 우리 사명의 중심이다. 우리는 하나님의 말씀 그리고 말씀으로 오신 예수님을 선포해야만 한다. 우리는 매우 분명해야 한다. 성경적으로 충실한 메시지를 이해한 후에, 당신은 그것을 논리적으로 구성하도록 노력하라.

각 부분들이 어떻게 관련이 되는지 생각하라.

사람들이 각 부분과 반응을 위한 부르심과의 관계를 볼 수 있도록 이끌어라.

하나님께서는 서투르게 준비된 재료를 통해서도 일하실 수 있고, 또한 그렇게 일도 하신다. 그러나 청중에게 어떻게 설교가 그들의 삶에 논리적으로 또한 합리적으로 영향을 주도록 준비되었는지를 보여주어야 하는 것이 우리의 책임임을 받아들여야 한다.

설교를 마음으로 또는 음성으로 시연해 보는 것은 당신이 설교의 흐름을 생각하는 데 도움을 줄 것이다. 또한 그것은 당신이 노트 없이 또는 거의 노트를 보지 않고 설교할 수 있도록 도울 것이다. 이 과정에서 효과적인 전환문구 역시 중요하다.

당신이 절정을 향해 가는 동안 청중들이 당신을 따르도록 하라.

마치면서는 핵심 내용에 대해 질문을 하는 것을 고려해 보라.

로고스에 대한 마지막 말은 우리는 항상 우리의 주제를 믿어야만 한다는 것이다. 당신이 말해야 하는 것이 있기 때문에 설교하라. 당신이 말해야만 하기 때문이어서는 안 된다.

설교 전 당신의 메시지가 지극히 중요하다고 생각될 때까지, 당신의 노트에 전념하라.

2) 파토스

나는 이 책 전반에서 파토스를 언급해 왔다. 당신의 청중들은 그 주제를 들을 뿐만 아니라, 그들은 또한 당신이 어떻게 말하는지도 듣기 때문에 파토스 매우 중요하다.

당신은 당신이 말하고 있는 것을 정말 사랑하는가?

당신은 당신이 말하고 있는 것을 믿고 있는가?

당신은 당신의 설교를 듣는 사람들에 대한 부담감이 있는가?

파토스는 목소리의 크기, 열렬함, 눈물, 진실함, 그리고 염려와 같이 다양한 방법으로 표현된다. 선지자들과 사도들은 다양한 파토스의 모습으로 설교했다. 확신과 감동 없이 설교하는 것은 당신의 메시지가 그렇게 중요하지 않다는 것을 말하는 것이다. 나는 하나님께서 매주 나에게 더 깊은 파토스를 허락하시기를 기도한다. 열정을 담아 설교하는 단순한 복음이 삶을 바꾼다.

하나님께서 바울에게 성령님의 능력과 충만한 확신으로 복음을 전하게 하신 것처럼, 하나님께서 당신에게 그렇게 하시기를 구하라.

당신은 주일날 불타오르는가?

당신의 청중들이 젖은 나무를 가지고 와서, 당신이 자신의 횃불을 가지고 그들의 나무에 불을 붙여 주기를 바라는 모습을 상상해 보라. 오직 성령님이 일으킨 열정만이 이것을 할 수 있다.

3) 에토스

바울은 말하기를 그의 청중들은 그가 그들 가운데서 어떻게 살았는지 안다고 했다. 다르게 말하면, 그의 삶은 그의 말과 일치했다. 설교자로서 신뢰를 유지해야 할 필요성은 아무리 강조해도 지나치지 않다. 최근에 나는 신학교 박사과정에서 공부하는 학생들에게 아리스토텔레스의 세 가지 중에 오늘날 설교에서 찾기 힘들고 가장 필요한 것이 무엇인지를 질문했다. 그들은 모두 "에토스"라고 답했다.

나도 동의한다. 설교자를 바라보고 있지만 그의 메시지에는 동의하지 않는 많은 젊은이들이 있는 것 같다. 그들은 전하는 사람을 싫어하거나 또는 그를 신뢰하지 않는다. 만약 당신이 바른 메시지를 전하면서 불한당같이 행동한다면, 당신은 스스로 당신의 설득력을 방해하고, 하나님의 이름을 모욕하는 것이다. 우리의 삶은 경건, 정직, 겸손, 사랑, 그리고 사람들을 향한 깊은 애정으로 나타나야 한다.

성경은 에토스를 말하는 구절들로 가득하다. 예를 들면, 바울은 끝없이 그가 살아가는 방식을 변호한다. 데살로니가 사람들에게 그는 이렇게 말하였다.

> 우리는 그리스도의 사도로써 마땅히 권위를 주장할 수 있으나 도리어 너희 가운데서 유순한 자가 되어 유모가 자기 자녀를 기름과 같이 하였으니 우리가 이같이 너희를 사모하여 하나님의 복음뿐 아니라 우리의 목숨까지도 너희에게 주기를 기뻐함은 너희가 우리의 사랑하는 자가 됨이라(살전 2:7-8, 저자 강조).

바울은 디모데에게 말하여다.

> 너는 진리의 말씀을 옳게 분별하며 부끄러울 것이 없는 일꾼으로 인정된 자로 자신을 하나님 앞에 드리기를 힘쓰라 (딤후 2:15, 저자 강조).

바울은 디도에게 말한다.

> 범사에 네 자신이 선한 일의 본을 보이며 교훈에 부패하지 아니함과 단정함과(딛 2:7, 저자 강조).

바울은 고린도 사람들에게 말한다.

> 우리가 이 직분에 비방을 받지 않게 하려고 무엇에든지 아무에게

> 도 거리끼지 않게 하고 오직 모든 일에 하나님의 일꾼으로 자천하여 많이 견디는 것과 환난과 궁핍과 고난과(고후 6:3-4, 저자 강조).

우리 또한 우리의 삶으로 복음을 전해야 한다.

그러므로 경건, 성도를 향한 큰 애정, 그리고 마음 깊은 곳에서 나오는 겸손을 경작하라.

해돈 로빈슨(Haddon Robinson)은 여기에 대해서 바르게 말했다. "청중은 설교를 듣지 않는다. 그들은 그 사람을 듣는다. 그들은 당신을 듣고 있다."[21]

우리에게 숨을 곳이란 없다. 이는 고통스런 현실이다. 사람들이 엄청난 에토스를 가진 사람을 들을 수 있도록 하나님께 은혜를 구하라.

당신의 영적인 생활과 더불어 당신의 몸과 다른 요소들에 대해서도 생각해 보라.

그렇다.

나는 당신의 신체적인 몸을 말한다. 한 신학생을 그가 비만이라는 이유로 꾸짖는 교수에 대해서 들은 적이 있다. 교수는 그 학생에게 말하기를 그가 50파운드를 빼기 전에는 아무도 그를 듣지 않을 거라고 했다! 나는 많은 훌륭한 설교자들이 비만이라는 것과 우리 몸의 상당부분은 열성 유전자에 기인한다는 것을 알고 있다. 하지만 그렇다고 그것이 청중들에게는 보이지 않을 리가 없다. 나는 이 문제에 대해서 가혹하거나 또는 그것의 중요성을 지나치게 강조하고 싶지는 않다. 그러나 나는 당신이

21　Robinson, *Biblical Preaching*, 25-26.

당신 생활 전반에 대해 생각하기를 권하고 싶다.

당신이 말하지 않을 때, 당신은 무엇을 말하고 있는가?

더 많은 사역자들이 그들의 설교 내용 때문이 아니라 그들의 생활 방식과 관계성 때문에 회중으로부터 떠나게 된다는 것이 현실이다.

호감이 가도록, 투명하도록, 신뢰가 가도록, 그리고 진실하도록 하라.

당신이 성도들과 골프를 칠 때, 당신의 기질을 조심하라.

교회 리그 소프트볼 게임에서 심판과 싸우지 말라.

비판에 아량을 가지고 반응하라. 그리고 욕하지 말라!

모든 일에서 성령님의 능력으로 그리스도를 나타내라.

당신이 설교하는 은혜를 삶으로 실현해 내라.

3. 요약

모든 설교자는 자신의 개성을 따라 다르게 설교하지만, 피해야 할 스타일에 관한 특징들과 추구해야할 특성이 있다.

말이 많음, 지루함, 리듬과 속도의 부재, 그리고 얼버무리기는 피하라.

적당한 성량, 다양성, 상황화, 단순함, 명확함, 담대함, 열정, 그리고 몸짓언어, 유머(적합하다면)를 추구하라.

유용한 다른 커뮤니케이션 도구들도 고려해 보라.

설득에 관해서는 로고스, 파토스, 그리고 에토스의 균형을 잡는 노력을 하여 청중들이 메시지에 긍정적으로 반응하도록 하라.

◆ 디모데전후서 연구

1) 바울은 디모데후서 4:1에서 "말씀을 전하는" 그의 책임을 어떻게 시작하는가?
   이것은 설교에 관해 무엇을 말하는가?

2) 디모데전후서에서 볼 때, 바울은 디모데가 말씀을 전하는 것에 왜 그렇게 열정적인가?

3) 디모데후서 4:1-2을 볼 때, 우리는 어떻게 말씀을 전해야 하는가?

4) 디모데전후서에서 디모데가 가장 힘들어하는 면은 에토스, 파토스, 또는 로고스 가운데 무엇이라고 당신은 생각하는가?
   이 세 가지 중에서 어떤 것이 복음주의 강단에서 찾아볼 수 없는가?
   이 세 가지 중에서 당신이 가장 향상시켜야 할 것은 무엇인가?

14장
설교와 상황화

> 때가 이르리니 사람이 바른 교훈을 받지 아니하며 귀가 가려워서 자기의 사욕을 따를 스승을 많이 두고 또 그 귀를 진리에서 돌이켜 허탄한 이야기를 따르리라. 그러나 너는 모든 일에 신중하며 고난을 받으며 전도자의 일을 하며 네 직무를 다하라.
>
> — 딤후 4:3-5

> 우리가 하는 많은 기도는 하나님께서 강해 복음전도자의 세대를 일으켜주시는 것이다. 성경적 강해를 선교적 입장에서 이해하는 설교자들, 죄인들을 향한 넘치는 사랑으로 가득 찬 설교자들, 문화와 교류하는 것을 생각하면서도 성경 강해를 절대 놓지 않는 설교자들, 주위에 있는 교회 밖 사람들을 무시하는 성경강해를 더 이상하지 않는 설교자들을 일으켜 주시기를 바란다.[1]
>
> — 잭 에스와인(Zack Eswine)

---

1 Z. Eswine, *Preaching to a Post-everything World* (Grand Rapids: Baker, 2008), 11-12.

나는 이번 장의 도전을 경험하는 것이 꼭 필요한 것으로 여긴다. 말하자면, 다른 상황과 배경에서 성경을 설교하는 것이 꼭 필요한 것으로 생각한다. 나는 3개월 동안 14개의 다른 주에서 이 책을 써 오고 있다! 나는 여름 내내 각양각색의 배경에서 설교하고 있다. 이번 주 나는 노스캐롤라이나 리지크레스트(Ridgecrest)에서 한 주간 동안 이루어지는 대학교 행사에서 설교하고 있다. 목요일 밤에는 샬롯(Charlott)의 MercyMe 음악행사에 이어지는 놀이공원에서 열리는 야외행사에서 설교할 것이다. 일요일 아침 9시에는 주로 연로한 분들로 구성된 우리 교회의 한 캠퍼스에서 설교할 것이다.

그리고 10시 30분에 도시를 가로질러 젊은 가족들로 구성된 새로운 시설의 다른 캠퍼스에서 설교할 것이다. 이번 주에 이어 뉴멕시코에서 두 주 동안 청소년 행사가 이어진다. 여름행사는 신학교 학기 동안 해 왔던 설교 시리즈로 진행했다. 몇 달 내에 나는 우크라이나에서 두 주 동안 가르칠 것이고, 바라기는 두 아이를 입양할 것이다. 말할 필요도 없이 나는 여행으로 지쳐있다.

그러나 그보다 독특한 배경을 가진 사람들에게 복음을 쉽게 설명해내는 일에 더욱 지쳐있다. 이는 설교자로서 우리가 지닌 도전이다.

어떻게 우리가 누군가를 얻기 위해서 "모든 사람에게 모든 것"이 될 수 있을까?

1. 논쟁과 상황화

성경적 설교자로써 우리가 직면하는 긴장은 논쟁과 상황화 사이에 있는 것이다. 한편으로 우리는 진리를 거스르는 문화 안에서 신앙을 위해 싸워야 하는 부담에 직면한다. 반면에 우리는 급증하는 성경을 모르는 다양한 문화를 가진 사회에 성경을 전해야 하는 부담도 마주한다. 충실한 설교자는 이 도전을 알고, 현대 청중들에게 설득력 있고 이해할 수 있는 태도로 진리를 보여주는 균형을 맞추기에 깊이 고민한다.

1) 논쟁(Contending)

설교자는 변호자이다(다른 것들 중에). 그들은 그 시대의 질문을 분별하고 그 문제가 품고 있는 성경의 진리를 가져온다. 유다는 이렇게 기록한다.

> 사랑하는 자들아 우리가 일반으로 받은 구원에 관하여 내가 너희에게 편지하려는 생각이 간절하던 차에 성도에게 단번에 주신 믿음의 도를 위하여 힘써 싸우라는 편지로 너희를 권하여야 할 필요를 느꼈노니 이는 가만히 들어온 사람 몇이 있음이라 그들은 옛적부터 이 판결을 받기로 미리 기록된 자니 경건하지 아니하여 우리 하나님의 은혜를 도리어 방탕한 것으로 바꾸고 홀로 하나이신 주재 곧 우리 주 예수 그리스도를 부인하는 자니라 (유 1:3-4).

유다는 그의 청중들에게 논쟁이 필요하다고 말했다. 우리는 답하지 못한 질문을 남겨둘 수 없다. 우리는 선지자의 소리를 내지 않고 문화적 신화들이 이 시대 문화에 침투하게 둘 수는 없다.

비판에 대응하기 위해서는 우리가 자신의 믿음을 소유해야하는 것은 마땅하다. 당신의 것이 아닌 것을 위해 당신은 싸우지 않는다. 노트르담(Notre Dame)에 관해 무언가를 말하는 것과 켄터키 와일드 캣을 비방하는 것은 다른 것이다! 왜냐하면 이것이 나의 팀이고, 나는 그들을 변호해야 한다.

마찬가지로 복음이 왜곡되고, 희석되고, 부정될 때, 그것이 우리를 힘들게 해야 한다. 복음은 진리이고, 이는 사람을 변화시키기 때문에, 우리 세대는 복음에 대한 합당한 증거를 제공하는 법을 배워야 한다. 우리의 믿음은 그것을 위해 싸워야 할 만큼 가치가 있다.

많은 사람들은 이 변증의 책임으로부터 회피한다. 그것은 담대함이 필요하고, 결과적으로 신체적인 고통 또는 죽음까지 가져올 수 있기 때문이다. 강단은 소심함을 위한 곳이 아니다. 우리의 논의는 온유함으로 해야 하지만(벧전 3:15-16), 그럼에도 불구하고 우리는 우리에게 있는 소망의 근거를 담대하게 보여 주어야만 한다(벧전 3:15).

그러므로 목사는 연구해야만 한다. 그는 교회에서 수석 신학자이며 그 지역사회에서(만약 첫째가 아니라면) 리더가 되는 사람들 중의 하나이다. 만약 누군가 서로 진리라고 주장하는 싸움에 답을 해야 한다면, 이는 바로 우리일 것이다.

"논쟁"이라는 말은 이때에 알맞은 용어이다. 그 말은 "고통스러운"것을 뜻한다. 진리를 변호하기 위해서는 고통이 필요하다. 그 용어는 운동

경기에서 사용되었다. 당신을 운동선수로 생각해보라. 당신은 훈련하고, 땀을 흘리고, 고생하고 당신의 눈을 받게 될 상에 고정한다. 희생 없이 설교할 수 있다고 절대로 생각하지 마라. 진리를 설교하는 고통을 역사는 증언하고 있다.

우리가 싸워야 한다고 유다가 말한 이유는 경건치 않은 사람들이 "하나님의 은혜를 도리어 방탕한 것으로 바꾸고"(유 1:4) 있기 때문이다. 바울은 에베소의 장로들에게 "제자들을 끌어 자기를 따르게 하려고 어그러진 말을 하는"(행 20:30) 이리들을 주의하라고 말했다. 좋은 목자는 늑대를 쫓아버린다. 그는 늑대들이 그의 사랑하는 양떼를 해치도록 허락지 않는다. 바울은 후에 디모데에게, 겸손함으로 진리를 변호하고, 선포하도록 촉구하면서, 에베소에 있는 거짓 선지자들에 대해 경고했다. 그는 다음과 같이 말한다.

> 주의 종은 마땅히 다투지 아니하고 모든 사람에 대하여 온유하며 가르치기를 잘하며 참으며 거역하는 자를 온유함으로 훈계할지니 혹 하나님이 그들에게 회개함을 주사 진리를 알게 하실까 하며 그들로 깨어 마귀의 올무에서 벗어나 하나님께 사로잡힌바 되어 그 뜻을 따르게 하실까 함이라(딤후 2:24-26).

우리는 진리를 위해 싸웠던 이런 고난 받는 목자들의 긴 행렬을 따르고 있다.

물론 변호사의 역할을 한다는 것이 모든 설교마다 특정 이단과 철학에 대해 대응해야 함을 뜻하는 것은 아니다. 그것은 단지 당신이 이 시대의 이단과 종교와 신화를 알아야 한다는 것을 뜻한다. 성경을 설명해가면서 당신은 이러한 문제들을 적용에서 자연스럽게 말할 수 있다. 우리가 대응해야 할 현대 사회 안에 있는 몇 가지 문제들을 여기에 소개한다.

- 새로운 무신론(The New Atheism): 다니엘 데넷(Daniel Dennett), 리차드 도킨스(Richard Dawkins), 샘 해리스(Sam Harris)는 사람들이 쓴 인기 있는 책에서 조장되어진 것
- 열린 일신론(Open Theism): 그레그 보이드(Greg Boyd), 클락 피녹(Clark Pinnock)과 다른 사람들에 의해 개진된 것으로, 하나님께서 미래에 대한 완전한 지혜를 가진 것을 부정함
- 포괄주의(Inclusivism): 구원을 위한 그리스도에 대한 분명한 믿음의 고백을 부정함
- 종교적 다원주의(Religious Pluralism): 하나님께 가는 많은 길이 있다는 생각
- 성경 회의주의(Biblical Skepticism): 성경이 영감된 것도, 타당한 것도, 다른 종교 서적과 다른 것도 아니라는 견해
- 도덕적 상대주의(Moral Relativism): 명백히 옳고 그른 행동은 없다는 신화
- 관용주의(Tolerance): 실제 기독교 신앙에 대해서는 실제로 관용하지 않게 됨
- 윤리 문제들: 동성혼인, 유전자 복제, 유산 등
- 세계 종교들(World Religions): 특별히 몰몬교와 이슬람의 증가
- 인기 있는 서적들: 『다빈치 코드』(Da Vinci Code) 등

- 복음에 반대되는 인기 있는 철학들: 텔레비전에 보여지고, 오프라 같은 사람들에 의해 지지받는 사람들
- 번영신학: 복음이 아님

다행스럽게도 우리에게는 이러한 주장에 학문적으로 대응하는 잘 준비된 많은 수의 기독교인 변론가들이 있다. 그러나 우리 성도 대부분은 이러한 존경할만한 사람들의 글을 읽지 않는다. 목사로서 우리는 그들의 자료를 활용해서 오늘날의 잘못된 생각들에 적합한 답을 주어야 한다. 또한 우리는 위조지폐를 알아내는 가장 좋은 방법은 진짜 돈이 어떻게 생겼는지 아는 것이라는 사실을 기억해야만 한다. 우리가 복음, 삼위일체, 하나님의 일하심을 더 많이 알면 알수록, 성경적 기독교인에 대한 적대적인 문화 속에서 우리는 믿음을 위해 열심히 싸울 수 있도록 더 잘 준비될 것이다.

그러므로 메시지 상황화의 첫 단계는 진리를 붙드는 것으로 시작한다. 왜냐하면 모든 문화와 상황은 복음이 필요하기 때문이다. 복음은 문화를 넘어선다.

2) 상황화

메시지를 상황화하기 위해서 목사는 자신을 변호자만이 아니라 선교사로 보아야 한다. 선교사는 언어, 복장, 그리고 생활 방식이 복음을 가로막는 장애물이 되게 해서는 안 된다. 그들은 그리스도 안에서 그들의 자유를 남용하지 않는다. 그 대신 그들은 그가 돌보는 사람들의 방식에

민감하다. 바울은 이것을 다음과 같이 설명했다.

> 내가 모든 사람에게서 자유로우나 스스로 모든 사람에게 종이 된 것은 더 많은 사람을 얻고자 함이라 유대인들에게 내가 유대인과 같이 된 것은 유대인들을 얻고자 함이요 율법 아래에 있는 자들에게는 내가 율법 아래에 있지 아니하나 율법 아래에 있는 자 같이 된 것은 율법 아래에 있는 자들을 얻고자 함이요 율법 없는 자에게는 내가 하나님께는 율법 없는 자가 아니요 도리어 그리스도의 율법 아래에 있는 자이나 율법 없는 자와 같이 된 것은 율법 없는 자들을 얻고자 함이요 약한 자들에게 내가 약한 자가 된 것은 약한 자들을 얻고자 함이요 내가 여러 사람에게 여러 모습이 된 것은 아무쪼록 몇 사람이라도 구원하고자 함이라 내가 복음을 위하여 모든 것을 행함은 복음에 참여하고자 함이라 (고전 9:19-23).

바울은 복음을 너무 사랑했다. 그래서 그는 기꺼이 새로운 정황에 적응하려 했고 그들의 관심을 그리스도께 돌리려 했다. 목사로서 우리는 같은 책임을 가지고 있다.

요즈음 기독교 신앙에서 가장 뜨거운 단어는 "선교적"(missional)이라는 단어이다. 나는 이것을 강조하는 것을 좋아한다. 나의 친구 에드 스테처(Ed Stetzer)는 그 용어를 "선교사의 자세를 따라, 성경적으로 바람직한 범위 안에서 당신 주변의 문화를 배우고 적응하는 것"을² 뜻한다고 말한다. 그는 "성육신"적인 것이 선교적이라는 말이 무엇을 뜻하는지 묘사한다고 말한다. 그는 다음과 같이 말한다.

"그리스도가 우리 가운데 오셔서 사신 것처럼, 우리는 우리 주변에 있는 사람들과 함께 산다."³

예수님은 요한복음 17장에 나오는 그의 기도에서 이 바람을 표현하셨다. 그는 제자들을 이 세상에서 데려 가시기를 원하지 않으셨다. 오히려 그가 세상에 보냄 받으신 것처럼 진리로 거룩하게 하셔서 세상으로 보내셨다(요 17:15-18). 사실 하나님께서 선교적이셨다는 것은 적절한 이해이다. 성부가 성자를 보내셨고, 성자는 성령을 보내셨고, 성령은 우리를 보내신다. 우리가 죄를 삼가고 오직 죄인들에게 복음을 들고 간다면, 우리는 하나님을 본받는 자가 되는 것이다.

스테처와 같은 선교학자들은 미국이 선교지라는 것을 우리에게 상기시킨다. 우리는 선교사들이 외국 사람들을 바라보는 방식으로 우리나라 사람들을 바라보아야 한다. 이 현실은 도시화의 증가, 인종의 다원화, 그리고 진정한 기독교인의 감소에 기인한다. 이러한 정황은 우리가 선교적 설교자로서 복음을 상황화할 것을 요구한다. 연구자들은 약 40년 안에 백인은 더 이상 다수그룹이 아닐 것이라고 이야기한다. 나는 개인적으로 이 내용이 걱정스럽지는 않다. 하지만 이것은 지금 우리가 히스패닉과 아시아 친구들에게 다가가려는 것과 같은 도전들이 더 많아질 것이

---

2 E. Stetzer, *Planting Missional Churches* (Nashville: B&H, 2006), 19.
3 Ibid.

라는 점을 알고 있다. 모든 사람들은 복음을 다르게 듣는다. 따라서 바르게 의사소통하기 위해서 우리는 그들을 알아야 한다.

인종적 다양성에 더하여, 우리는 전체로서 문화를 이해해야 한다. 역사적으로 기독교인들은 문화에 여러 방식으로 대응해 왔다. 어떤 이들은 바리새인들처럼 문화로부터 완전히 자신들을 격리한다. 예수님은 그것이 빛을 들고 말 아래 감추어두는 것과 같다고 말씀하셨다(마 5:14).

다른 이들은 문화에 따른다(많은 자유주의 교단들). 우리가 해야 하는 것은 어둡고 썩어가는 사회에서 빛과 소금이 되는 것으로 그 문화와 함께 하는 것이다.

문화에 대해서 생각할 때 도움이 되는 방식은 거기에는 거절해야 하는 것들, 다시 새롭게 회복해야 하는 것들, 그리고 받아들여야 하는 것들이 있다는 것이다. 우리는 성경을 거스르는 것에 대해서는 거절해야 한다. 우리가 "모든 사람에게 모든 것이 되는 것"이 도덕적 한계가 없다고 생각하지 말아야 한다. 당신이 마약 거래자를 얻으려고 마약 거래자가 될 수 없다. 예수님과 같은 선교사는 죄로부터는 떨어져 있어야 하나, 죄인으로부터는 격리되지 않는다.

우리는 돈, 창조, 결혼, 성, 그리고 섹스와 같이 사회에서 잘못 사용되고 있는 것을 새롭게 회복해야 한다. 우리는 이 문제들에 성경적인 대답을 함으로 이러한 것들을 회복한다. 돈, 섹스, 결혼, 창조, 성의 차이들은 남용될 수 있는 중요한 선물들이다.

우리는 환경을 염려함과 가난한 사람을 생각하는 마음과 같은 원인들을 유익한 것으로 받아들여야 한다. 또한 우리는 음악, 기술, 그리고 언어의 사용도 받아들여야 한다. 이러한 것들은 또한 우리가 오늘날 필요에 맞게 성경의 진리를 가지고 올수 있게 하는 수단들이다.

상황화의 대표적인 예는 사복음서이다.

사복음서 각각은 예수님의 삶과 사역에 대한 설명을 한다. 그러나 네 저자는 다른 청중들에게 쓰고 있기 때문에, 그들은 여러 가지의 신학적 주제를 강조한다. 마태는 유대인 청중들에게 쓰고 있다. 그래서 그가 예수님의 족보를 따라갈 때, 그는 아브라함까지 거슬러 올라간다. 누가는 우선적으로 이방인에게 쓰고 있다. 그는 예수님의 족보를 아담까지 따라 올라간다.

요한은 헬라인들에게 쓰고 있다. 그는 예수님의 족보를 그의 선재하심(pre-existence)까지 따라간다. 마가는 로마에 있는 고통 받는 그리스도인들에게 쓰고 있다. 그는 예수님의 가족이 아니라, 예수님의 성취에 더 많이 집중하기 때문에 족보에 관심을 기울이지 않는다.[4] 마태는 예수님을 유대인들의 메시아와 왕으로 소개한다. 누가는 그를 인자로 설명한다. 요한은 육체 안에 계시는 하나님이심을 보여준다. 마가는 예수님을 고통 받는 종으로 제안한다. 네 가지 강조 모두 영광스러운 사실이고 정황적으로 훌륭하다.

예수님은 그의 성육신으로 직접 상황화의 모범을 보이신다. 그는 언어와 문화를 입으셨다. 그는 예화와 이해할 수 있는 가르침을 통해 신적 진리를 보여주셨다. 그는 평범한 사람처럼 보이지만 신적 권위로 말씀하셨다.

---

4 이런 상황적 문제들에 대해서 나는 마크 드리스코(Mark Driscoll)의 *The Radical Reformission*에 신세를 지고 있다.

어떻게 당신은 당신의 문화와 상황을 평가해야 하는가?

시애틀에 있는 목사인 마크 드리스콜(Mark Driscoll)은 이 과정에 있는 우리를 돕기 위해 캔 마이어(Ken Myer)의 세 가지 형태를 사용했다. 고급문화(high culture), 전통문화(folk culture), 인기문화(pop culture)[5]가 그것이다. 고급문화는 훈련과 반추, 그리고 숙련됨을 통해 전수되는 것이다. 직업 요리사에 의해 요리된 고급 음식, 국제적인 세계관, 예술과 고전음악에 대한 사랑, 이런 것들은 많이 교육받은 사람들을 통해 자주 표현된다.

지역문화는 그 지역에 토착된 것이다. 그것은 가정에 내려온 요리 레시피를 가지고 집의 요리를 만드는 것과 같다.[6] 이런 문화는 보통 작은 도시나 시골지역에 있다. 지역에서 살아가는 것에는 많은 자부심이 있다. 그들은 그들의 좋아하는 팀, 레스토랑, 그리고 그들이 무엇을 사랑하는지 보여주는 음악을 가지고 있다. 이 문화는 굉장히 개인적이다. 사람들은 서로를 잘 알고 있고 비슷한 가치를 공유한다. 지역음악(folk music)은 독립적인 펑크 락(punk rock)에서부터 흑인 연가(black spiritual)에 이르기는 그 모든 것일 수 있다.[7]

인기문화는 문화의 주류이다. 이 세계에 사는 사람들은 현대음악(contemporary music)을 즐기고 최근 패션유행과 영화를 쫓아간다. 그들은 체인점 레스토랑에 많이 간다. 이 문화는 팽창하는 교외지역에서 집중적으로 나타난다. 그 곳에 사는 가족들은 SUV를 몰며 새롭고 유행하는

---

5 Ibid., 98.
6 Ibid., 98.
7 Ibid.

것에 매력을 가지고 있다.

이 분류는 지나치게 단순화된 것이기는 하지만, 설교자인 우리가 고민해 보기에는 유용하다. 당신 교회는 어떤 문화를 보여주는가?

분명히 교회에는 모든 문화의 그룹들이 있지만 아마 하나의 주류가 되는 문화는 있을 것이다. 우리는 다른 것에 비교해 어떤 것에 도덕적 가치를 부여해서는 안 된다. 그러나 문화는 세계관에 영향을 주기 때문에 우리가 말해야 하는 사람들에 대해서 알아야 한다. 사람들은 상황의 렌즈를 통해서 하나님을 예배하고 진리를 받아들인다. 이것을 고려하지 않는 설교자는 선교적 목사가 아니다. 당신이 속한 상황에 맞는 언어로 메시지를 전하는 것을 배우라.

작고하신 선교신학자 레슬레 뉴비긴(Lesslie Newbigin)은 상황화의 위험성을 지적했다. 그는 다음과 같이 말한다.

> 모든 선교의 길은 이 두 위험 사이의 길을 찾아야 한다. 부적절성과 혼합주의가 그것들이다. 그리고 만약 누군가 하나의 위험을 다른 것보다 더 두려워한다면, 그는 분명히 반대에 빠져들 것이다.[8]

부적실성은 오늘날 많은 설교의 문제점이다. 메시지가 상황에 적합하지 않다. 왜 메시지가 독특한 언어를 가진 독특한 사람들의 상황에 적합해야 하는지 그 설명이 자주 보이질 않는다. 혼합주의는 너무 많은 문화

---

8   E. Stetzer, *Planting Missional Churches*, 21에서 인용.

에 적응해서 복음이 실종되고 있다. 나는 새롭게 떠오르는 이머전트 교회들의 어떤 물결이 이 궁지에 빠지게 될지 두렵다. 이 세대의 강해설교자들은 정해진 상황에서 영원한 진리를 전할 때, 양쪽 위험 사이의 중간 길에 머물러야만 한다.

톰 스테펜(Tom Steffen)은 선교적 설교에 도움이 될 것 같은 일련의 질문들을 제시했다.

- 대상 청중의 세계관은 무엇인가?
- 그 문화의 의사결정의 패턴은 어떠한가?
- 이 문화에서 한 사람이 기독교인이 된다는 것은 어떤 희생이 필요한가?
- 이 문화에서 구속에 대해서는 어떤 유비가 가장 좋은가?
- 당신의 문화는 기독교를 어떻게 생각하는가?
- 이 문화는 복음 이야기의 기본 요소에 대해서 어떻게 이해하는가?
- 이 문화는 수치심에 근거하는가 또는 죄책감에 근거하는가?
- 이 문화는 기독교 예식을 어떻게 이해할 것인가?
- 이 문화의 사람들에게 복음을 나타내기 위해서는 무엇이 가장 좋은 전달체계인가?[9]

이 질문 목록으로부터 대답은 상황에 따라 다를 것이라는 점을 알 수 있을 것이다. 이는 왜 효과적인 설교자들이 그들의 공동체에 근거해서 본문을 설교하기 위한 독특한 접근 방식을 찾는 이유가 된다. 마크 드리스콜,

---

9 E. Stetzer, *Planting Missional Churches*, 34에서 인용.

팀 켈러, 조니 헌트는 모두 이것을 다르게 한다. 그러나 그들 각각은(내 의견으로 봐서는) 효과적으로 그들의 언어로 그들의 성도들을 끌어들인다.

2. 강해 복음주의자

지난 몇 년 동안 유행해 왔던 다른 유행어는 "포스트모던"이었다. 아무도 그것을 같은 방식으로 정의하지 않는다. 사실 어떤 포스트모던의 경우 그 정의가 적당하지 않다. 왜냐하면 정의는 진리에 대한 앎을 근거로 한다. 그런데 많은 포스트모던은 당신이 무엇을 생각하던지 바로 그것이 진리라고 본다! 그러나 역사적 변천에 대해 간략하게 생각해 보면 포스트모던 세계에 대해 파악해갈 수 있다. 우리가 이 세대에 복음을 전하려 노력하고 있기 때문에 이 주제는 매우 중요하다.

포스트모던 시대에는 볼 수 있는 자연이 실재 존재하는 모든 것은 아니라는 믿음이 있었다. 철학자들과 종교지도자들은 자연 너머에 실존하는 중요한 실재가 있다고 믿었다.[10] 이 믿음 때문에 인간의 행복과 성공은 이러한 보이지 않는 실재(어떤 사람들에게는 하나님) 안에서 찾아진다고 생각했다. 우주가 존재하는 목적이라는 믿음의 견지에서 역사는 어딘가를 향해 나아간다는 믿음이 있었다.

계몽주의운동을 뒤이은 근대(modern)에는 지식이 칭송받고 추구되어졌다. 철학자들은 지식이 삶의 문제에 대한 해결책을 제공한다고 믿

---

10   M. J. Erickson, *Postmodernizing the Faith* (Grand Rapids: Baker, 1998), 15.

었다. 이러한 생각하는 사람들에 의해서 객관적 실체는 바람직한 것이고 진실일 수 있게 되었다.[11] 실재에 대한 초월적인 개념은 버려졌다.[12] 그리하여 궁극적인 원인 또는 목적도 무시되었다.[13] 이 시기에 과학적 방법은 높이 평가되었고 하나님의 존재는 의문시되거나 또는 그러한 이유로 거절당하게 되었다.

포스트모던 시대에는 모던 시대의 기초적인 믿음들이 해체되었다. 포스트모던은 보통은 지식의 객관적 실체, 지식의 미덕, 그리고 지식의 확실성을 거부한다.[14] 그들은 또한 모던 시대의 진보하는 시각도 거부한다.[15] 그 전체적인 세계관은 염세적이다. 그들은 하나님에 대한 생각은 거부하지 않는 것 같다. 그러나 그들은 하나님을 아는 진리의 유일한 길과 같은 배타성은 거부하려한다. 포스트모더니즘의 표현은 문학, 예술, 음악, 물론 신학에서도 보인다. 이는 다원주의(pluralism), 상대주의(relativism), 냉소주의(cynicism), 그리고 쾌락주의(hedonism)로의 길을 열어주고 있다.

물론 해 아래 새 것은 없다. 상대주의는 동산의 하와만큼 오래된 것이다. 다원주의는 성경을 통해 보여져왔다. 쾌락주의는 우리의 죄 많은 본성으로부터 흐른다. 냉소주의는 사람의 교만에서 시작한다. 모든 세대의 설교자들은 이러한 문제들을 직면해 오고 있다. 포스트모던에 대한 경험은 우리에게 도전이 된다. 왜냐하면 영성은 받아들인다 해도 사

---

11   Ibid., 16.
12   Ibid.
13   Ibid.
14   Ibid., 18.
15   Ibid., 19.

회 다수는 하나님께 이르는 오직 한 길만 있다는 것을 믿지 않기 때문이다. 성경은 권위 있는 것으로 간주되지 않는다. 그리스도와 하나님 말씀의 진리가 가지는 배타성은 설교자에게 필수적인 요소이다.

그렇다면 우리는 어떻게 대응해야 하는가?

나는 진리가 부재한 문화 속에서 진리를 설교하기 위한 일곱 가지 원리를 제안하려고 한다.

그것은 매주 강해를 해 나가면서 통합되어져야 한다. 일부는 이미 이 책에서 언급되어졌다. 이러한 도전은 좋은 강해가 가지게 되는 선교적 그리고 복음주의적 핵심을 지닌다. 이는 학생들을 대하면서 또는 어른을 대하면서 적용될 것이다. 에스와인(Eswine)과 같이 나의 소망은 하나님께서 우리 모두를 강해 복음주의자(expository evangelists)로 만드는 것이다.

1) 다른 세계관을 예상하라

우리가 문화의 용광로 안에 살고 있다는 것을 믿는다는 것이 가져다주는 함의는 사람들이 서로 다른 신학적 철학적 세계관을 가지고 우리 교회에 올 것이라는 것이다. 사실 어떤 사람들은 포스트모던처럼 생각한다. 그들은 당신이 성경책을 펼칠 때 당신에 대해 회의적일 것이다. 그들은 성경의 분명한 진술을 거부한다.

또한 나는 어떤 전형적인 모던 시대 사고를 가진 사람들도 만난다. 그들은 그들이 볼 수 없고, 맛볼 수 없고, 만질 수 없고, 테스트해볼 수 없는 모든 것의 실재를 부정한다. 이러한 사람들은 오늘날의 무신론자들이다. 전근대(pre-moderns) 사람들도 있다. 그들은 보이지 않는 실재는 믿지만, 복음을 알지는 못한다.

그러므로 우리는 모든 사람들이 기독교 세계관—즉 창조자이시고 구원자이신 한 분 하나님, 그리고 중보자이신 예수 그리스도 안에 있는 믿음—을 가지고 있다고 가정해서는 안 된다. 이러한 다양한 관점에서 당신의 설교에 대한 거절을 예상하라.

D. A. 카슨(D. A. Carson)은 목사들에게 다른 문화에서 복음을 전하는 목표를 가진 선교사처럼 생각하라고 도전한다. 그는 다음과 같이 말한다.

> 좋은 신학교는 선교지망생들이 그들이 들어가게 될 문화를 "읽는" 것을 돕기 위해 선교학 교과과정 안에 필요한 과목들을 오래전부터 포함시켜 오고 있다. 그러나 그러한 과목들은 목회과정에 있는 목회지망생들에게는 거의 요구되지 않는다. 이러한 이유는 목회지망생들은 그들 자신이 속한 문화로 돌아가기 때문에, 그들에게 이런 도움이 필요치 않다는 것이다. 그러나 증가하는 경험적 다원주의와 세계화로부터 오는 압박들은 이런 추론과 가정이 잘못되었음을 보여준다… 대부분의 서구에서는 서로 경쟁하는 문화들이 넘쳐나고 있고 많은 목사들은 그들의 사역에서 그 문화권들 중 몇몇을 섬겨야 될 것이다.[16]

---

16 G. Johnson, *Preaching to a Postmodern World* (Grand Rapids: Baker, 2001), 10-11에서 인용.

나는 카슨의 말에 동의하지 않을 수 없다. 우리는 미국 내의 다양한 세계에 살고 있고 우리는 그들이 우리가 가진 것과 다른 세계관을 가졌다고 생각해야 한다. 단어들과 생각들은 사람들에게 다른 것을 뜻할 수 있다. 우리가 신학적 용어를 사용할 때는 우리가 뜻하는 것이 무엇인지 설명해야만 한다.

2) 성경의 이해가 전혀 없다고 가정하라

성경 연구가 간결하고 명쾌하게 하는 이점은(칼빈이 말하듯이), 우리가 사람들이 성경을 안다고 가정하지 않게 되는 것이다. 충실한 설교자는 청중의 일부는 탕자가 누구인지(나도 10년 전까지 몰랐다), 누가 첫 기독교 순교자인지 모른다고 생각해야 한다.

이러한 청중들을 마음에 두고, 그들에게 어떻게 성경의 페이지를 찾는지 말해 주라.

성경이 없는 외국 땅에서 자라난 사람에게 가르치는 것처럼 이야기를 설명하라.

나는 설교자가 다음과 같이 말하는 것을 들을 때 실망하게 된다.

"자, 여러분은 우물가의 여인 이야기를 잘 알고 있지요?"

모든 사람들이 그녀를 알고 있을까?

나는 그렇게 생각하지 않는다. 이 습관은 성경을 모르는 사람들에 대해 배려하지 않음을 보여준다.

나아가, 아이에게와 같은 간단명료함으로 메시지를 듣는 것은 신선하기 때문에 들어보지 못했던 이야기를 듣는 것처럼 성경에 대한 지식이 있는 사람들도 강해로부터 유익을 얻을 수 있다. 당신은 또한 기독교인들이 믿지 않는 사람들에게 성경을 설명하는 방법을 실제로 보여주게 되는 것이다. 당신은 극단적으로 단순해질 필요는 없다. 단지 간결 명료 하라. 당신이 주의 깊게 메시지를 전한다면, 믿지 않는 사람들과도 깊이 있게 나아갈 수 있다.

3) 성경의 내러티브를 설교하라

성경 전체를 일관되게 신학적-예수님을 가리키며-으로 보는 놀라운 이점들 중의 하나는 믿지 않는 사람들에게 설교할 때 실제적으로 유용하다. 그들에게는 큰 그림을 이해하는 것이 필요하다. 나는 그 날의 특정한 본문을 청중에게 알려주기 전에 일정하게 성경의 스토리라인을 반복한다. 그들로 오늘의 본문이 성경 전체의 어디에 위치하는지 보여주고 싶기 때문이다.

또한 복음이 메시지와 자연히 엮여져 있기 때문에 사람들에게 성경이 어떻게 서로 연결되어 있는지 보도록 하는 것은 중요하다. 일반적으로 청소년 집회에서 나의 첫 번째 설교는 온전히 성경 개관에 관한 것이다. 나는 많은 학생들이 이것에 긍정적으로 반응한다는 것을 알고 있다. 또한 더 나이든 사람들도 같다는 것을 나는 목격해 오고 있다.

성경의 내러티브를 반복적으로 제시하는 것은 삶에서 "메타-내러티브"가 없다고 생각하는, 즉 삶과 역사의 궁극적인 목적이 없다는 포스트모던의 생각에도 또한 대응하는 것이다. 아마 사람들은 그들이 전체 이야기를 들어보지 않았기 때문에 이를 믿지 못한다. 당신이 본문을 설명하면서 설교의 도입이나 본문에서 성경의 내러티브를 반복할 수 있다.

4) 구속의 메시지를 전하라

하나님은 우리에게 경쟁하는 모든 세계관과 문화를 초월하는 복음을 주셨다. 복음은 사람들이 하나님의 영광을 위해서, 하나님의 형상으로 만들어졌지만, 죄 때문에 하나님과 그의 목적으로부터 분리되었다고 가르친다. 그러나 죄 없으신, 죄를 다 짊어지신, 그리고 죽음을 이기신 구세주를 통해서 우리는 구원과 소망을 찾았다. 그리고 성령님은 우리 안에 거하시며 우리를 변화시키신다.

복음을 매주 설교하라!

회의주의자, 쾌락주의자, 또는 무신론자가 예수님을 영광스럽게 보게 하라. 성령님은 그리스도를 영광스럽게 하며 그는 세상에서 가장 단단한 마음이라도 뚫고 들어가 참 길을 그들에게 보여줄 수 있다. 믿는 사람들 또한 그리스도 안에 있는 자신들이 누구인지 매주 상기해볼 필요가 있다.

구속의 메시지는 또한 구속적 자세로 설교되어야 한다. 은혜와 잘 어우러진 진리는 마음으로 가는 길이다.

선지자 역할과 제사장 역할, 현인과 복음전도자의 균형을 이루라.

5) 당신의 옛 사람에게 설교하라.

잭 에스와인(Zack Eswine)은 자신의 책 현대인을 위한 성경적 설교

(Preaching to a Post-everything World)에서 몇 가지 훌륭한 충고를 하고 있다. 에스와인은 중요한 질문을 한다.

"나는 과거의 나에게 복음을 전할 수 있는가?"[17]

삶을 한참 살아가다 나중에 구원받은 우리와 같은 사람들에게 이는 우리가 행복한 이교도 또는 회의적인 냉소주의자였다는 놀라운 일깨움이 된다.

당신은 어떻게 그리스도 안에서 믿음에 이르게 되었는가?

교회와 설교자에 대한 당신의 생각은 어떠했던가?

어떤 종류의 세계관을 당신은 가지고 있었는가?

당신의 옛 사람에게 설교하기 위해서는, 당신이 목사들 또는 신학생들에게가 아니라 일반 사람에게 설교하고 있다는 것을 기억해야 한다.

바르게 교회에 참여하는 충실한 사람들뿐 아니라 당신이 오래 전 그러했던 사람을 포함하여 당신의 과녁이 되는 청중을 확대하라.

설교를 준비하고, 당신이 기독교인이 되기 전 그때 이 메시지를 이해할 수 있었을 런지 질문하라.

당신이 한때 가졌던 질문을 하라.

더 나아가, 당신이 청중들에게 레위기를 찾으라고 말할 때, 만약 그들이 그것이 어디 있는지 모른다면, 그들에게 당신도 역시 성경에 대해 아무것도 몰랐었다고, 그러나 곧 그들도 배우게 될 것이라고 말하라.[18] 만약 성경 없이 그곳에 있는 사람이 있다면, 그들이 그 곳에 있는 것만으

---

17 Z. Eswine, *Preaching to a Post-everything World*, 78.
18 Ibid., 85.

당신은 기쁘다고 말하며 그들이 원하면 공짜로 하나씩 가질 수 있다고 말하라.

믿지 않는 사람들이 함께 하고 있음을 마음에 두라.

그리고 그들을 적이 아니라 친구처럼 대하라.

6) 간증을 활용하라

간증은 강해자의 무기고에 있는 가장 강력한 변호들 중 하나이다. 성경에 바울의 간증이 매우 많이 나타나 있는 것이 흥미롭다고 생각한다. 나는 당신이 사람들의 간증으로 설교를 대체하라고 제안하는 것이 아니다. 설교와 조화를 이루도록 그것을 통합하는 것이다. 설교자 자신의 간증은 방황하는 청중들과 일체감을 형성시키므로 매우 효과적이다. 당신의 간증은 당신이 기독교인이 되기 이전의 삶, 어떻게 예수님을 만났는지, 그리고 지금 어떻게 복음이 당신을 변화시키고 있는지를 포함한다. 단지 과거 당신의 회심의 경험만이 아니라, 현재 당신이 가진 갈등과 고투는 교회 밖의 사람들에게도 호소하는 힘이 있다.

당신의 이야기를 나누려 할 때 당신은 투명해야 한다.

목사로서의 약점을 숨기지 말라.

목사는 모든 것을 갖추어야 한다고 생각되어지기에 투명함은 많은 사람들에게 불편하다. 우리가 교회에서 모범이 되어야 하지만, 그렇다고 우리가 영적인 갈등을 면제받는 것은 아니다. 간혹 설교자들은 그들의 죄와 문제들을 정직하게 인정하는 대신에 그들이 가진 설교의 기교를 드러내기를 좋아한다. 물론 이렇게 하는 것은 한계가 있다. 그러나 누군가가 자신의 고군분투를 고백하는 것을 듣는 것은 신선하다. 당신의 간증은 당신의 신앙을 단단하게 만들고, 그것은 그리스도의 능력을 더욱 높이게 된다.

청중들에게 당신의 삶을 보게 한 후에, "거울을 돌려라."[19]

그들이 당신의 고민하는 모습에서 그들 자신을 보게 하라.

그리고 당신이 발견했던 것과 같은 은혜를 그들에게 보여주라.

당신의 이야기를 설교 안에서 잘 활용하되, 그것 자체가 설교가 되도록 하지 말라.

당신이 보여지도록 하지 말고, 살아계신 하나님이 보이도록 해야 한다. 그리고 당신의 목표는 다른 사람들이 그를 사랑하고 그 안에서 만족하도록 하는 것이다.

7) 바울처럼 설교하라

나에게 고백할 것이 있다.

나는 예수님만큼도 아니고, 나의 아내만큼도 아니지만, 바울을 사랑한다. 그는 나의 마음을 빼앗았다. 그는 내가 이 책에서 소개하고 있는 것들의 많은 것을 구체화하였고 가르쳐왔다. 그는 설교자, 복음전도자, 선교사, 변호자, 정황화의 전문가, 교회 개척자, 영적스승, 선생, 선지자, 그리고 예수님을 높이는 사람이었다. 그의 설교에서 복음을 제시하면서 그는 다양한 세계관을 고려했다. 또한 그는 비유대인 청중들에게

---

19 Ibid., 93.

이야기할 때 성경지식을 당연한 것으로 생각하지 않았다. 그는 구속사적 설교를 했다. 그는 성경의 내러티브를 반복했다. 그는 그의 옛 사람의 모습을 언급했고 그의 이야기를 계속해서 나누었다. 그는 우리 모두의 모델이다.

그러나 내가 바울처럼 설교해야 한다고 생각하는 또 다른 이유가 있다. 애빌린기독교대학교(Abilene Christian University)의 신약학 교수인 제임스 톰슨(James Thompson)은 『예수님처럼 설교하라』(Preaching Like Paul)는 책에서 전기독교 문화(pre-Christian culture)(바울의 시대)에서 설교하는 것은 "후기독교 문화(post-Christian culture)(우리의 시대)에서 설교의 문제들에 대한 해결책"[20]일 것 같다고 이야기했다.

그렇다면 바울은 어떻게 설교했는가?

만일 바울의 편지가 그의 목회설교의 모범이라면, 톰슨과 내가 생각하기에 그것은 바울은 명제적 진리(propositional truth)에 근거한 논리적인 설교를 했고, 그는 복음으로 채워진 해결책을 가지고 회중들의 삶의 문제에 답했다고 주장할 수 있다. 교회들에 보내는 그의 편지는 복음으로 가득 차 있었다. 아래의 길지만 가치 있는 인용문에서, 톰슨은 바울의 접근을 우리의 현실에 매우 기술적으로 적용한다.

> 설교자는 다양한 청중들-다른 이론을 계속 듣는 사람, 구도자, 어린이들, 믿는 사람들, 의심하는 사람들, 그리고 교양 있는 혐오자들-로 구성된 공동체를 위해 기독교의 이야기를 계속 반

---

[20] J. Thompson, *Preaching Like Paul* (Louisville: Westminster John Knox, 2001), 60.

복해서 들려주어야 한다. 우리 사회가 가지는 다원주의의 결과로 설교자는 절대 회중들이 이미 회심했다고 가정하지 말아야 한다. 바울의 사역이 보여주듯이, 복음의 선포는 비기독교 세계를 위해서만 하는 것이 아니다. 회중은 정기적으로 존재의 기초가 되는 구원의 사건들을 생각해야만 한다. 듣고 있는 청중들은 항상 그리스도인으로서의 실존의 다양한 단계에 있는 사람들로 구성되어 있다. 어떤 사람들에게 하나님의 구원하심에 대한 선포는 이전에 한 번도 생각지 못했던 뉴스이다. 다른 사람들에게는 그 선언이 교회의 공동체 신앙의 새로운 각성을 위한 격려이다. 그러므로 설교의 사역은 공동체를 향한 격려의 말과 선포를 나눌 수 없는 것이다. 결과적으로 복음주의적 설교는 모든 설교자의 임무이다. 바울의 사역은 목사의 설교가 항상 복음의 기초위에서 세워져야 함을 일깨워준다.[21]

오, 바울 사도를 따르는 설교자들이여!

분명 그는 설교의 유일한 모델은 아니다. 그리고 우리는 단지 성경 시대의 설교자처럼 되어서도 안 된다. 그러나 후기 기독교적(post-Christian) 상황 아래서 우리가 공유하는 문화의 유사함 때문에 바울은 훌륭한 모델로 남게 된다. 그는 믿지 않는 사람들과 성경이야기를 거의 모르는 젊은 회심자들에게 설교했고, 복음을 매일의 삶과 고민과 통합시

---

21   Ibid., 60.

켰다. 우리가 성령님의 능력으로 그것을 그들에게 분명하게 전할 때, 나는 이 강해 복음주의가 여전히 포스트모던의 사람들의 마음을 움직일 것이라 믿는다.

3. 요약

모든 세대의 설교자들은 논쟁과 상황화의 긴장을 직면한다. 우리는 동시에 부적실성(상황화가 없는 논쟁)과 혼합주의(논쟁 없는 상황화)의 함정을 피해야 한다. 복음은 항상 적실하기에 우리는 문화에 순응하지 않으면서도 문화와 연결되어야 하고, 그들에게 복음이 왜 적실한지를 보여주어야 한다. 강해 복음주의자는 매주 이 도전에 대응한다. 오늘날의 세상에서 복음을 강해하기 위한 열쇠들 중 몇몇은 다른 세계관을 예상하고, 성경적 지식이 없다고 가정하며, 구속적 메시지를 전하고, 성경의 이야기를 설교하고, 우리의 옛 사람을 향해 설교하고 바울처럼 설교하는 것이다.

◆ 디모데전후서 연구

1) 디모데후서 3:1-9에서 바울은 거짓교사들을 어떻게 특징짓고 있는가?
   당신은 오늘날 이러한 특징들이 나타난다고 보는가?
   당신의 교회에 늑대가 있을 가능성이 있는가?
   당신은 무엇을 해야 하는가?

2) 오늘날을 살아가고 있는 당신은 디모데후서 4:3-4을 어떻게 보는가?

3) 바울은 디모데에게 복음전도자의 일을 하라고 말한다.
   복음전도와 목회적 설교는 어떠한 관련이 있는가?

4) 디모데후서 4:16-17에서 고통 중에 하나님의 임재에 대해서 바울은 무엇을 말하는가?
   진리를 전함으로 어려움을 만났을 때, 당신은 하나님의 능력을 신뢰하는가?
   당신은 복음을 전해 듣지 못한 사람들을 향해 필요하다면 당신의 삶을 내어 놓을 수 있을 만큼 강한 열정을 지니고 있는가?

15장
바통 넘겨주기

> 나는 선한 싸움을 싸우고 나의 달려갈 길을 마치고 믿음을 지켰으니 이제 후로는 나를 위하여 의의 면류관이 예비 되었으므로 주 곧 의로우신 재판장이 그 날에 내게 주실 것이며 내게만 아니라 주의 나타나심을 사모하는 모든 자에게도니라.
>
> — 딤후 4:7-8

> 많은 설교자들은 설교의 역사를 부지런히 연구하지 않는 사실은 강단에서 일어나는 많은 실패의 중요한 이유이다.[1]
>
> — 레이 조던(G. Ray Jordan)

---

1 G. R. Jordan, *You Can Preach* (New York: Revell: 1951), 46.

나는 학생으로서 그리고 교수로서, 과거의 충실한 설교자를 연구하는 학생들의 비공식적인 모임인 "죽은 설교자의 사회"에 참여하고 있는 특권을 누렸다. 우리 모임에서 학생 중 한 명이 역사에서 하나님이 사용하셨던 "죽은 설교자"의 삶으로부터 몇몇 단편적 기록들을 소개했다. 45분간의 설명과 토의 후, 우리는 함께 기도하며 남은 시간을 보냈다. 우리의 두 가지 목표는 죽은 설교자들로부터 배우는 것과 나 자신과 이 세상에 대해서 죽는, "죽는 설교자"가 되는 것이었다.

이번 장의 목적은 설교의 역사적 스케치를 제공하며, 오늘날도 우리를 가르치고 고무시키는 몇 명의 대표적인 "죽은 설교자들"을 소개하는 것이다. 설교자의 다음 세대로서 우리가 히브리서 13:7을 기억하는 것은 중요하다.

> 하나님의 말씀을 너희에게 일러주고 너희를 인도하던 자들을 생각하며 그들의 행실의 결말을 주의하여 보고 그들의 믿음을 본받으라(히 13:7).

아래의 모든 설교자들이 같은 수준으로 모범이 되는 것은 아니지만, 그들에게 주의를 기울일 충분한 가치가 있다. 아마 당신은 매우 특별한 흥미를 발견하게 될 것이고, 당신 스스로 그들을 연구하려 할 것이다.

설교 역사에 관한 고전이 되는 책의 저자인 찰스 달간(Charles Dargan)은 다음과 같이 말한다.

"기독교 설교는 그 기원을 고대의 수사학, 히브리 예언, 그리고 기독교

복음에 두고 있다."2

히브리 예언, 고대 수사학, 그리고 복음은 오늘날 우리가 아는 설교를 위한 길을 놓았다. 이러한 기초들 각각은 이 책에서 논의해 왔다. 교회 역사의 나머지는 이 세 가지의 조심스런 연합으로 설명한다.

다음에 나오는 시기는 설교에 대해 크게 분류한 네 번의 시기들이다.

① 교부들과 변증가들의 설교 (100-430년)
② 중세 시대의 설교(430-1500년)
③ 종교개혁자들과 청교도들의 설교(1500-1800년)
④ 복음주의 시대의 설교(1800년-현재)

이런(완벽하지 않은) 구분들은 복음전도설교자인 우리의 유산을 회복하기 위한 바람직한 여정을 보여준다.

1. 교부들과 변증가들의 설교

저명한 주교였던 초대 교부들은 일반적으로 그리스도의 이야기를 다시 하는 단순한 설교를 했다. 설교자들은 설교 전반을 통해 성경을 사용했다. 따라서 이러한 인용들은 초대교회가 신약을 거룩한 성경으로 인정했음을 보여준다. 로마에 의한 평화는 설교가 자유롭게 이루어지는

---

2   E. C. Dargan, *A History of Preaching*, vol.1 (Grand Rapids: Baker, 1954), 14.

상황을 제공했다. 폴리캅, 로마의 클레멘트, 이레나우스, 파피우스, 그리고 이그나티우스는 초기 복음설교자들이었다. 그들이 쓴 편지의 일부는 오늘날 남아있지만, 현존하는 설교가 부족해서 그들의 설교에 대해서는 거의 알 수 없다.

변증가들의 공적인 사역에 대해서는 보다 더 잘 알려져 있다. 뛰어난 헬라 변증가들 중에는 저스틴(100-165), 알렉산드리아의 클레멘트(대략 160-대략 220), 그리고 오리겐(185-254)이 있다. 이 사람들은 기독교를 변호하는 사람들이었지만, 진정한 강해설교자는 아니다. 저스틴(순교자)은 설교자라기보다는 철학자이자 수사학자에 가까웠다. 그럼에도 불구하고 그는 공적인 모임에서 설교되는 말씀의 중요성을 보여주는 예를 우리에게 남겼다. 그는 다음과 같이 말한다.

> 일요일이라 불리는 날에는, 도시에 살거나 시골에 살거나 모든 사람은 한 장소에 함께 모인다. 시간이 허락하는 만큼 사도의 기록과 선지자의 글들을 읽는다. 읽는 이가 멈추면, 사회자는 말로 가르친다. 그리고 이러한 선한 일들을 따라하도록 훈계한다. 그런 후 우리 모두는 함께 일어나 기도하고, 이전에 말했듯이, 우리 기도가 끝나면 빵과 포도주와 물을 가져온다. 사회자는 자신이 할 수 있는 한 같은 태도로 기도와 감사를 드리고, 사람들은 아멘이라 동의한다.[3]

---

[3] J. Stott, *Between Two Worlds*, 19에서 인용.

저스틴의 묘사는 교회가 연합해서 드리는 예배에서 말씀의 중심성을 우리에게 일깨워준다. 아직 정경이 되지 못한 성경을 연구하는 데 부지런한 학생이었던 알렉산드리아의 클레멘트는 알렉산드리아 학교의 첫 번째 수장이었다.

현존하는 가장 초기의 설교들 중 하나는 마가복음 10:17-31의 부유한 사람에 대한 그의 설교이다. 오리겐(Origen)은 강해설교자로 명명할 수 있는데, 그는 성경 본문에서 흥미를 이끌어냈으나 유감스럽게도 그의 시대 유행한 풍유적 성경 해석을 사용했다. 우리는 현재 그의 많은 설교들을 가지고 있다.

라틴 변증자들은 강해자라기보다는 논증을 즐기는 사람, 리더, 저자들 쪽이 더 가까웠다. 라틴 변증자들의 다수는 철학의 사용을 경멸했다. 회심한 변호사인 터툴리안(Tertullian, 150-220)은 "설교"라는 용어를 우리에게 주었고, 다음과 같은 유명한 질문을 했다.

"아테네(철학의 중심)는 예루살렘(계시의 중심)과 무슨 상관이 있는가?"

변증서(Apologeticus)에서 그는 로마의 박해 시기에 기독교를 변호했다. 248년에 카르타고의 주교가 된 키프리안(Cyprian, 200-258)은 신학적 논객과 연설자로 터툴리안을 따랐다. 키프리안은 순교자가 된 첫 번째 주교이기도 하다.

4세기와 5세기 초의 설교는 이 시기에 설교의 위상이 높아지면서 커다란 관심을 받게 되었다. 여러 가지 요소가 이 부흥에 기여했다. 아마도 가장 영향력이 컸던 것은 313년 서쪽 제국에서 있었던 콘스탄틴의 기독교 공인일 것이다. 교회는 사회에서 안전하고 좋은 평판의 입지를 얻었다. 게다가 교회는 정경으로서의 성경을 승인했다. 교리적인 믿음 또한 몇몇 신학자들의 노력으로 명료하게 되었다. 325년에 콘스탄틴은 제1회 니케아 회의를 비시니아(Bithynia)에 있는 니케아(Nicaea)에서 개최했다. 아타나시우스(Athanasius, 296-372)는 그의 반대편 아리우스(Arius)가 말하는 그리스도는 성부와 "그 본체상 유사하다"라는 주장에 대해 그리스도는 성부와 "같은 본체"라는 논쟁에서 그날 승리했다. 교회 리더의 다수는 그리스도의 신성을 고수했다. 아타나시우스는 우리에게 오늘날에도 믿음을 위한 싸움의 중요성을 일깨워준다.

나지안주스의 그레고리(Gregory of Nazianzus, 329-389)는 그의 나이가 거의 50세가 되었을 때 콘스탄틴노플의 설교자가 되었다. 동방의 신학자로서 그의 명성은 그에게 "테오로거스"(Theologus)라는 별명을 주었다. 그레고리의 친구인 바질(Basil the Great, 379)은 수도원을 건립하는 것을 도왔다. 암브로스(Ambrose, 340-397)는 뛰어난 웅변가로 서방에서 칭송을 받았다. 그의 작품에는 주석과 찬양곡들이 포함되어 있다. 대체로 잘 알려져 있듯이 387년 4월 25일에 그는 어거스틴에게 세례를 주었다.

이 시기에 있는 두 설교자는 초기 설교의 절정을 보여 준다. 서방의 어거스틴과 동방의 존 크리소스톰이 이들이다. 어거스틴(Augustine, 354-430)은 36살에 설교하기 시작했고 나중에 히포의 주교가 되었다. 우리는 현재 그의 고전이 된 신학 작품들 다수와 함께 400편이 넘는 그의 설교를 가지고 있다. 그의 설교는 주해적이라고 불릴 수 있지만, 강해설교의 모델이라고 부르기에는 너무 잦은 풍유적 해석을 사용했다.

어거스틴은 첫 번째 영향력 있는 설교학 책인 『기독교 교리에 관하여』 (On Christian Doctrine)를 썼다. 그는 설교를 논하기 위해서 수사학적 원리들과 해석학적 원리들을 통합했다. 어거스틴은 "성경을 다루는데 필수적인 두 가지가 있다. 이해해야할 것들을 발견해가는 방법, 그리고 우리가 배운 것들을 가르치는 방법"4이라고 말하였다. 요즘 설교학 책들도 종종 해석학과 설교학의 원리들을 함께 결합한 이 접근을 따르고 있다. 젊은 설교자들은 어거스틴의 신학적 사상과 개인적 헌신을 볼 수 있기에 그의 주요한 책들을 모두 읽어야 한다.

"황금의 입"이라는 별명을 가진 안디옥의 존 크리소스톰(John Chrysostom, 347-407)은 현대의 설교자들을 위한 가장 뛰어난 교부의 모범으로 우뚝 서 있다. 크리소스톰은 398년 콘스탄티노플의 주교가 되기 전에 안디옥의 대성당에서 12년간 설교했다. 그는 책을 통해 설교에 대한 책인『성직론』(On the Priesthood)을 썼다. 그러나 이 책은 목사와 그의 인격을 더 많이 다루고 있다. 크리소스톰의 설교는 한 시간 가까이 진행되었다.

우리는 현재 700편이 넘는 그의 설교를 가지고 있다. 그는 보통 우화는 쓰지 않고 충실한 해석의 원리를 사용하여 성경의 각 권을 따라 설교했다. 그의 인기에 대한 대응으로, 크리소스톰은 자신의 청중들에게 순종으로 그들의 칭송을 보여 달라고 부탁했다. 오늘날 우리의 기도도 동일하다. 즉 우리의 성도들이 그들의 감사를 예수님의 명령에 순종함으로 보이는 것이다.

---

4 Augustine, *On Christian Doctrine*, trans. by D. W. Robertson Jr. (Upper Saddle River, NJ: Prentice Hall, 1958), 7.

2. 중세 시대의 설교(430-1500)

476년 로마가 멸망한 후, 서방에서는 중세로 이어지는 엄청난 변화가 일어났다. 이 시기의 초기는 자주 암흑의 시대로 언급되기도 한다. 전쟁, 방화, 굶주림, 페스트, 위험한 여행, 그리고 반달족의 위협은 이 시기를 특징짓는다. 정치, 예술, 그리고 교육은 기울어져 갔다. 예전과 미사의 사용과 같은 교회 안의 변화와 더불어 문화의 변화는 설교의 지위에 깊이 영향을 미쳤다.

제임스 스티징거(James Stitzinger)는 "중세에는 아마도 강해설교가 가장 희박했다"[5]고 평가한다. 결과적으로 중세의 초기에 대한 설교 역사는 간략한 개관에서는 자주 빠진다. 그러나 종교개혁 이전의 개혁자들의 시기로 건너가기 전에 이 어두운 시기에 있는 몇몇 밝게 빛나는 점들을 알아두는 것은 중요하다.

순회설교자(Missionary preachers)들은 이 초기 중세에서 커다란 영향력을 끼쳤다. 패트릭(Patrick, 389-461)은 꿈에 하나님께서 아일랜드에서 설교하도록 그를 부르셨다고 말했다. 그는 아일랜드 전역에 많은 교회를 세웠다. 그는 현대의 교회 개척자들에게 영감을 주는 모범으로 우뚝 서 있다.

597년 선교사가 영국에 왔다. 어거스틴(Augustine, 566-607)이란 이름의 로마수사는 영국에 로마교회를 세운 효과적인 복음전도자이고 선교

---

[5] J. Stitzinger, "The History of Expository Preaching," in John MacArthur Jr. and the Master's Seminary Faculty, *Rediscovering Expository Preaching*, 45.

사이자 설교자였다. 그는 켄터베리에 교회를 세웠고 거기서 초대 대주교가 되었다.[6]

보니페이스(Boniface, 675-754)는 독일의 유력한 선교사이자 설교자였다. 그는 나중에 네덜란드로의 여행 중에 그가 전도하고자 했던 바로 그 사람들에 의해 살해당한다. 이러한 선교사이자 설교자들의 노력에도 불구하고, 설교는 미사 끝에 하는 간략한 연설, 즉 "주석"(postils) 정도로 여겨질 뿐이었다.[7]

중세 후기, 십자군을 위해 설교가 재편성되는 시기가 있었다. 11세기까지 무슬림이 예루살렘을 지배하고 있었지만 성지순례는 여전히 허락되었다. 그러나 투르크가 지배하게 되자 그들은 기독교인을 박해하기 시작했다. 그 도시의 지배권을 차지하고 반격하기 위해서, 설교는 주요한 무기가 되었다. 피터(Peter the Hermit, 1050-1115)와 버나드(Bernald of Clairvaux, 1091-1153)는 그 리더들 중에 있었다. 이 시기에 설교 준비의 기술을 마스터했던 클레보(Clairvaux)는 아마도 가장 영향력 있었던 것 같다.

중세 후기에, 탁발수사(Mendicant Orders) 또는 "설교하는 수사들"의 설교는 사회에 큰 영향을 미쳤다. 아시시의 프란시스(Francis of Assisi, 1182-1226)는 설교를 위해 청빈하기로 헌신했고, 그는 설교와 가난은 함께 가야한다고 주장했다. 프란시스는 "항상 복음을 전하라 그리고 필요하다면 말을 사용하라"라는 말로 유명하지만, 그렇다고 그가 설교의 중요

---

6 D. T. Holland, *The Preaching Tradition* (Nashville: Abingdon, 1980), 32.
7 Ibid., 33.

성을 축소시키고 있는 것은 아니다. 그와 동시대의 도미니크(Dominic, 1170-1221) 또한 설교에 커다란 중요성을 두었다. 이 시기의 체계를 따른 도미니크 수사인 토마스 아퀴나스(Thomas Aquinas, 1225-1274)는 그 시대의 가장 영향력 있는 신학자이자 역사에서 가장 위대한 철학적 지성들 가운데 한 명이 되었다.

르네상스 시기는 중세를 지나서 나타났고, 종교개혁을 위한 길을 닦았다. 이 시기에 있었던 종교개혁 이전의 개혁자들 중에는 영국인 존 위클리프(John Wycliffe, 1320-1384), 보헤미아인 얀 후스(John Huss, 1369-1415), 이탈리아인으로 도미니크 수사인 지로라모 사보나로라(Girolamo Savonarola, 1452-1498)가 있었다. 위클리프는 설교를 성례식보다 더 높은 자리로 끌어올렸다. 사람들이 사용하는 일상어로 설교하고자 했던 그의 열정과 모국어로 성경을 내고자 했던 그의 열정은 역사를 바꾸어 놓았다. 그는 오늘날 종교개혁의 "새벽 별"로 알려져 있다. 위클리프는 다음과 같이 말하였다.

"땅에서 사람이 도달할 수 있는 가장 영광스러운 섬김은 하나님의 말씀을 설교하는 것이다."[8]

위클리프의 큰 희생을 감수하고서라도 사람들의 언어로 말씀을 전하고자 했던 그의 열망의 빛은 본받을 만하다.

이후에 인문주의자 에라스무스(Erasmus, 1469-1536) 또한 성체보다 설교의 중요성을 옹호했다. 가장 중요한 그의 업적은 루터로 인해 불붙인 종교개혁이 일어나기 한해 전인 1516년에 헬라어 신약성경을 편집하

---

[8] J. Stott, 22.

고 출판한 것이다. 간혹 에라스무스는 "알을 낳고 루터는 그 알을 부화시켰다"라고 말해지기도 한다. 그들 두 사람은 중요한 교리에서 일치하지 않았지만, 그 둘은 성경 원어(original language)의 중요성을 이해했다. 원어들에 대한 그들의 열정은 오늘날 신학교, 컴퓨터 소프트웨어, 그리고 다른 유용한 도구를 가진 우리의 엄청난 특권을 다시 한 번 느끼게 해준다.

3. 종교개혁자들과 청교도들의 설교(1500-1800)

종교개혁 이전의 개혁자들이 성경으로 돌아가야 할 필요성을 강조한 후, 종교개혁 동안 권위의 이동이 일어났다. Soli Deo Gloria(하나님께만 영광), Sola Gratia(오직 은혜로), Sola Fide(오직 믿음으로), Sola Christus(오직 그리스도)와 같은 개혁교리는 모두 Sola Scriptura(오직 성경으로) 교리에 기초하고 있었다. 독일인 개혁자 마틴 루터(Martin Luther, 1483-1546), 프랑스인 개혁자 존 칼빈(John Calvin, 1509-1564), 스위스인 개혁자 율리히 쯔빙글리(Huldreich Zwingli, 1464-1531), 스코틀랜드 개혁자 존 낙스(John Knox, 1513-1572), 그리고 영국인 개혁자 윌리엄 틴데일(William Tyndale, 1494-1535)과 같은 다수의 유력한 신학자들과 설교자들은 성경의 권위를 강조했다. 중세에 시도된 풍유적 접근과 대조적으로, 이 사람들은 성경을 해석함에 문학적, 문법적, 그리고 역사적 접근을 시도했다. 이러한 개혁자들이 쓴 책들과 전기를 읽을 때면, 나는 커다란 격려를 받는다. 나는 당신들도 그들의 책들을 읽기를 권한다.

종교개혁을 이해하기 위해서는 루터로부터 시작하지 않을 수 없다. 그는 가톨릭교회의 잘못된 가르침에 대항하여, 1517년 10월 31일 비텐베르그교회 입구에 95개 목록을 가진 반박문을 붙인 회심한 가톨릭 수사였다. 그는 면죄부를 판매하는 것에 특별히 흥분했다. 개인적인 연구(특별히 로마서와 갈라디아서)를 통해, 루터는 성경은 "믿음으로 의롭게 됨"을 가르친다고 확신했다.

그는 평범한 사람들이 이 자유하게 하는 진리를 알기를 원했다. 물론 교회는 루터가 그의 가르침을 철회하기를 원했지만, 그는 "나의 양심은 하나님의 말씀에 사로잡혀 있다"[9]고 고백했다. 루터의 신념은 교회의 미래를 바꾸었다. 우리는 복음을 지키기 위해, 그리고 전수하기 위해 치러졌던 값을 결코 잊지 말아야 한다.

루터는 목사가 아닌 신학 교수였다. 하지만 그는 끊임없이 설교했다. 1510년과 1546년 사이에 그는 3,000편을 설교했다![10] 그는 한 주에 여러 번 설교했고, 간혹은 하루에도 여러 번이었다. 루터는 말씀을 설교하는 것이 공예배의 중심이 되어야 한다고 생각했다. 탁상 담화(Table Talk)에서 루터는 설교자는 "모든 사람들이 친숙한 쉬운 모국어"로 설교해야 한다고 주장했다.[11]

그는 또한 설교는 자연히 강해를 해야 한다고 생각했다. 독일어로 "쉬리프타우스레겐드"(Shriftauslegend)는 보통 "강해"로 번역된다. 독일어 "아우스레겐"(Auslegen)은 문자적으로 "늘어놓다, 전시하다, 펼쳐놓다, 어

---

9   R. C. Sproul, *The Holiness of God* (Wheaton: Tyndale, 1985), 111-12에서 인용.
10 F. W. Meuser, *Luther the Preacher*, 19.
11 M. Luther, *The Table Talk of Martin Luther*, ed. by Thomas S. Kepler, 244.

떤 것을 분명하고 쉽게 하는 것"을 뜻한다.[12] 성경을 향한 루터의 열망은 그가 종교개혁에 대해 이야기한 한 상황에서 생생하게 기록되어 있다.

"나는 단순히 가르쳤고, 설교했고 하나님의 말씀을 썼다. 다른 말로 나는 아무 것도 한 것이 없다… 말씀이 그 모든 것을 했다."[13]

루터의 사역은 우리에게 말씀의 능력을 신뢰하도록 가르친다. 이는 지금 우리에게 절대적으로 필요한 또 다른 개혁을 가져올 수 있다.

틴데일 역시 평범한 사람들이 하나님의 말씀을 이해하기를 바랐기 때문에 영어로 신약성경을 번역했다. 틴데일은 루터와 가까이 교제했고 실제로 비텐베르크(Wittenberg)에서 그의 영어성경을 다수 인쇄했다. 그의 영어 번역은 처음으로 히브리어와 헬라어 본문으로부터 바로 번역한 것이다. 인쇄술의 도움으로 루터와 다른 이들처럼 그의 책도 넓게 배포되었다. 1535년 틴데일은 일 년 넘게 브루셀 교외의 감옥에 갇혔다. 그리고 그는 이단으로 재판을 받았고 결국 42세의 나이로 화형 당했다. 그의 커다란 열망은 종교적 전문가들뿐 아니라 모든 "밭가는 소년"이 성경을 아는 것이었다. 이 열정은 모든 사람 한 명 한 명에게 복음을 전해야 한다고 나를 고무시킨다.

존 낙스(John Knox)는 장로교단의 설립자로 여겨진다. 그는 칼빈에게서 배움을 얻으려고 세 번 제네바로 찾아갔다. 제네바에서 낙스는 개혁주의 신학과 장로회 체계의 지식을 얻었다. 그는 새로운 예배 순서를 만들었고, 스코틀랜드에 있는 개혁주의 교회가 그것을 채택했다. 무엇보다

---

12 Meuser, 46에서 인용.
13 E. G. Rupp, *Luther's Progress to the Diet of Worms 1521* (Londons: SCM, 1951), 99에서 인용.

낙스는 메리 여왕의 비판에도 불구하고 죽음에 이를 때까지 말씀을 선포하는 두려움 없는 설교자였다.

울리히 쯔빙글리(Ulrich Zwingli) 또한 성경을 쉽게 그리고 확실하게 가르쳤다. 1519년 는 그 당시 들어본 적이 없는 것을 시도했다. 성경의 한 권씩 설교해 나가는 것(마태복음)이 그것이다. 그는 후에 다수의 성경 각 권 설교를 했다. 하지만 그가 기록하지 않아서 오늘날 그의 설교는 거의 남아 있지 않다.

존 칼빈은 오늘날 강해설교를 위한 가장 중요한 모범을 제공했다. 기독교인들은 그를 설교자로 알기보다는 신학자로 알고 있다. 칼빈은 정말 다양한 형태의 신학 서적과 논문을 썼다. 그러나 딜랜버거(Dillenberger)는 "[칼빈의] 그의 모든 신학적 노고는 바로 성경 강해였다"[14]고 정확하게 말했다. 성경 강해를 향한 그의 사랑은 그의 주석과 주제별 그의 글에서 입증된다.

칼빈에게 참된 교회를 구분하는 주된 표시는 말씀이 온전히 설교되어지는 것이다. 제네바의 목사로서, 칼빈은 1549년부터 그의 죽음까지 일요일과 격주 단위로 주 중에 두 번씩 설교했다. 한 절 한 절씩 강해하는 그의 개인적인 헌신은 하나의 생생한 이야기로 그려졌다. 1538년 부활절 설교 후에, 그는 시의회로부터 추방당했다. 그는 1541년 9월에 돌아왔고, 이어지는 다음 절을 본문으로 골랐다(3년이 지나서)![15] 그는 강해자의 모델이었고, 이것은 지금도 그렇다.

---

14 J. Dillenberger, *John Calvin: Selections from His Writings* (Scholars Press, 1975), 14.
15 T. H. L. Parker, *Calvin's Preaching*, 60.

칼빈은 간단하고 직접적인 적용과 함께 본문을 따라 흘러가며 설명하는 평이한 스타일로 설교했다. 그는 그의 시기에 많은 다른 설교자들에게 영향을 미쳤다. 헨리 불링거(Henry Bullinger, 1504-1575), 토마스 카트라이트(Thomas Catwright, 1535-1603), 존 쥬얼(John Jewel, 1522-1571), 휴 라티머(Hugh Latimer, 1485-1585)를 포함하는 동시대의 다른 개혁자들과 강해설교자들도 살펴보아야 한다. 영국 개혁주의자인 라티머는 1548년에 그가 한 가장 잘 알려진 설교를 했다. 그는 성경을 설교하지 않는 자신의 시대의 불충실한 설교자들에게 도전을 주었다.

영국 전체, 유럽의 일부, 그리고 미국에서 종교개혁을 이어 청교도운동이 일어났다. 청교도 시대는 굉장히 많은 모범이 되는 성경적 설교자들이 나왔다. 이러한 리더들은 교회의 생활이 성경의 순수함으로 돌아가기를 추구했다. 초기 청교도인 윌리엄 퍼킨스(William Perkins, 1558-1602)는 능력 있는 설교자이며 설교자의 스승이었다. 이안 브르워드(Ian Breward)는 그를 "엘리자베스 시대의 교회에서 가장 넓게 알려진 신학자"[16]라고 불렀다. 싱클레어 퍼거슨(Sinclair Ferguson)은 "오늘날 세계를 통틀어 기독교인들은 상당한 그러나 대부분 인지하지 못하는 부채를 위대한 청교도 설교자이고 신학자인 윌리암 퍼킨스에게 지고 있다"[17]에게 말한다.

성경적 설교에 대한 높은 가치를 붙든 청교도들의 목록에는 조셉 홀(Joseph Hall, 1574-1656), 토마스 굿윈(Thomas Goodwin, 1600-1680), 리차

---

16 I. Breward, ed., *The Work of William Perkins* (Berkshire: Sutton Courtenay Press, 1970), xi.
17 S. Ferguson, "Foreward" in *William Perkins' The Art of Prophesying*, rev. Sinclair Ferguson, 7.

드 벡스터(Richard Baxter, 1615-1691), 존 오웬(John Owen, 1616-1683), 토마스 맨톤(Thomas Manton, 1620-1677), 존 번연(John Bunyan, 1628-1688), 스테판 차녹(Stephen Charnock, 1628-1680), 윌리엄 에임스(William Ames, 1576-1633), 리차드 십스(Richard Sibbes, 1577-1635), 제르마이어 버로우(Jeremiah Burroughs, 1600-1646), 사무엘 러더포드(Samuel Rutherford, 1600-1686), 존 프라벨(John Flavel, 1628-1691), 그리고 매튜 헨리(Matthew Henry 1662-1714) 등이 있다. 이 사역자들의 삶은 고찰해 보아야 할 만큼 중요하다.

오웬은 그 시대를 이끄는 신학자로 두드러진다. 그는 12살에 옥스퍼드에 있는 퀸즈대학(Queen's College)에 들어갔고, 고전문학, 수학, 철학, 신학, 히브리어, 그리고 히브리 작문을 공부했다. 그의 추천할만한 작품 중에는 『하나님과의 교제』(Communion with God), 『죄 죽이기』(The Mortification of Sin), 『존 오웬 전집』(Works of John Owen), 『그리스도의 죽음 안에서의 죽음의 죽음』(The Death of Death in the Death of Christ), 그리고 『유혹과 죄』(Temptation and Sin) 등이 있다. 내가 개인의 경건에 대한 설교를 준비할 때면, 오웬의 작품들을 찾아보기를 좋아한다. 아무도 그가 한 것처럼 오래 묵은 죄와 그리고 유혹과의 싸움에 대해서 깊이 통찰할 수 없을 것이다. 그는 영혼의 의사였다.

리처드 박스터와 존 번연은 가장 유명한 청교도 목사일 것이다. 그 둘은 한 지역 교회에서 전 생애 동안 머물렀다. 그들은 또한 자신의 분파주의(separatism) 때문에 감금을 당했다. 오늘날 벡스터는 설교에 대한 것보다 목회에 대한 그의 글들로 더 유명하다. 그는 약 16년 동안 킨더미니스터(Kidderminster)에서 사역했다. 그의 책들 중 두 권은 요즘도 널리 읽힌다. 『성도의 영원한 안식』(*The Saint's Everlasting Rest*)과 『참 목자』(*The Reformed Pastor*)가 그것이다. 그는 "다시 설교 할 수 없을 것처럼, 그리고 죽어가는 사람이 죽어가는 사람들에게 하는 것처럼" 깊은 열정을 가지고 설교했다.

회심한 "땜장이"(thinker)이며 고전인 『천로역정』(*Pilgrim's Progress*)의 저자인 존 번연(John Bunyan)은 베드포드의 주권적 은혜로 오랜 기간 설교자로 있었다. 신학자 존 오웬이 왜 그가 이 교육받지 못한 사람의 설교를 들으러 가느냐는 질문을 받았을 때, 오웬은 "나는 기꺼이 나의 배움과 이 땜장이가 가진 사람들의 삶을 감화하는 능력을 바꾸고 싶다"[18]고 말하였다.

매튜 헨리는 25년 동안 영국의 체스터(Chester)에 있는 장로교회의 비범한 강해설교자였다. 그의 헌신적인 주석들은 요즘도 여전히 읽히고 있다. 청교도 시기 동안 또 다른 뛰어난 설교 업적들은 앤드류 하이퍼리스(Andrew Hyperisu)의 『거룩한 설교를 만드는 것에 관하여』(*On the Making of Sacred Discourse*), 리차드 버나드(Richard Bernard)의 『신실한 목자』(*The Faithful Shepherd*), 토마스 후커(Thomas Hooker)의 『영혼의 준비』(*The Soul's Preparation*), 윌리엄 채플(William Chappell)의 『설교자와 설교의 기술과 방법』(*The preacher and the Art and Method of Preaching*), 그리고 필립 도드리지(Phillip Doddridge)의 『설교학 강의』(*Lectures on Preaching*) 등이 있다.

청교도의 성경 사랑은 초기 미국으로 옮겨졌다. 데이비드 라슨(David Larsen)은 다음과 같이 말한다.

---

18 John Piper, *The Hidden Smile of God* (Wheaton: Crossway, 2001), 54에서 인용.

"청교도들은 영국에서 뉴잉글랜드로 향해 담대히 이주하면서 설교된 말씀의 중심성도 함께 가지고 갔다."[19]

V. L. 스탠필드(V.L.Stanfield)는 식민지 미국설교를 다음과 같이 분류했다.

① 지적이지만 감정적인 설교
② 신학적으로 보수적인 설교
③ 매우 논쟁적인 설교
④ 윤리적으로 청교도적인 설교
⑤ 그리고 성경적으로 권위적인 설교[20]

초기 미국의 설교자들은 오늘날 나에게까지 영감을 주고 있다. 그들의 업적은 교육과 정치같이 사회의 다양한 분야에 영향을 주었다.

평이한 청교도 스타일 설교를 한 존 코튼(John Cotton, 1585-1652)은 웅변가와 학자로 알려졌다. 토마스 후커(Thomas Hooker, 1586-1647)는 코튼과 함께 미국에 왔다. 그는 종교적 자유와 복음주의적 신학에 대한 깊은 고민을 가진 목사였다. 데이비드 라슨은 코튼 마터(Cotton Mather, 1663-1728)를 "그의 시대에서 가장 날카롭고 다작의 사고자"[21]로 칭찬하였다. 마터은 11세에 하버드에 들어가서 "히브리어 모음 구두법의 신

---

19 D. Larsen, *The Company of the Preachers* (Grand Rapids: Kregel Publications, 1998), 293.
20 V. L. Stanfield, *Notes on the History of Preaching*, 2nd ed. (New Orleans: NOBTS Printing Department, 1963), 172.
21 Larsen, 198-99.

적 기원에 대한 가능성"(on the possibility of divine origin of the Hebrew vowel pointings)이라는 논문으로 석사를 마쳤다. 그리고 후에 그는 예일의 설립자 중의 한 명이 되었다.[22]

1750년 이전에 신중한 청교도와 칼빈주의가 설교의 특징이 될 정도로 영향을 미쳤다고 턴불(Turnbull)은 주장했다.[23] 복음전도적인 설교의 부흥도 역시 있었다. 이때에 있었던 복음전도에 대한 강조는 대부흥운동의 설교가 그 증거이다. 대부흥기의 가장 뛰어난 세 명의 설교자는 조나단 에드워즈(Jonathan Edwards, 1703-1758), 조지 윗필드(George Whitefield, 1714-1770), 그리고 존 웨슬리(John Wesley, 1703-1791)이다.

윗필드는 옥스퍼드의 "경건모임"에서부터 웨슬리를 알았다. 그 둘은 하나님의 구원에 대한 주권에 관련한 특정교리에서는 일치하지 않았지만, 오랜 친구와 격려자로 남았다. 휫필드는 굉장한 음성을 가진 위대한 웅변가이고 학자였다. 그는 헬라어 교재로 공부를 했다. 그는 거듭남에 대해 설교하는 것을 좋아했다. 그의 설교는 한 절씩 하는 것보다는 더 주제적 설교였지만, 성경신학으로 가득 채워져 있었다. 그가 56세 나이로 죽을 때까지, 복음전도여행으로 대서양을 16번 건넜다. 모든 설교자는 윗필드의 전기를 읽어야 한다.

웨슬리는 뛰어난 옥스퍼드 학자였다. 그의 설교는 매우 잘 짜여 있었고 이해하기 쉬웠다. 그는 청중들이 복음설교를 통해 회심하는 것에 모든 목적이 있었다. 그는 거의 60년 동안 여행했고, 아마도 역사의 누구

---

22 Ibid.
23 R. Turnbull, *A History of Preaching*, vol. 3 (Grand Rapids: Baker 1974), 51.

보다도 가장 많이 설교했을 것이다. 그가 한 많은 설교는, 윗필드처럼, 야외에서였다. 그는 또한 감리교운동의 기초를 세웠다.

놀(Knol)은 윗필드가 대부흥기에서 가장 중요한 설교자였다면 조나단 에드워즈는 그 시기의 가장 중요한 변증가라고 말했다.[24] 열렬한 칼빈주의자인 에드워즈는 설교가 회심을 위한 주요한 수단이라고 생각했다.[25] 그의 가장 유명한 설교는 1741년 코네티컷의 엔필드에서 행한 "진노한 하나님의 손 안에 있는 죄인들"(Sinners in the Hands of an Angry God)이다. 그러나 이 설교는 그의 설교를 충분히 대표하지 못한다. 설교학적으로 에드워즈는 그가 선택한 본문으로부터 교리의 중요한 점을 발전시킨다. 그리고 윌리엄 퍼킨스의 지도를 따라 끝에 다양한 적용을 제공한다.

에드워즈는 아마도 미국역사에서 가장 위대한 신학적 지성일지도 모른다. 그의 추천할 만한 책들은 『신앙 감정론』(Religious Affections), 『조나단 에드워즈 작품들』(The Works of Jonathan Edwards), 그리고 『의지 자유론』(Freedom of the Will) 등이다. 나는 젊은 설교자들은 존 오웬과 마찬가지로 에드워즈를 철저하게 읽기를 권한다. 그의 작품들은 존 파이퍼 같은 이 시대 목사들에게 엄청난 영향을 끼쳤다. 에드워즈의 책들을 통해 연구하기 위해서는 당신은 많은 시간이 필요할 것이다. 그러나 그것은 분명 가치가 있다.

---

24 M. Knoll, *A History of Christianity in the United States and Canada* (Grand Rapids: Eerdmans, 1992), 95.
25 Turnbull, 55.

4. 복음주의 시대의 설교(1800-현재)

다간(Dargan)은 19세기를 설교 역사에서 가장 위대한 시기라고 부른다.[26] 찰스 시므온(Charles Simeon, 1759-1836), 헨리 워드 비쳐(Henry Ward Beecher, 1813-1887), 필립스 브룩스(Philips Brooks, 1834-1893), 조셉 파커(Joseph Parker, 1830-1902), 프레드릭 W. 로버슨(Fredrick W. Robertson, 1816-1853), 존 브로더스(John Broadus, 1827-1895), 찰스 스펄전(Charles Spurgeon, 1834-1892), D. L. 무디(D. L. Moody 1837-1899), 존 C. 라일(John C. Ryle 1816-1900), 알렉산더 맥클라렌(Alexander McLaren 1826-1910), 그리고 G. 캠벨 모간(G. Campbell Morgan, 1863-1942)은 이 시기의 영향력 있는 설교자들 목록에 있다.

뉴욕의 브룩클린에 있는 플라이마우스(Plymouth) 회중교회의 목사인 비쳐(Beecher)는 강해설교자로 알려지지 않았지만, 노예제도의 해악과 같은 사회적 문제에 대해서 예증이 되고 감동적인 설교를 했다. 스탠필드(Stanfield)는 그를 "미국 강단의 위대한 웅변가"[27]로 불렀다. 1872년 비쳐는 예일에서 설교에 대한 리만 비쳐 강의(Lyman Beecher Lectures)를 시작했다. 그것은 설교학에 지속적인 영향을 주었다. 그 강사들 중 한 명인 보스톤의 감리교회 목회자인 필립스 브룩스(Phlips Brooks)는 설교는 "인격을 통해 나타나는 진리"라는 위대한 문구를 우리에게 주었다.

내 생각으로 이 시기에 가장 중요한 미국 설교자는 존 브로더스(John

26　Dargan, 351. 이외에 다간은 4세기, 13세기, 16세기를 설교에 있어서 세 번의 위대한 시기로 꼽는다.
27　Ibid.

Broadus)였다. 그는 굉장한 설교자이자 헌신한 설교자의 스승이었다. 서든침례신학교(The Southern Baptist Theological Seminary)에서 그가 가르치는 동안, 브로더스는 몇 해에 걸쳐 설교학에서 가장 영향력 있는 책인『설교 준비와 전달에 관하여』(On the preparation and Delivery of Sermons, 1871)를 저술했다. 그 책은 4차에 걸쳐 개정되었고, 오늘날도 여전히 읽혀지고, 신뢰받고 있다. 브로더스는 그 이후 몇 년 동안 효과적인 성경적 설교를 하기 위해 설교학(Homiletical)의 기초를 놓았다. 브로더스를 따르는 다른 명성 있는 학자이자 설교자들로는 B. H. 캐롤(B. H. Caroll, 1843-1914)과 E. Y. 뮬린스 (E. Y. Mullins, 1860-1928) 등도 있다.

찰스 스펄전은 이 기간에 영국에서 온 가장 유명한 설교자이다. 런던의 메트로폴리탄장막교회(Tabernacle)에서의 스펄전의 설교는 통찰력이 있었고 성경적이었다. 그러나 스펄전은 전체 성경의 각 권을 가지고 한 절씩 설교해 가는 사람은 아니었다. 그는 형식에서는 더욱 청교도적이었고, 본문으로부터 신학적 진리를 취하여 잘게 쪼개었다. 그의 지성과 개혁주의 신학, 유머, 그리고 웅변술의 결합은 문서로 잘 남겨져 있다.

스펄전은 역사의 어떤 기독교인보다 더 문학적이었다. 목사로서 나 자신의 부르심은 스펄전의 전기를 읽던 중에 찾아왔다. 내 책상 위에는 스펄전의 흉상이 있는데, 그것은 나에게 통풍, 병약한 부인, 침례교 연합의 문제, 그리고 우울증과 같은 큰 고통의 한가운데를 통과하면서도 하나님에 대한 그의 충성을 상기시켜주었다. 나는 여름 내내 성경과 스펄전 이외에는 아무것도 읽지 않으며 보냈다. 그리고 그것은 나의 삶에 극적인 영향을 주었다.

스펄전에 앞서, 찰스 시므온(Charles Simeon)은 사역에서 인내의 모범을 세웠다. 동시대의 윌리엄 윌버포스(William Wilberforce)와 일생의 친구 사이인 시므온은 1782년에 캠브리지에 있는 성삼위교회(Holy Trinity Church)의 목사가 되었다. 그는 시작부터 반대에 부딪혔다. 그런 반대에도 불구하고 시므온(평생 독신이었던)은 54년 동안 남아 있었다. 결국 그는 그의 성도들의 마음을 얻었고 충실한 강해설교의 유산과 세계 선교를 위한 열정을 남겼다. 그의 『강해 아웃라인』(*Expository Outlines*)은 오늘날도 영향을 미치고 있다. 시므온은 또한 장 클로드(Jean Claude)가 쓴 설교에 대한 에세이를 번역했고, 그것은 그의 『강해 아웃라인』의 끝에 실려 있다. 시므온은 "캠브리지의 루터"로 알려져 있다. 사역에서 그의 목표는 "죄인을 겸손케 하고, 구세주를 높이며, 거룩함을 고취"[28]시키는 것이었다. 존 스토트는 현대 설교자를 위한 모범으로 시므온의 예를 자주 말한다. 그의 삶 전체는 하나님의 말씀과 하나님의 사명에 헌신되었다.

알렉산더 맥클라렌(Alexander MacLaren)은 영국의 맨체스터에 있는 연합교회(Union Chapel)에서 45년을 보낸 전설적인 강해설교자이다. 그는 혹독한 연구 계획을 계속 발전시켜 나갔고, 그의 설교는 그가 한 훈련의 열매를 보여주었다. 『강해설교자의 성경』(*The Expositor's Bible*)에 실린 그의 32편의 설교는 오늘날 여전히 읽혀진다. 맥클라렌은 본문을 자연스런 단위로 바르게 나누고, 그 의미를 설명하는 은사가 있었다.

말씀의 강력한 강해자인 G. 캠벨 몰간(G. Campbell Morgan)은 런던의 웨스트민스터 채플에서 19세기와 20세기에 걸쳐(두 번 목사로 섬기면서) 설

---

28   R. Levenson, "'To Humble the Sinner, to Exalt the Savior, to Promote Holiness': Reflections on the Life, Ministry, and Legacy of Charles Simeon," *Sewannee Theological Review* (1998): 47.

교했다. 나는 맥클라렌과 몰간 두 사람 모두 "강해설교자들의 왕자"로 칭송받았다. 그의 연구 습관은 그가 설교할 부분의 성경을 수 없이 읽는 것으로 구성되어있다. 맥클라렌과 같이 몰간은 단순하고 성경적으로 충실한 아웃라인을 전개해 가는 은사가 있었다.

몰간의 뒤를 이어 마틴 로이드 존스(D. Martin Lloyd-Jones, 1899-1981)가 있다. 나는 이 책 전체를 통해 나의 영웅인 그를 참조해왔다. 그의 로마서와 에베소서에 대한 주석은 그의 신학적 열정과 성경 본문에 대한 주의 깊은 집중력을 보여준다. 그는 성경적 설교를 대체할 수 있는 것은 없으며, 설교의 부흥은 또 다른 대각성을 위한 가장 중대한 필요라고 생각했다. 나는 완전히 동의한다.

세기의 끝을 향해가며, 다른 어떤 시기에서 보다 더 많은 성경적 설교에 대한 책들이 나왔다. 예를 들면 메릴 웅거(Merill Unger)의 『강해설교의 원리』(Principles of Expository Preaching, 1955), 도날드 밀러(Donald Miller)의 『성경적 설교로 가는 길』(The Way to Biblical Preaching, 1957), 로이드 페리(Lloyd Perry)의 『현대 세계를 위한 성경적 설교』(Biblical Preaching for Today's World, 1973), 해돈 로빈슨(Haddon Robinson)의 『강해설교』(Biblical Preaching, 1980, CLC 刊), 윌리엄 톰슨(William Thompson)의 『성경적으로 설교하기』(Preaching Biblically, 1981), 그리고 존 스토트(John Stott)의 『두 세계 사이』(Between Two Worlds, 1982)가 있다.

더 최근에 나온 존 맥아더(John MacArthur)와 그의 교수진들의 『강해설교의 재발견』(Rediscovering Expository Preaching, 1992), 브라이언 채플(Bryan Chapell)의 『그리스도 중심적 설교』(Christ-Centered Preaching, 2005), 시드니 그레이다너스(Sidney Greidanus)의 『현대 설교자와 고대 본문』(The Modern

Preacher and the Ancient Text, 1988), 웨인 맥딜(Wayne McDill)의 『강해설교를 위한 12가지 필수 기술』(*The Twelve Essential Skills*, 1994, CLC刊), 그리고 제리 바인즈(Jerry Vines)와 짐 셰딕스(Jim Shaddix)의 『강단 위의 능력』(*Power in the Pulpit*, 1999) 등은 강해설교를 준비하는 데 있어서 놀라운 통찰을 보여준다.

제임스 몽고메리 보이스(James Montgomery Boice), 도날드 그레이 반하우스(Donald Gray Barnhouse), W. A 크리스웰(W. A. Criswell), 존 R. W. 스토트(John R. W. Stott), 존 맥아더(John MacArthur), 그리고 존 파이퍼(John Piper)는 나의 목록에 포함되어 있는 최근 시기의 모범적인 강해자들이다. 많은 사람들이 목록에 있지만, 내가 젊은이들에게 스토트와 맥아더 그리고 파이퍼를 추천하는 두 가지 이유가 있다.

첫째, 그들은 사역에서의 장기근속의 예를 보인다(각각 한 교회에서 다년간 사역했다).

둘째, 그들은 이론과 실제에서 충실한 강해설교의 모델이다(접근에서는 차이가 있지만).

5. 다음 세대

21세기의 설교에 대해서 어떻게 말하게 될지는 시간이 지나야만 알 수 있다. 앞의 장에서 말했지만, 오늘날 우리는 세계화, 포스트모던 사고, 성경적 무지, 세속화, 그리고 현대 도시들에 있는 교회의 필요성과 같은 많은 새로운 도전을 직면하고 있다. 또한 우리는 첨단기술의 발달에 따른 놀라운 기회들과 재료들을 가지고 있다(500년 전 아무도 루터를 포드케스트[podcast]를 하지 못했다!) 우리 세대를 위한 나의 기도는 이러한 설교의 뛰어났던 시기의 예를 따르는 것이다.

시므온에 대해서 스토트가 말한 것이 생각난다.

> 나는 캠브리지의 성삼위교회(Holy Trinity Church)의 강단에서 설교할 수 있는 특권을 많이 누렸다. 그가 섰던 그 자리에 서서, 나는 그의 놀라운 충실함에 부합될 수 있게 해 달라고 기도했다.[29]

나는 칼빈, 에드워즈, 또는 스토트의 강단에서 설교해본 적이 없다. 그러나 나 역시 하나님, 그분의 말씀, 그분의 부르심, 그리고 그분의 사명에 대한 이들의 놀라운 충실함에 부합될 수 있기를 기도한다.

6. 요약

설교의 역사는 영감을 주고 교육적이다. 현대 설교자로서, 우리 시대가 가지는 현대의 문제들에 대한 중요한 교훈을 배웠다. 우리는 또한 복음을 위해 고난 받는 것이 무엇인지에 대한 중요한 시각도 얻었다. 그러므로 우리는 우리의 역사에 대한 연구를 무시해서는 안 된다. 왜냐하면 우리는 위대한 유산의 일부이기 때문이다. 그 유산 때문에, 충실한 설교

---

29 J. Stott, ⅹⅹⅶ.

자들이 우리 전에 한 것처럼, 우리는 하나님의 말씀이라는 바통을 다음 세대에 넘겨줄 중대한 책임을 지고 있다.

> ### ◆ 디모데전후서 연구
>
> 1) 디모데후서 1:3-7에서 바울은 그와 디모데의 역사적 뿌리를 어떻게 나타내는지 살피라. 이 구문의 아웃라인을 작성해보라.
>
> 2) 디모데후서 2:1-7을 따라 디모데는 어떻게 바른 가르침의 유산을 이어가야 할까?
> 앞에서 언급된 설교자들 중에서 당신은 앞으로의 연구와 리서치를 위해 특별히 관심이 가는 사람을 찾았는가?
> 왜 설교의 역사는 중요한가?
>
> 3) 바울은 디모데후서 4:6-8에서 그의 삶의 끝에 영감을 주는 말을 적고 있다. 이 구문의 아웃라인을 작성해보라.

후기

루터는 죽기 3일 전에 그의 마지막 설교를 했다. 그는 설교를 이렇게 끝맺었다.

> 이 복음에 대해서 드려야 할 말씀은 여전히 너무나 많습니다. 나는 너무 연약합니다.[1]

우리가 설교해야 할 이 복음이 얼마나 놀라운 복음인가!

루터가 그리스도의 헤아릴 수 없는 부요함을 설교한 것처럼, 나도 그렇게 할 수 있기를 다른 어떤 것보다 간절히 원한다. 설교 사역은 우리를 지치게 할 수 있다. 그러나 우리 삶을 일평생 충실한 설교에 바치는 것보다 우리에게 더 나은 것은 없다.

루터의 말은 또한 나에게 깨닫게 한 점이 있다.

---

1 F. W. Meuser, *Luther the Preacher*, 34.

"내가 이 책에서 설교에 대해 써 왔던 것보다 설교에 대해 여전히 더 많은 말을 할 수 있을 것이다."

우리는 이 교재의 많은 요소들 안으로 더 깊이 들어가 볼 수 있으며, 나는 당신이 그렇게 하기를 바란다.

나는 교회로 향하는 매일 매일 나 자신에게 상기시키는 것이 있다. 나는 직업으로 단지 생계를 유지하고 있는 것이 아니라고. 나는 주권자 하나님으로부터의 부르심을 이루어가고 있다. 우리는 하나님의 영광을 위해서, 그리스도를 높이는 성경을 통해서, 성령님의 능력으로 설교한다. 그것은 거룩하고 행복한 책임이다.

바울은 우리가 단지 사람을 위해서만이 아니라, 우리 하나님 앞에서 말하고 섬기는 것이라고 우리를 일깨운다. 그는 말한다.

> 우리는 수많은 사람들처럼 하나님의 말씀을 혼잡하게 하지 아니하고 곧 순전함으로 하나님께 받은 것같이 하나님 앞에서와 그리스도 안에서 말하노라(고후 2:17).

하나님은 우리의 생각을 아시고, 우리의 말을 들으신다. 우리는 이것을 절대 잊어서는 안 되며, 은혜로서 사역의 신실함을 유지하도록 노력해야 한다. 바라기는 이러한 조언들이 우리를 무릎 꿇도록 하게 하며 이렇게 기도하기를 바란다.

> 아버지, 당신은 나를 지으셨고, 나를 구원하셨습니다. 당신은 나를 당신의 측량할 수 없는 은혜로 부르셨습니다. 당신은 전

쟁을 위해 나에게 임무를 맡겼습니다. 당신은 당신의 말씀으로 나를 무장시켰습니다. 바라기는 성령님께서 나에게 이번 주 설교할 수 있는 힘을 주시기를 원합니다. 그가 오시지 않으면 모든 것이 헛되기 때문입니다. 그리스도께서 높임을 받으시기를 원합니다. 왜냐하면 내가 아니라 그분이 드러나야 하기 때문입니다. 내가 죽어가는 사람들에게 당신의 말씀을 충실하게 전하려 애쓸 때, 죄인을 구하시고, 약한 토기를 통해서 당신의 백성을 강하게 해 주십시오. 오직 당신에게 영원히 영광이 있기를, 나의 구원자 되신 예수님의 이름으로 기도드립니다. 아멘.

부록1
설교 아웃라인

I. 서론

    a. 도입말 [당신이 사용한 서론의 유형을 여기에 기록하라]

    b. 본문의 메인 포인트 (M.P.T.):[본문이 메인 포인트를 기술하라]

    c. 설교의 메인 포인트 (M.P.S.):[설교의 메인 포인트를 기술하라]

    d. 제목

II. 본론

[설교의 메인 포인트를 지지하는 아웃라인을 개략적으로 진술하라. 각 포인트에 대한 각 기능적 요소의 묘사하는 두 문장을 포함시켜라.]

III. 결론

    a. 요약 [요약할 수 있는 길을 열어주라]

    b. 반응 [당신이 얻을 수 있는 반응의 유형들을 적어보라]

부록 2
설교 평가표

설교자 _____
본　문 _____
제　목 _____
날　짜 _____

I. 성경 봉독

　　　　　　　　　　　　　　　부족함　　탁월함

a. 표현을 담아 읽는다.　　　　1 2 3 4 5 6 7
b. 분명히 들리게 읽는다.　　　1 2 3 4 5 6 7

논평:

II. 서론

　　　　　　　　　　　　　　　부족함　　탁월함

a. 흥미를 유발한다.　　　　　　1 2 3 4 5 6 7
b. 적실성을 확립한다.　　　　　1 2 3 4 5 6 7
c. 본문의 메인 포인트를 포함한다.　1 2 3 4 5 6 7
d. 설교의 메인 포인트를 소개한다.　1 2 3 4 5 6 7
e. 구속적 내용을 포함하고 있다.　1 2 3 4 5 6 7

f. 설교자의 기대감을 포함하고 있다.   1 2 3 4 5 6 7

g. 너무 길지 않다.   1 2 3 4 5 6 7

도입말은 무엇인가?

서론이 나머지 설교에 추진력을 제공하는가?

III. 본론

                                        부족함   탁월함

a. 주요 목록들, 포인트들, 구분들이 설교의 메인 포인트를 지지한다.   1 2 3 4 5 6 7

b. 주요 목록들, 포인트들, 구분들이 본문으로부터 나온 것이다.   1 2 3 4 5 6 7

c. 각 포인트는 전부는 아니더라도 기능적 요소들 다수 포함하고 있다.   1 2 3 4 5 6 7

d. 기능적 요소들은 균등하게 사용되었다.   1 2 3 4 5 6 7

e. 연구한 것을 증명하면서 본문은 잘 설명되었다.   1 2 3 4 5 6 7

f. 예화들은 감동적이며 교훈적이었다.   1 2 3 4 5 6 7

g. 적용은 본문에 매여 있었다.   1 2 3 4 5 6 7

h. 구체적이며 축척되는 적용이 주어졌다.   1 2 3 4 5 6 7

i. 적용이 설교 전반에 걸쳐 사용되었다.   1 2 3 4 5 6 7

j. 복음이 설교에 자연스럽게

책임감 있게 통합되었다.　　　　　　1 2 3 4 5 6 7

이 설교에서 강해한 것들 중에 가장 효과적인 요소는 무엇인가?

이 설교에서 강해한 것들 중에 가장 부족한 요소는 무엇인가?

이 설교에서 그리스도께서 어떻게 높임을 받으셨는가?

IV. 결론

요약

　　　　　　　　　　　　　　　　　부족함　　탁월함

a. 내용이 분명하게 요약되었다.　　　1 2 3 4 5 6 7

b. 요약에는 새로운 내용이 들어가지 않았다.　1 2 3 4 5 6 7

c. 요약이 반응으로 자연스럽게 넘어간다.　1 2 3 4 5 6 7

내용이 어떻게 요약되었는가?

반응

d. 설교자는 청중이
어떻게 반응해야 하는지 분명했다.　　1 2 3 4 5 6 7

e. 반응이 설교의 메인 포인트에 매여 있다.　1 2 3 4 5 6 7

f. 청중들로 그리스도께 향하게 했다.　1 2 3 4 5 6 7

어떤 유형의 반응이 주어졌는가?

V. 전달과 스타일

	부족함	탁월함

a. 설교가 명쾌했다.　　　　　　　　　1 2 3 4 5 6 7

b. 설교가 지겹지 않았다.　　　　　　　1 2 3 4 5 6 7

c. 열정이 보였다.　　　　　　　　　　1 2 3 4 5 6 7

d. 진정성이 보였다.　　　　　　　　　1 2 3 4 5 6 7

e. 눈 맞춤이 설교 전반에 유지되었다.　1 2 3 4 5 6 7

f. 설교가 적당한 속도와 힘을 유지했다.　1 2 3 4 5 6 7

g. 유머는 적당하며 의도성이 있었다.　1 2 3 4 5 6 7

h. 커뮤니케이션 도구들이 방해가 되지 않았다.　1 2 3 4 5 6 7

I. 설교자는 겸손한 확신으로 말했다.　1 2 3 4 5 6 7

j. 설교자는 신뢰감을 가지고 말했다.　1 2 3 4 5 6 7

k. 설교자가 목양적 관심을 가지고 말했다.　1 2 3 4 5 6 7

l. 설교자가 청중과 좋은 관계를 보였다.　1 2 3 4 5 6 7

이 설교의 전달과 스타일에 관한 것 중에 가장 효과적인 요소는 무엇인가?

이 설교의 전달과 스타일에 관한 것 중에 가장 부족한 요소는 무엇인가?

VI. 전반적인 논평

참고 문헌

도서

Augustine. *On Christian Doctrine*. Translated by D. W. Robertson, Jr. Upper Saddle River, NJ: Prentice Hall, 1997.

Azurdia, Arturo, III. "Reforming the Church Through Prayer." In *Reforming Pastoral Ministry*. Edited by John H. Armstrong. Wheaton: Crossway, 2001.

_____. *Spirit Empowered Preaching*. Ross-Shire, Scotland: Christian Focus, 1998.

Barth, Karl. *Homiletics*. Translated by Geoffrey W. Bromiley and Donald E. Daniels. Louisville: Westminster/John Knox, 1991.

Baxter, Richard. *The Reformed Pastor*. Edited by William Brown. First published in 1656. Reprint, Carlisle: The Banner of Truth Trust, 1996.

Beeke, Joel. "The Utter Necessity of a Godly Life." In *Reforming Pastoral Ministry*. Edited by John H. Armstrong. Wheaton: Crossway, 2001.

Begg, Alistair. *Preaching for God's Glory*. Wheaton: Crossway, 1999.

Blackwood, Andrew W. *Expository Preaching Today*. Grand Rapids: Baker, 1975.

_____. *The Preparation of Sermons*. New York: Abingdon, 1948.

Boice, James Montgomery. *Psalms*. Volume 3. Grand Rapids: Baker Books, 1998.

Bonar, Andrew A., ed. *Memoirs of McCheyne*. Reprint. Chicago: Moody, 1978.

_____. *Robert Murray M'Cheyne*. Reprint. London: Banner of Truth Trust, 1972.

Bounds, E. M. *E. M. Bounds on Prayer*. Compilation. New Kensington: Whitaker House, 1997.

_____. *Power Through Prayer*. Uhrichsville, OH: Barbour, 1984.

_____. *Prayerful and Powerful Pulpits*. Grand Rapids: Baker Book House, 1994.

Breward, Ian, ed. *The Work of William Perkins*. Berkshire: Sutton Courtenay Press, 1970.

Broadus, John A. *On the Preparation and Delivery of Sermons*. Fourth edition. Revised by Vernon L. Stanfield. San Francisco: Harper and Row, 1979.

_____. *On the Preparation and Delivery of Sermons*. New and Revised by Jesse Burton Weatherspoon. New York: Harper and Brothers, 1944.

_____. *A Treatise on the Preparation and Delivery of Sermons*. Philadelphia: Smith, English & Co., 1870. Reprint, Philadelphia: H. B. Garner, 1884.

Brooke, Stopford A. *Life and Letters of Frederick W. Robertson*. New York: Harper and Brothers, 1865.

Brooks, Phillips. *Lectures on Preaching*. New York: E. P. Dutton & Co., 1877. Reprint. Grand Rapids: Baker, 1969.

Bruce, F. F. *Commentary on the Book of Acts*. Grand Rapids: Eerdmans, 1970.

Bryson, Harold T. *Expository Preaching*. Nashville: B&H, 1995.

Bryson, Harold T., and James C. Taylor. *Building Sermons to Meet People's Needs*. Nashville: Broadman, 1980.

Bullock, C. Hassell. *An Introduction to the Old Testament Prophetic Books*. Updated. Chicago: Moody, 2007.

Burton, Joe W. *Prince of the Pulpit*. Grand Rapids: Zondervan, 1946.

Calvin, John. *Institutes of Christian Religion*, 2:323. Translated by Henry Beveridge. Grand Rapids: Eerdmans, 1957.

Carson, D. A. *A Call to Spiritual Reformation*. Grand Rapids: Baker, 1992.

_____. "Contemporary Challenges and Aims," in *Preach the Word*. Edited by Leland Ryken and Todd A. Wilson. Wheaton: Crossway, 2007.

_____. *New Testament Commentary Survey*. Sixth edition. Grand Rapids: Baker, 2007.

_____. "Systematic Theology and Biblical Theology." In *New Dictionary of Biblical Theology*. Edited by T. Desmond Alexander, Brian S. Rosner, D. A. Carson, and Graeme Goldsworthy. Downers Grove: InterVarsity Press, 2000.

Chapell, Bryan. *Christ-Centered Preaching*. Second Edition. Grand Rapids: Baker, 2005.

_____. "The Future of Expository Preaching." *Preaching Magazine* 20, no. 2 (September–October, 2004): 42–43.

_____. *Using Illustrations to Preach with Power*. Wheaton: Crossway, 1992.

Clowney, Edmund. *Preaching and Biblical Theology*. Grand Rapids: Eerdmans, 1961.

_____. "Preaching Christ from all the Scriptures." In *The Preacher and Preaching*. Edited by Samuel T. Logan. Phillipsburg: Presbyterian and Reformed Publishing, 1986.

Cummings, Asa. *A Memoir of the Rev. Edward Payson*. New York: America Tract Society, 1830.

Dallimore, Arnold. *George Whitefield*. Volume 1. Edinburgh: The Banner of Truth, 2001.

Dargan, Edwin Charles. *A History of Preaching*. Volume 1. Grand Rapids: Baker, 1954.

Dever, Mark, and Paul Alexander. *The Deliberate Church*. Wheaton: Crossway, 2005.

Dillenberger, John. *John Calvin, Selections from His Writings*. Missoula, MT: Scholars Press, 1975.

Dowden, Landon. "An Examination of Pneumatological Content in Southern Baptist Homiletic Theory Since 1870." Ph.D. Dissertation. New Orleans Baptist Theological Seminary, 2007.

Driscoll, Mark. *The Radical Reformission*. Grand Rapids: Zondervan, 2004.

Driscoll, Mark, and Gerry Breshears. *Vintage Jesus*. Wheaton: Crossway, 2007.

Duduit, Michael, ed. *Handbook of Contemporary Preaching*. Nashville: Broadman Press, 1992.

Edwards, Brian. *God's Outlaw*. Sixth edition. England: Evangelical Press, 1988.

Edwards, Jonathan. *Resolutions*. Edited by Stephen J. Nichols. Phillipsburg: P&R Publishing, 2001.

Ehrman, Bart. *Misquoting Jesus*. San Francisco: Harper Collins, 2005.

Erickson, Millard J. *Christian Theology*. Second Edition. Grand Rapids: Baker, 2000.

_____. *Postmodernizing the Faith*. Grand Rapids: Baker, 1998.

Eswine, Zack. *Preaching to a Post-everything World*. Grand Rapids: Baker, 2008.

Fee, Gordon D., and Douglas Stuart. *How to Read the Bible for All Its Worth*. Third Edition. Grand Rapids: Zondervan, 2003.

Ferguson, Sinclair. *Inside the Sermon*. Edited by R. A. Bodey. Grand Rapids: Baker, 1990.

Geisler, Norman L. *Christ: The Theme of the Bible*. Chicago: Moody, 1968.

Goldsworthy, Graeme. "Biblical Theology as the Heartbeat of Effective Ministry." In *Biblical Theology*. Edited by Scott J. Hafemann. Downers Grove: InterVarsity Press, 2002.

_____. *Preaching the Whole Bible as Christian Scripture*. Grand Rapids: Eerdmans, 2000.

Greidanus, Sidney. *Preaching Christ from the Old Testament*. Grand Rapids: Eerdmans, 1999.

_____. *The Modern Preacher and the Ancient Text*. Grand Rapids: Eerdmans, 1988.

Grudem, Wayne. *Christian Beliefs*. Edited by Elliot Grudem. Grand Rapids: Zondervan, 2005.

_____. *Systematic Theology*. Grand Rapids: Zondervan, 2000.

Heisler, Greg. *Spirit-Led Preaching*. Nashville: B&H, 2007.

Holland, Dewitte T. *The Preaching Tradition*. Nashville: Abingdon, 1980.

Hughes, Kent. *Disciplines of a Godly Man*. Revised. Wheaton: Crossway, 2001.

Hughes, Kent & Barbara. *Liberating Ministry from the Success Syndrome*. Wheaton: Tyndale House, 1988.

Johnston, Graham. *Preaching to a Postmodern World*. Grand Rapids: Baker, 2001.

Juel, Donald. *Messianic Exegesis*. Philadelphia: Fortress, 1988.

Kaiser, Walter C., Jr. *Toward an Exegetical Theology: Biblical Exegesis for Preaching and Teaching*. Grand Rapids: Baker, 1981.

Knoll, Mark. *A History of Christianity in the United States and Canada*. Grand Rapids: Eerdmans, 1992.

Larsen, David L. *The Anatomy of Preaching*. Grand Rapids: Baker, 1989.

_____. *The Company of the Preachers*. Grand Rapids: Kregel, 1998.

Levenson, Russell. "'To Humble the Sinner, to Exalt the Saviour, to Promote Holiness': Reflections on the Life, Ministry, and Legacy of Charles Simeon." *Sewanee Theological Review*.(1998): 47.

Lloyd-Jones, D. Martyn. *Preaching and Preachers*. Grand Rapids: Zondervan, 1972.

Longman, Tremper, III. *Old Testament Commentary Survey*. Fourth Edition. Grand Rapids: Baker, 2007.

Lowry, Eugene. *The Homiletical Plot*. Louisville: John Knox, 1980.

Luther, Martin. "A Mighty Fortress Is Our God." Translated by Frederick H. Hedge. In *The Baptist Hymnal*. Nashville: Convention Press, 1991.

_____. *The Table Talk of Martin Luther*. Edited by Thomas S. Kepler. Grand Rapids: Baker Books, 1979.

MacArthur, John, Jr., and the Master's Seminary Faculty. *Rediscovering Expository Preaching*. Dallas: Word, 1992.

_____. "Rightly Dividing the Word of Truth." In *Preach the Word*. Edited by Leland Ryken and Todd A. Wilson. Wheaton: Crossway, 2007.

Mahaney, C. J. *Humility*. Sisters, OR: Multnomah, 2005.

_____. "The Pastor's Priorities: Watch Your Life and Doctrine." In

Preaching the Cross. Edited by Mark Dever, J. Ligon Duncan III, R. Albert Mohler Jr., and C. J. Mahaney. Wheaton: Crossway, 2007.

Mayhue, Richard L. "Introductions, Illustrations, and Conclusions." In *Rediscovering Expository Preaching.* John Mac-Arthur Jr. and the Master's Seminary Faculty. Dallas: Word, 1992.

McDill, Wayne V. *The Twelve Essential Skills for Great Preaching.* Nashville: B&H, 1994.

Metzger, Bruce M. *The Text of the New Testament: Its Transmission, Corruption, and Restoration.* Third edition. New York: Oxford University, 1992.

Meuser, Fred W. *Luther the Preacher.* Minneapolis: Ausberg, 1983. Meyer, F. B. *Expository Preaching: Plans and Methods.* London: Hodder & Stoughton, Ltd., 1912. Reprint, Eugene, OR: Wipf and Stock, 1974.

Miller, Donald G. *The Way of Biblical Preaching.* New York: Abingdon, 1957.

Montoya, Alex. *Preaching with Passion.* Grand Rapids: Kregel, 2000.

Moule, H. C. G. *Charles Simeon.* London: InterVarsity, 1948.

Murrow, David. *Why Men Hate Going to Church.* Nashville: Nelson, 2005.

Oden, Thomas C. *Pastoral Theology: Essentials of Ministry.* San Francisco: HarperCollins, 1983.

Olford, Stephen F., and David L. Olford. *Anointed Expository Preaching.* Nashville: B&H, 1998.

Owen, John. *Overcoming Sin and Temptation.* Edited by Kelly M. Kapic and Justin Taylor. Wheaton: Crossway, 2006.

Packer, J. I. "Foreword" *The Unfolding Mystery.* By Edmund Clowney. Colorado Springs: Navpress, 1988.

_____. *God Has Spoken*. London: Hodder and Stoughton, 1965.

_____. *My Path of Prayer*. Edited by David Hanes. Worthing, West Sussex: Henry E. Walter, 1981.

Parker, T. H. L. *Calvin's Preaching*. Edinburgh: T&T Clark, 1992.

Perkins, William. *The Art of Prophesying*. Revised by Sinclair Ferguson. First published in Latin in 1592 and English in 1606. Reprinted by Carlisle: The Banner of Truth Trust, 1996.

Perry, Lloyd M. *Biblical Preaching for Today's World*. Chicago: Moody, 1973.

Piper, John. *Brothers, We Are Not Professionals*. Nashville: B&H, 2002.

_____. *Let the Nations Be Glad!* Grand Rapids: Baker, 1993.

_____. *The Hidden Smile of God*. Wheaton: Crossway, 2001.

_____. *The Supremacy of God in Preaching*. Revised edition. Grand Rapids: Baker, 2004.

Reid, Loren. *Speaking Well*. New York: McGraw-Hill, 1977.

Robinson, Haddon. *Biblical Preaching*. Second edition. Grand Rapids: Baker, 2001.

_____. "The Heresy of Application." *Leadership*. (Fall 1997): 21.

Rosner, B. S. "Biblical Theology." In *New Dictionary of Biblical Theology*. Edited by T. Desmond Alexander, Brian S. Rosner, D. A. Carson, Graeme Goldsworthy. Downers Grove: Inter-Varsity Press, 2000.

Rosscup, James E. "The Priority of Prayer and Expository Preaching." In John MacArthur Jr. and the Master's Seminary Faculty, *Rediscovering Expository Preaching*. Dallas: Word, 1992.

Rupp, Ernest Gordon. *Luther's Progress to the Diet of Worms 1521*. London: SCM, 1951.

Saucy, Robert. *Scripture*. Nashville: Word, 2001.

Shaddix, Jim. *The Passion-Driven Sermon*. Nashville: Broadman & Holman, 2003.

Smith, Robert, Jr. *Doctrine That Dances*. Nashville: B&H, 2008.

Smith, Thomas N. "Keeping the Main Thing the Main Thing." In *Reforming Pastoral Ministry*. Edited by John Armstrong. Wheaton: Crossway, 2001.

Sproul, R. C. *The Holiness of God*. Wheaton: Tyndale, 1985.

Spurgeon, Charles. *An All-Round Ministry*. Reprint. Carlisle: Banner of Truth, 2002.

_____. *Lectures to My Students*. Reprint. Grand Rapids: Zondervan, 1954.

_____. *Spurgeon at His Best*. Compilation by Tom Carter. Grand Rapids: Baker, 1988.

_____. *The Metropolitan Tabernacle Pulpit*. Volume 25. Reprint. Pasadena: Pilgrim Publications, 1980.

_____. *The Power in Prayer*. New Kensington, PA: Whitaker House, 1996.

_____. *The Soulwinner*. New Kensington, PA: Whitaker House, 1995.

Stanfield, V. L. *Notes on the History of Preaching*. Second edition. New Orleans: NOBTS Printing Department, 1963.

Stanley, Andy and Lane Jones. *Communicating for a Change*. Colorado Springs: Multnomah, 2006.

Stetzer, Ed. *Planting Missional Churches*. Nashville: B&H, 2006.

Stitzinger, James. "The History of Expository Preaching." In John MacArthur Jr. and the Master's Seminary Faculty, *Rediscovering Expository Preaching*. Dallas: Word, 1992.

Stott, John R. W. *Between Two Worlds*. Grand Rapids: Eerdmans, 1982.

_____. *Guard the Truth*. Downers Grove, InterVarsity, 1996.

_____. *The Preacher's Portrait*. London: Tyndale Press, 1961.

Swindoll, Chuck. *Growing Strong in the Seasons of Life*. Grand Rapids: Zondervan, 1994.

Thomas, I. D. E. *A Puritan Golden Treasury*. Edinburgh: Banner of Truth, 1977.

Thompson, James. *Preaching Like Paul*. Louisville: Westminister: John Knox, 2001.

Thompson, William. *Preaching Biblically*. Nashville: Abingdon, 1980.

Tozer, A. W. *The Knowledge of the Holy*. San Francisco: Harper, 1961.

Turnbull, Ralph. *A History of Preaching*. Vol. 3. Grand Rapids: Baker 1974.

Unger, Merrill F. *Principles for Expository Preaching*. Grand Rapids: Zondervan, 1955.

Vines, Jerry, and Jim Shaddix. *Power in the Pulpit.* Chicago: Moody, 1999.

Vos, Geerhardus. *Biblical Theology*. Grand Rapids: Eerdmans, 1948. Reprint, Carlisle: The Banner of Truth Trust, 1975.

Ware, Bruce. *Father, Son, and Spirit: Relationships, Roles, and Relevance*. Wheaton: Crossway, 2005.

Warfield, B. B. *The Religious Life of Theological Students*. Reprint. Phillipsburg, New Jersey: P&R, 1992.

Williams, Jessica. *Fifty Facts That Should Change the World 2.0*. New York: Disinformation, 2007.

Wright, Christopher J. H. *Knowing Jesus Through the Old Testament*. Downers Grove: InterVarsity, 1995.

카세트

Carson, D. A. "The Primacy of Expository Preaching." Bethlehem Conference for Pastors, 1995.

웹사이트

Davis, Andrew. "An Approach to Extended Memorization of Scripture." Article online. Available from http://www.fbcdurham.org/pages.php?page_id=5. Internet. Accessed 26 August, 2008.

LaRue, John, Jr. "The Internet: Blessing or Curse for Pastors?" Article online. Available from http://www.christianitytoday.com/yc/2001/002/18.88.html. Internet. Accessed 28 July, 2008.

Miller, Kevin. "Can Pastors Really Be Happy?" Article online. Available from http://www.christianitytoday.com/leaders/newsletter/2001/cln11205.html. Internet. Accessed 28 July, 2008.

Mohler, Al. "Has God Called You? Discerning the Call to Preach." Article online. Available from http://www.albertmohler.com/blog_read.php?id=1095. Internet. Accessed April 18, 2008.

Spurgeon, Charles. "Election: Its Defenses and Evidences." Sermon online. Available from http://www.biblebb.com/files/spurgeon/2920.htm. Internet. Accessed 10 July 2008.

주제 색인

ㄱ

강해설교 34-49, 71, 100, 163-64, 168, 408
    강해설교의 대안 47-9
    대화적인 접근 48
    주제적-느끼는 필요에 따른 접근 48, 186-87
    과정 34
    내용 34
    다양한 저자의 정의 38-9
    스타일 34-5
    위험성 45-7
    그리스도 없는 설교 46
    단조로움 45
    부적실성 45
    지나치게 상세한 설명 45
    지루함 45
    지적 자랑 46
    유익 42-4
    저자의 정의 39-40
    주제-강해적 형태 39-40
강해자의 기본적인 역할 55
결론 237-42
    반응 240-42
    요약 238-39
    청중을 행동으로 부르는 방법 241-42
고등 성경관 80
교부들과 변증가들의 설교 399-403
    니케아 회의 402
    예배에서 말씀의 중심성 405-6
구문을 분해 147-48
그리스도 중심 설교 104, 156-57
기도에 대한 더 실제적인 조언들 328-34
기름 부은 설교 그리고 성령님이 도우시는 설교 122-134
    성령님의 기름부음 123
    성령님의 도우심에 대한 성경적 기초 124-26
    성령님이 도우시고 그리스도를 높이는 설교 124
    성령님이 도우시고 기름부음의 사용 123
    성령님이 도우시는 설교에 대한 설명 124
    성령님이 도우시는 설교에 대한 오해 124

성령님이 도우시는 설교에 대한
증거 123

ㄷ
대부흥운동 415-16

ㅁ
멀티미디어의 사용 236-37

ㅂ
복음주의 시대의 설교 417-21
본문을 해석하기 145-53
본문의 메인 포인트(M.P.T.) 164-69
    본문의 메인 포인트 밝혀내기 168-69
    반복되는 아이디어들 169
    주변의 문맥을 고려 168
    왜 본문의 메인 포인트인가 166-68
본문의 배경정보 145

ㅅ
사도적 그리스도 중심의 설교 105-6
상호 참조 관련 구문들(관주) 151
상황화 375-83
    미국의 다원화 377-78
    상황화와 복음 378-80
    "선교적"으로 되는 것 376
    예수님과 상황화 379-80
서론 232-38
    서론의 목적과 자질 233-35
    서론의 형태 235-37
선한 싸움을 싸우라 289-294

설교
    개성 30
    거룩함 278
    공적으로 92
    내용 30
    모든 성경으로부터 그리스도를
    설교하기 102-6 132
    삼위일체 33, 55-6
    성령님의 사역 32
    수사학의 요소들을 사용 92-3
    열정 31
    예배 71
    오늘날 하나님의 말씀 90
    중요한 청중인 하나님 66
설교다운 설교
    교회의 성장 69-70
    저자의 정의 33
설교 스타일 342
    완곡한 표현 345
    잘 말하기 346
    장황함 344
    지루함과 싸우기 344
설교와 설득 360-67
    삶 364
    설득과 로고스 362-63
    설득과 에토스 364-67
    설득과 진리 360

주제 색인 | 445

설득과 파토스 363-64
설교자와
    강연에서 간단함과 명료함 346-47
    거룩함을 위한 영적훈련 259
    경건 285-86
    경쟁과 질투 67-70
    교회성장에 대한 강박관념 69-70
    금식 333
    기도 322
    내재하는 죄 65
    다양하게 전하는 말씀 349-50
    담대함 349-50
    대응해야 할 대중적인 문제들 374
    독서 224
    돈을 사랑함 282-84
    몸짓과 열정 351-53
    믿음 287
    변증학 392-93
    사람의 칭찬과 사람에 대한 두려움 66-67
    사랑 287
    상황화 349-50
    설득 342
    수사 340
    암송과 묵상 253-56
    열정적인 설교 338-40
    온유함 288

    유머 354-55
    의 285
    인내 288
    자세 352
    적합한 언어 353-56
    조명하심 311-12
    주권 299
    중보 312-321
    청년 281-82
    충실함 296-300
    커뮤니케이션 340-41
    하나님의 거룩함 300
    하나님의 불멸성 299
설교자의
    개인적 거룩함 129, 412
    겸손 76
    동기 64-76
    리더십 은사 117-18
    메시지 27-8, 70-73
    부르심 26, 111-13
    부르심의 확신 114
    외적 114
    내적 114-115
    사랑 76
    생활방식 116
    성령에 의지 112
    역할 96

열망 115
열정 75
용기 75
위대한 일을 위한 기도 63
인격 73-4
조명하심 131
진심 74
책무 28-29, 372
한계 121
설교의 메인 포인트(M.P.S.) 170-81, 217-18
구속적 M.P.S. 172-78
설교의 메인 포인트의 유익 178-79
타락한 상태에 관한 초점(F.C.F.) 172
설교자이신 하나님 26
설명 207-213
강조해 가며 본문을 읽기 212
다시 이야기하기 212
상호 참조 211
성경을 나타내기 210
시각적 도구들 212
현대적 개념 211
성경신학 99-101
성경에서 그리스도 중심성 97, 102, 141
통일성 있는 성경 98
성경의 계시 89-94
성경적 설교와 오늘날 설교의 유사점 91-2
성경적 설교와 오늘날 설교의 차이점 90-1
성경의 권위 86-89
성경의 권위가 지니는 함의들 87
초대교회 지도자들과 개혁주의자들 88
성경의 영감 81-86
성경의 명료성 85
성경 저자에 대한 정의 81
성경의 충분성 94-97
성경의 유익 94
성령님
설교에서의 사역 105-6
설교에서 성령의 임재를 위한 필수요건들 129-34
스승이신 성령님 139
준비에 있어 성령님께 열중 118-22, 133-34
성령론 111
실용적 도덕주의와 성경 95

○

아웃라인 184-85
강해 아웃라인을 세우는 법 193-202
아웃라인을 발전시키는 원리 190-93
피해야 할 문제들 190
청중을 인도 188
영생 307
예화 221-27

다섯 가지 주의점 226-27

목적 222-23

찾기 224-26

원고의 사용 242

ㅈ

잘못된 해석들 147

적용 연구의 함의 158

개인적 적용 159

신학적 적용 158

종교개혁자들과 청교도들의 설교 407-16

예배에서 중심인 설교 408

좋은 설교자에 대한 루터의 요건들 343

주석의 사용 151-53

준비하기

적용 213-21

구체적인 적용 214

적용 말하기 219

적용의 장소 217

축적된 적용 216

중세 시대의 설교 404-7

르네상스 시대 406

성경원어 407

순회설교자 404

진리를 위한 싸움 201-4, 371-75

ㅊ

충실한 기도의 걸림돌 321-28

일반적인 핑계들 321-325

죄악된 행위들 325-28

ㅋ

커뮤니케이션 도구들 357-360

강단과 무대의 사용 358

교회에서 옷차림 359

멀티미디어의 사용 358

음향시스템 359

ㅍ

포스트모던주의 383

ㅎ

하나님의 사람 276-79

성적인 죄와 포르노그라피 279-80

죄를 피하기 279-84

하나님의 영광

개인적인 테스트와 하나님의 영광 64

하나님의 영광을 보기 위한 백성의 필요 61-3

하나님의 영광을 보기 위한 설교자의 추구 59-60

확장된 아웃라인 244

해석 과정 139-59

회중

기도 133

대립되는 세계관들 377-79

말씀에 대한 갈망 142

성경적 세계관을 세우기 185

연합 133

설교다운 설교
Faithful Preaching

2016년 10월 22일 초판 발행

| 지 은 이 | 토니 메리다 |
| 옮 긴 이 | 김대혁 |

편　　집	정희연
디 자 인	이재희, 이수정
펴 낸 곳	사)기독교문서선교회
등　　록	제16-25호(1980. 1. 18)
주　　소	서울시 서초구 방배로 68
전　　화	02) 586-8761~3(본사) 031) 942-8761(영업부)
팩　　스	02) 523-0131(본사) 031) 942-8763(영업부)
홈페이지	www.clcbook.com
이 메 일	clckor@gmail.com
온 라 인	기업은행 073-000308-04-020, 국민은행 043-01-0379-646
	예금주: 사)기독교문서선교회

ISBN 978-89-341-1586-1 (93230)

* 낙장·파본은 교환해 드립니다.

이 도서의 국립중앙도서관 출판시 도서목록(CIP)은 서지정보유통지원시스템 홈페이지(http://seoji.nl.go.kr)와 국가자료공동목록시스템(http://www.nl.go.kr/kolisnet)에서 이용하실 수 있습니다.
(CIP제어번호: CIP2016000000)